守望与思索

张小琴　江舒远　主编

人文清华讲坛实录　II

清华大学出版社

北京

内 容 简 介

"人文清华"讲坛是清华大学于 2016 年初开启的大型活动，遍邀当代人文大家，阐述经典学说、独特思考和重大发现，致力于构建一个人文思想持续发声的公共空间，推动人文日新、社会进步。

本书汇集 2017 年"人文清华"讲坛演讲稿六篇，包括国际关系专家阎学通教授、国情研究专家胡鞍钢教授、心理学家彭凯平教授、经济学家李稻葵教授、法学家崔建远教授、教育家谢维和教授等六位清华人文学者，并附清华大学新闻与传播学院教授、知名主持人张小琴女士对以上人士的精彩访谈。公众演讲呈现各位学者长期研究积累的人文成就和思想成果，深度访谈全面反映学者的成长经历和学术经历，使读者不仅知其学术之所然，亦知其所以然。他们作为亲历者的口述，同时呈现了特定时期中国社会、人与文化发展的鲜活历史。

图书在版编目 (CIP) 数据

守望与思索：人文清华讲坛实录. Ⅱ / 张小琴，江舒远主编 .—北京：清华大学出版社，2018
ISBN 978-7-302-50331-6

Ⅰ . ①守⋯　Ⅱ . ①张⋯　②江⋯　Ⅲ . ①社会科学－文集　②文化－名人－访问记－中国－现代　Ⅳ . ① C53　② K825.4

中国版本图书馆 CIP 数据核字（2018）第 114921 号

责任编辑：梁　斐
封面设计：傅瑞学
责任校对：王淑云
责任印制：李红英

出版发行：清华大学出版社
　　　　　网　　　址：http://www.tup.com.cn, http://www.wqbook.com
　　　　　地　　　址：北京清华大学学研大厦A座　　邮　　编：100084
　　　　　社 总 机：010-62770175　　　　　　　　　邮　　购：010-62786544
　　　　　投稿与读者服务：010-62776969, c-service@tup.tsinghua.edu cn
　　　　　质量反馈：010-62772015, zhiliang@tup.tsinghua.edu.cn
印 装 者：北京雅昌艺术印刷有限公司
经　　销：全国新华书店
开　　本：165mm × 235mm　　印　　张：19.25　　字　　数：270千字
版　　次：2018年10月第1版　　印　　次：2018年10月第1次印刷
定　　价：89.00元

产品编号：080235-01

百年清华，人文日新（代序）

——邱勇校长在"人文清华"讲坛的开坛致辞节选

欢迎大家光临清华大学"人文清华"讲坛。今天是2016年1月10日，我希望多年以后，我们能回忆起今天这个晚上，在清华大学新清华学堂，我们一起见证清华大学"人文清华"讲坛的启动。2016年清华大学将迎来105岁生日，在2011年清华大学举行百周年庆典时，所有清华人回望过去100年，我们曾经发出这样的感叹：百年清华，百年辉煌。今天，清华大学已经进入第二个百年。站在这里展望未来，作为校长我想说的话是：百年清华，人文日新。

在时间的长河里，百年不算长。第一个百年和第二个百年之间，我相信一定会有延续，我也相信第二个百年和第一个百年相比，一定也会有变化。清华的第二个百年会变成什么样？这需要我们共同去努力，共同去见证。但是今晚我想说，清华的第二个百年，一定会更创新、更国际、更人文！

清华不缺人文传统，清华历史上有梁启超、王国维、陈寅恪、赵元任四大国学导师，有闻一多、朱自清等文学大师。实际上，清华大学的"清"和"华"两个字本身就有非常丰富的人文含义。唐朝著名的政治家、文学家、诗人张九龄在一首诗里曾经这样写道："清华两辉映，闲步亦窥临。"我想，他讲的"清华"两字，"清"是纯洁、安详的意思，"华"是茂盛、希望的意思。1906年，王国维先生在《人月圆·梅》中写道："一声鹤唳，殷勤唤起，大地清华。"我想清华人一直希望有一个"清华两辉映"的校园气氛和文化，同时所有清华人胸中都怀有一种"大地清华"的理想。

今天我们正式启动"人文清华"讲坛，我们也期盼通过这个讲坛能够呈现过去 20 年、30 年清华大学在人文学科方面取得的人文成就和思想成就。我们希望清华的学者在这个讲坛上讲人文的故事、人文的思想，并让这种思想穿透校园、影响社会！

（本文节选自清华大学校长邱勇院士 2016 年 1 月 10 日在"人文清华"讲坛的开坛致辞《百年清华，人文日新》。）

目　录

未来世界 谁主沉浮

阎学通

阎学通

————————————

1952 年生于天津，清华大学国际关系研究院院长、世界和平论坛秘书长、*Chinese Journal of International Politics* 总编、《国际政治科学》总编。1982 年毕业于黑龙江大学英语系，获学士学位；1986 年毕业于国际关系学院，获硕士学位；1992 年毕业于美国加州大学伯克利分校政治学系，获博士学位。

1998 年所著《中国国家利益分析》获"第十一届中国图书奖"；1999 年《国际形势与台湾问题》获北京市优秀报告一等奖；2007 年"国际关系分析"课程获国家精品课称号；2007 年《国际关系研究实用方法》(第二版) 获准为国家"十一五"规划教材、教育部研究生推荐教材，2008 年列入北京市"高等教育精品教材"；2008 年《中国崛起国际环境》获北京市优秀报告一等奖；2008 年《国际关系分析》列入教育部"国家精品课程教材"，2011 年列入北京市"高等教育精品教材"；2014 年 *Ancient Chinese Thought, Modern Chinese Power* 获北京市第十三届哲学社会科学优秀成果二等奖；2014 年至 2017 年连续入选爱思唯尔 ESI 中国高被引学者名单，也是至本书付梓前中国唯一进入这一榜单的国际关系学者。

2018 年 1 月入选清华大学首批文科资深教授。

一、为什么讨论国际秩序问题

2016 年国际社会出现了众多"黑天鹅"现象，尤其在美国总统特朗普上台后，社会公众和国际关系学界关于国际秩序变化趋势的讨论越加热烈。然而，人们对国际秩序的认识还不充分，国内外对于什么是国际秩序、国际秩序与国际体系有什么区别、谁在改变当前的国际秩序等问题都缺乏明确的认识。因此，在讨论国际秩序的变化趋势之前，我们有必要先来了解一下有关国际秩序的基本概念和影响国际秩序变化的条件及因素。

二、什么是国际秩序

 1. 国际秩序的定义是什么

国际秩序是指国际体系中的行为体依据国际规范采取非暴力方式处理冲突的状态。 在国际社会，秩序的重要标志是有无战争。**没有战争，就被认为是有秩序；** 而有战争，就是没有秩序。比如战争中的叙利亚，就处于无秩序的状态。

 2. 国际秩序的构成要素有哪些

国际秩序由主导价值观、国际规范和制度安排这三要素构成。 主导价值观是绝大多数国际成员接受的思想观念，现有国际秩序的主导价值观是西方自由、民主、平等的自由主义思想。

国际规范是根据主导价值观而制定的约束国际成员行为的习惯、规则、法律等。比如，在民主思想的影响下，国际社会形成了对政府合法性原则的共识，认为通过民主程序选举出来的政府具有合法性，而通过军事政变上台的政府没有合法性。拉美加勒比共同体的章程中就明确要求所有成员国应对发生军事政变的国家进行干涉，这一规则体现的是自由主义关于民选政府才有合法性的价值观。

当国际社会根据主导价值观制定了国际规范后，如果有人不遵守这些规范怎么办？这就得靠设计好的制度安排来惩罚违反国际规范的行为。比如1990年伊拉克入侵并占领科威特，违反了联合国关于领土主权不受侵犯的规范，于是联合国安理会做出决议认定伊拉克破坏了国际秩序，并组织多国部队打击伊拉克，恢复了该地区的秩序。

通过上述例子可见，制度安排是约束国际成员遵守国际规范的组织机构及其权力分配。联合国安理会的议事规则体现了权力分配的制度安排。安理会由15个理事国组成，只有五个常任理事国拥有否决权，而其他十个非常任理事国只有投票权而无否决权。

 ### 3. 国际秩序与国际体系的区别是什么

国际秩序与国际体系二者的构成要素不一样。**国际体系是国际行为体依据社会规则互动的一种社会系统，它由国际行为体、国际格局和国际规范这三要素构成。**国际行为体包括从事跨国活动的国家、国际组织、跨国公司等行为体。国际行为体中大国的实力对比及其之间的战略关系形成单极、两极或多极的国际格局。国际规范是构成国际体系和国际秩序的一个共享要素，这个共享的构成要素往往是造成人们混淆国际体系和国际秩序的主要原因。

在同一个体系下，可以存在不同的秩序。比如机械表这类钟表体系，佩戴时走时准确，长期不戴则会走时不准，这就是在同一体系下可能有秩序也可能无秩序。同理，**在不同的体系下，也可以存在相同的秩序**。比如，电子表和机械表是两类钟表体系，两种表都走时准确时，表明在不同体系下都出现了有秩序的状态。

在国际关系中，中国古代的五服体系和现代国际社会的主权体系是两种性质不同的国际体系。五服体系是一种等级体系，王城之外的诸侯国根据实力及距王城的距离形成甸服、侯服、宾服、要服和荒服这五种不同的等级。而现代主权体系是基于主权平等原则的一种无规定等级的体系。在等级性的五服体系下，周王朝维持了几百年的有序状态，没有发生全体系性的战争。在平等的现代主权体系下，曾发生过"一战""二战"这样的全体系战争。这组例子并不能说明等级体系和平等体系孰优孰劣，但可以表明：国际体系的变化与国际秩序的变化是两件事，国际体系的不同并不意味着国际秩序的有无。

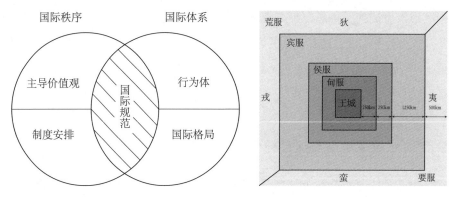

4. 国际秩序与国际格局的关系是什么

国际秩序中的制度安排和国际体系中的国际格局，也是人们常常混淆的两个概念。二者区别在于：**国际格局是客观存在的实力分布形态，而制度安排是人为设计的权力分配**。当然，它们之间是有联系的，**权力分配如果符合实力对比，则有助于体系的稳定有序**。

国际格局的类型变化由位于顶层的大国实力对比及其之间的战略关系所

决定，中小国家的实力变化并不会影响国际格局的变化。尽管我国一直提倡推动国际格局的多极化，但**当前国际格局的现实变化却是两极化的客观趋势**。中美之间的实力差距在缩小，但中美两国却同时拉大了与其他所有国家的实力差距。欧洲国家走向衰落，难以凑成一极。我在《历史的惯性》一书中预测，**到2023 年，中国将成为除美国之外的另一个超级大国**。

| 单极格局 | 两极格局 | 多极格局 |

国际格局的变化可能会影响到国际秩序的变化。当国际格局已形成相对稳定的单极、两极或多极格局时，国际社会就会相对有序。**而当国际格局处于从一种格局向另一种格局变化的过渡阶段时，国际秩序往往得不到保障**。这比较好理解，正如我们在工作中，按部就班时诸事有序，而遭遇变革时则会出现种种无序、不稳定的状况。

三、为何当前国际秩序不受欢迎

1. 为什么发达国家、发展中国家都不满意当前的国际秩序

对秩序不满是人的天性，对国际秩序不满并不是今天才有的新鲜事。秩序需要建立在人们的自我约束之上，但所有人都希望让他人受约束，让自己享受无约束的自由和有序，都认为秩序是被别人破坏的。国际秩序也是这样，一直以来发达国家和发展中国家都互相抱怨对方破坏了国际秩序。只不过在不同时期，它们抱怨的内容不一样。

今天发达国家与发展中国家都抱怨什么呢？它们抱怨全球化，认为**全球化导致国际和国内两个层面的两极分化。这也是发达国家与发展中国家都反对当前国际秩序的共同原因。**

在国际层面，富国越来越富，并且富国与穷国的差距越来越大。我们来对比这一组数字：美国一家研究机构的数据显示，美国每年生产出来的食物约40%因没有被食用而浪费；与此同时，联合国儿童基金会表示，目前仅在也门、南苏丹、索马里和尼日利亚东北部就有2000多万人面临挨饿和饥荒。G20成员的经济规模占了全球GDP的85%以上，剩下一百几十号国家的经济加起来还不到全球GDP的15%。而未来的趋势是，**G20国家占世界经济的比重会越来越大，国际层面的两极分化会越来越严重。**

在国内层面的两极分化是富人越来越富，穷人想缩小与富人的差距越来越难。以G20的发达经济体为例：在日本，与2011年相比，2015年财富向富人集中的程度上升了3%，目前2%的人拥有全国20%的资产；在美国，3%的富人财富占全国总资产的比重日益增长，1989年这一比重为44.8%，到2013年这一比重已超过半数，上升至54.4%。**现在特朗普执政采取大幅削减资本税的政策，这会加剧美国国内贫富差距的两极分化。**

2. 国际秩序的哪些方面令发达国家与发展中国家反对

发达国家反对全球化的具体表现是反移民运动、反全球化运动、反建制主义兴起、英国"脱欧"等。发达国家是制定当前国际秩序规则的国家，它们制定出来的规则被认为是符合自由、民主、平等价值观的规则，但为什么在制定规则的国家内部会产生这些反对力量呢？

原因可能在于，**自由主义极端化令发达国家的民众不满。自由主义走向极端的标志就是宣称其政治主张绝对正确。**因为政治正确，所以不能被批评；因为政治正确，所以不需要改革。无论多好的思想理念、多好的政治信仰，只要坚持政治正确不容批评，则必然走向极端，而走向极端则会导致社会反弹。比如在美国加州，考虑到同性恋群体心理性别与生理性别不一致这个特殊性，为了追求绝对的性别平等而为这类特殊群体建造了"无性别厕所"。但男厕所、女厕所和"无性别厕所"这三类厕所同时存在，虽然政治正确，却造成了社会问题。信奉传统观念的父母们开始抗议，因为"无性别厕所"扰乱了他们对孩子的性别教育。

对发展中国家来说，主要反对西方的双重标准，例如反对在分离主义、恐怖主义、自由贸易、人道主义干预等问题上西方采取双重标准的做法。由于发展中国家在国际秩序规则的制定过程中处于劣势地位，不能主导国际规则的制定，只能被动接受，所以它们抱怨现有国际秩序不公平，反对不利于己的双重标准。

 ### 3. 什么样的国际秩序受欢迎

所有国家都追求有利于己的秩序，但没有一个秩序能同时满足所有国家的需要。所以，**一个受普遍欢迎的秩序必须符合两个条件：第一，多数国家愿意遵守这个秩序中的规范；第二，少数不遵守规范的国家会受到惩罚。**怎样做到呢？**主流价值观使人们愿意遵守依据该价值观制定的规范，同时制度安排赋予国际组织或大国权力，对违反规范的行为进行惩罚。**

就像交通秩序，如果大家都闯红灯，交通秩序就无法维持。大多数人能遵守交通规则是因为主流价值观倡导人们要行事合法。少数法律观念不强的人不遵守这个规范，这时就需要交警行使国家赋予的执法权来惩罚这些破坏秩序的行为。

四、哪些因素在改变国际秩序

 1. 反建制主义兴起和特朗普上台

什么是反建制主义？**反建制主义有三个基本特征：一是反对自由主义精英**，认为他们的想法脱离社会大众的需要；**二是反对现行体制**，认为技术官僚在决定国家的各种政策，这些政策使老百姓的利益受损；**三是主张采取激烈的手段迅速改变社会**，而不愿采取温和、渐进的手段慢慢地改变社会，比如英国退出欧盟、特朗普驱逐移民和"修墙"的计划都属于激烈的措施。

为什么反建制主义会动摇当前的国际秩序？**反建制主义是西方国家内部产生的思想，它对自由主义价值观的挑战大于非西方国家价值观对自由主义的挑战。**当前的国际秩序是在自由主义价值观主导下建立起来的秩序，制定的原则和规范依据的是自由主义的价值观。现在，反建制主义反对自由主义的价值观，不愿遵守那些符合自由主义价值观的原则和规范了。

特朗普执掌美国政府，使自由主义秩序的最大支柱不再支撑现有秩序了，这个秩序开始动摇。特朗普能够赢得大选，就是美国国内反建制主义力量兴起的结果。特朗普上台后，签署总统令退出 TPP（跨太平洋伙伴关系协定），推翻奥巴马时期的气候政策等，这表明原先主导自由主义秩序的领导国——美国，现在开始带头不遵守自由主义的规范了。**美国这个全球唯一超级大国开始采取破坏秩序的行为，而其他国家还没有实力可以惩罚美国**，约束国际成员遵守规范的制度安排变得难以发挥作用了。

 2. 中国崛起

如果说反建制主义是当前国际秩序变化的内部原因，那么中国的崛起则是这个秩序变化的外部原因。中国崛起对国际秩序变化的影响，不是因为中国提供了某种新价值观去取代自由主义价值观，主动地改变国际秩序，而是由于**中国崛起在客观上改变了实力对比，使已有的制度安排变得不合理，需要重新分配权力**。比如我们看到，世界银行（WB）和国际货币基金组织（IMF）先后进行改革，调整主要成员国的投票权份额分配，中国在世界银行和 IMF 的投票权份额上升，美国不变或小幅降低，日本、德国、法国、英国等相应减少份额。世界银行和 IMF 有关权力再分配的改革说明**权力是零和关系，你有我就没有，你增加我就得减少**。建设国际新秩序就是对权力再分配，它与对责任再分配的全球治理是不同的。

WB 与 IMF 关于主要成员国投票权份额的改革

国家	世界银行（WB）		国际货币基金组织（IMF）	
	改革前（%）	改革后（%）	改革前（%）	改革后（%）
美国	15.85	15.85	16.727	16.479
日本	7.62	6.84	6.225	6.138
中国	2.77	4.42	3.806	6.071
德国	4.35	4.00	5.803	5.308
法国	4.17	3.75	4.286	4.024
英国	4.17	3.75	4.286	4.024

我们前面在介绍国际秩序与国际格局的关系时已讲了，权力再分配的过程中可能会使秩序出现一些动荡，但如果权力分配的结果符合客观的实力对比，实现责权相等，就会有助于国际秩序的稳定。特朗普现在的做法是要求减少美国的国际责任，但又不愿减少美国的国际权力，这样别的国家不愿意，也不利于维持国际秩序。**随着中国的崛起，中国提出的口号是要承担与自己实力相适应的国际责任。而责任的增加，也意味着相应的权力要增加。**

 3. 全球化的负面作用上升

反建制主义的兴起与全球化的负面作用日益凸显是相关联的。**全球化是**

把双刃剑，既有正面作用也有负面作用，在经济全球化的同时也出现了恐怖主义全球化、污染全球化、贩毒全球化、走私全球化、疾病全球化等。当全球化允许人员自由流动时，就避免不了移民、难民、恐怖分子的自由流动；当允许资金自由流动时，就避免不了经济危机发生的概率增加。

当人们发现全球化导致的伤害甚至多于它能带来的好处时，就出现了逆全球化现象。逆全球化现象在国际关系方面的表现是主权的回归，开始重新强调主权的重要性，放弃了自由主义的一些理念，比如人权高于主权、区域合作等。所以我们看到：在面对难民危机时，一些申根国家违反申根协议，重新管控边境；英国要求退出欧盟，收回国家主权，觉得抱团取暖还不如单干有用；现在甚至连欧元也开始出现危机，一些欧洲经济学家提议恢复欧洲各国的货币主权。

五、五年内国际秩序走向何方

从总体上看，国际秩序将向不稳定方向发展。原因我们在前面已分别解释了，现在总结一下主要有四点：第一，国际格局处于从单极向两极过渡的时期；第二，全球化的负作用上升；第三，反建制主义兴起，美国减少承担维护国际秩序的责任；第四，现有的国际规范得不到有效执行，新的国际规范还未形成。

在安全秩序方面：第一，中东地区军事冲突将更加严重，美国作为霸权进入这一地区时带来了战争，当美国不作霸权从中东地区撤出时，这一地区的战争将会更多；第二，各地区的分离主义势力将更加坐大，国际秩序的动荡为分裂活动提供了机会。英国已经启动退出欧盟的程序；苏格兰也再一次启动全民公投的程序，要求退出英国；未来大的趋势是联合国还会有新的会员国加入，会员国数量会增加。**第三，核扩散和反导系统的矛盾将更加对立，**尤其在朝鲜半岛，朝鲜的核计划和美韩部署萨德反导系统的计划都很难被阻止。

　　在经济秩序方面：大趋势是贸易保护主义将上升，贸易自由主义从顶峰开始弱化。英国一家智库的数据显示：2015 年全球实施的贸易限制措施数量为 736 个，较上年增加了 50%，而全年促进自由贸易的措施数量却不及 1/3。现在越来越多的国家开始采取贸易保护主义措施。中美两国是世界第一和第二大贸易国，如果这两个国家打贸易战，对世界的影响会非常大。

　　在政治秩序方面：多种思潮在进行竞争，现在的趋势是极端主义思潮涌现，自由主义式微。为什么大家都很担心极端主义呢？因为思想上的极端必然带来行为上的极端，而行为上的极端必然会破坏国际秩序。如何应对呢？**各国政府应首先避免提倡政治正确，防止思想走向极端才能防止采取极端的政策。政府抑制住本国的极端主义观念的发展，从而缓解国际社会中极端主义思潮的涌现。**

　　历史是向前发展的，**想维持现有的秩序完全不变，这基本是做不到的，**因此**中国对国际秩序的态度是：我们既是现有秩序的维护者也是改革者。**而新的秩序是否会比现在更稳定，现在也没人能知道。所以我们只能顺应历史，**在秩序的过渡阶段采取理性政策，让我们能以相对平稳的和尽可能少的暴力和战争方式过渡到新的国际秩序。**

问答

 世界中心将从欧洲转向东亚

观众：2017年3月29日英国将正式启动"脱欧"程序，请问未来的英国和欧洲关系如何，欧洲还会是世界的中心吗？

阎学通：英国"脱欧"实际上反映出欧洲国家抱团取暖的方法已经被它们自己否定了。因为这种抱团取暖的方法现在既解决不了集体对外的矛盾，也解决不了它们集体内部的矛盾。

世界中心将从欧洲转向东亚。东亚地区目前已经有了世界第二和第三大经济体的中国和日本，再加上韩国、东盟，这个地区的GDP总值已经超过了欧洲，此外这个地区的国防开支也超过了欧洲，未来这个地区还将有越来越多的东西超过欧洲。所以**大趋势是东亚将成为世界中心，欧洲将走向衰落。这意味着，美国对东亚的重视程度将超过欧洲，今后美国在东亚防范中国崛起的考虑会更多。**

（本文根据2017年3月27日阎学通教授在"人文清华"讲坛的演讲《未来世界 谁主沉浮》整理而成。）

阎学通专访：道义现实主义贡献中国学者智慧

出生在知识分子家庭使我崇尚学术

张小琴： 阎老师，您出生在知识分子家庭是吗？

阎学通： 对。我父母、姑姑、大爷、舅舅、姨妈都念过大学。

张小琴： 这个对您有什么影响？

阎学通： 从心理上来讲，这个家庭环境，决定了我把学术看得比财富和权力更有价值。我小时候读书非常一般，我认为我当不了教授。我从来念书都是中等，一直到博士，念书在班上都是中等生。

现在当了教授才发现，小时候读书好的多数当不了教授，特别是这个文科，很有意思，能够在学术上面有成就的多是能够长期坚持的人，并不一定是特别聪明的人。

张小琴： 您小时候性格是什么样的？

阎学通： 我小时候特别老实。我认为自己是特别普通的一个小孩，什么事也不可能比别人强，连戴红领巾都很晚，差不多全班 1/3 的同学都戴了，还轮不上我。

九年知青岁月锤炼了顽强的生存意志

张小琴： 我们现在看您敢作敢为，说话也很大胆、直接，这种改变是什么时候开始的？

阎学通： 人是变化的。我的变化是在黑龙江，是那种特别残酷的生活环境把我改造了。"文化大革命"开始后，不能上学，我连初一都没读完，后来16岁去了东北建设兵团。十几岁的小孩在农村，不念书，打架捣乱成为生活中的家常便饭。那个时候生活非常艰苦，批斗和武斗死了不少人。在那个环境下，我出身不红，如果再像原来那样老实就得天天受欺负。

张小琴： 你们刚到黑龙江的时候，艰苦到什么程度？

阎学通： 我们刚到的时候，没有宿舍，没有床也没有炕，在地上睡觉，铺上稻草，睡在牛圈里。夏天牛圈里有一盏灯，但只能看到蚊子，看不见灯泡，蚊子就多到这种程度。

张小琴： 我们看到很多描述，知青去插队，有的豪情万丈，有的很沮丧。您当时是什么状态？

阎学通： 我什么想法也没有，不按学校安排走不行，我也不知道会是一个什么结果。当时我们绝大多数人有一个误解，以为是下乡去农村劳动，最多两年就回城，没曾想到了兵团就不许走了，要我们扎根农村。绝大多数人都认为这辈子没希望了。

张小琴： 没有经历什么豪情的状态？

阎学通： 哪有豪情。那个时候争取到医院开个病假条，不下地干活，晚上吃一碗病号饭、一碗面片，就觉得很幸福了。

张小琴： 您在黑龙江这九年，觉得对自己最大的影响是什么？

阎学通： 最深刻的一个体会，这一代人经历了艰苦的生活以后，就认为世界上没有我们克服不了的苦难了。

想一辈子读书，选择研究国际关系

张小琴： 1977年，考上大学之后，有没有意识到自己的命运已经发生了根本性的转变？

阎学通： 应该说我算运气比较好，1977年共有十二届的中学毕业生去考大学，当时的招生比例非常低。上大学以后，最重大的变化就是不用从事体力劳动了，特别想读书，如饥似渴。

当时想，可能毕业后我会重新分配回农场当中学老师，或者是去当个干事，这就有可能摆脱体力劳动了，根本没有意识到自己的命运会发生根本性的改变。因为之前在农场时，我做了很多努力都失败了，想回城、想去当兵都不行。从 1978 年进入大学开始，我一直做一个噩梦，做梦回农场办调动手续，农场就是不给办，于是就吓醒了。这个梦一直做到 1988 年我爱人到美国去陪读，做了十年，可见那段生活的阴影有多重。

张小琴：您那时候选了英文系。

阎学通：这也是歪打正着。我本来准备考中文系，突然下通知说可以考外语，我就想去试试。考外语时，整个农场就我一个人在考场。后来录取通知下来一看，考试成绩还不错。

张小琴：那时候怎么会有条件学英语呢？

阎学通：当时学英语，也是冒着很大的风险，怕别人给我戴上里通外国的特务帽子，所以偷偷地学，不敢出声，念的时候，一点声都不敢出，找个草垛躲在里边，外面拿草挡着，在里边偷偷学。

张小琴：是因为要考大学，开始学的吗？

阎学通：不是。我妈妈是教俄语的，"文化大革命"跟苏联关系搞坏了，不让教俄语，改教英文了，她自己要重学英文，我放假回家，她就说你也学点英文吧。学了一点，就这样。

张小琴：学的时候并不知道为什么要学？

阎学通：谁能知道啊？闲着没事儿，干什么都是干，打架也是打，干什么都一样。

张小琴：跟打架总归还是不同啊？

阎学通：如果说巧，就是我插队的时候身边有一个北京人、一个上海人。北京人特别喜欢古典诗歌，从北京带了不少书，我就跟他学一点；上海人喜欢英语，我也跟他学一点英语。他们两个喜欢学，正好睡觉挨着，我就跟他们学一点，这纯粹是巧合，为什么学，不知道。

张小琴：但是学的这点东西，到考大学的时候就管用了。

阎学通：对，我英语分高点，我想考的人少，录取容易，就报英语专业了。

张小琴：也不知道自己学英语是为什么，只要能考上大学就好？

阎学通：对，大学只要录取我，学什么都行。

张小琴：这四年大学当中，对您来说特别大的变化是什么？

阎学通：最大的感觉是在知识的海洋里很享受。当时就觉得能以念书作为一生的事业，很幸福。

张小琴：这个时候对世界的认识，是不是有一些比较大的改变？

阎学通：因为改革开放有了变化，那时候最大的感觉就是看到国家有希望了。

张小琴：大学毕业进入国际关系这个领域，也是偶然的吗？

阎学通：是国家分配的。我被分配到中直机关，单位问我愿意做什么工作。当时可以分配我去香港工作，主要是做接待，我觉得没意思。我说想做研究工作，组织部门的人说在现代国际关系研究所可以读书做研究，我说我想去那个部门工作。后来我才知道这是个没人愿意去的单位，是一个安排政治不可靠的人的单位。我看工作就是天天读书看报，我寻思那我就干这个吧。

张小琴：从事国际关系研究这个领域是您自己选的吗？还是也是分配的结果？

阎学通：我去的那个单位就是现代国际关系研究所，所以就做国际关系研究了。组织部门的人问我想研究哪个领域，我当时说我哪个领域也不知道，研究哪个都行。问我去研究非洲行吗，其实这是最没人爱干的，我也不懂，我就同意了。

张小琴：所以一个国际关系领域的权威学者当年进入到国际关系领域就是这么进去的？

阎学通：对。我干了十年非洲研究，我在美国伯克利大学，博士论文也是做非洲研究。

在伯克利读博，因为学业艰难而哭泣

张小琴：您一开始进入这个领域是被动的，什么时候开始对这个领域有了兴趣，然后对一些问题开始有自己的思考？

阎学通：应该说有兴趣还是到了伯克利之后。到了伯克利以后，接受了真正意义的学术训练，然后才懂得学术是什么。学术研究不是简单地多看书就行的事。

张小琴：到伯克利的时候，您多大年龄了？

阎学通：那个时候已经 34 岁了，34 岁才开始读博，人家早就毕业了。从 34 岁读到 39 岁，读了五年。

张小琴：我们从前面听过来，您在国际关系领域主动地、有选择地去做研究，已经是 30 多岁、接近 40 岁的时候了，起步还是很晚的，怎么后来能够很快地有所成就？

阎学通：我想主要是伯克利的学术训练的作用。这所学校培养出来官职最高的官员只做到部长，不像人家哈佛和耶鲁培养的是总统。但是这所学校出知名的学者。伯克利提倡自由思想和批判精神，在伯克利的训练使我知道了什么是学问。以前一说学问就说能把什么倒背如流，就是知道别人写过什么。然而，这种学问并没有创造任何知识，学术研究是指创造人类还没有的知识。在中国读书，老师告诉学生什么是对的；在美国读书，老师告诉学生什么是错的，老师从来不告诉你什么是对的，培养学生自己判断对错的能力。

张小琴：什么是对的自己去判断。

阎学通：我这才体会到，为什么在美国当老师比在中国难。在中国老师只要知道一个自己以为是对的理论就行了，告诉学生这是对的，也许老师只知道那一个理论。在美国当老师只知道一个理论不行，得知道很多不对的理论，这比知道一个对的要难多了。

张小琴：34岁到美国，一个新的环境，然后用非母语的语言学习，应该说这个过程也会比较难吧？

阎学通：从来没有人问过我这问题。说实话，我差一点就念不下来。到那儿根本听不懂。拿录音机录了一堂课，上两个小时回来，再听四个小时，还是似懂非懂。

张小琴：已经学了很多年的英文，还是不行？

阎学通：我们在中国学的知识体系，跟在美国学的知识体系根本就不相同，语言概念也不相通。课上人家听到教授讲一个事，都在笑，我都不知道他们笑什么，没有他们的文化背景。好比一个学艺术的学生，你让他去听化学，都是中国话，但是就不知道在说什么。一个星期的阅读量在140页以上，根本读不完。

张小琴：那怎么办呢？

阎学通：有一次我居然自个儿哭了。

张小琴：什么时候？第一个学期？

阎学通：第一个学期。期中考试以后，我的老师、美国权威的结构现实主义创始人肯尼思·华尔兹（Kennith Waltz）跟我说："我知道你英语不行，我期中考试就不给你分了，省得期末考完一平均，你不及格。"我就差到这个程度。兵团生活以后我都已经不会哭了，这次居然哭了一场。一个人在屋子里边，后悔，真不该来，自己念不下来。怎么可能读下来，根本听不懂，读什么啊？

当时真想回国，不想念了。但是骑虎难下，回国怎么有脸说读不下来呢？

没办法，只能咬牙念。

张小琴： 这时候以前在兵团那个劲儿可能就管用了？

阎学通： 大家都知道当年插队多苦，不知道洋插队的苦，比在国内插队还多了另外一种苦，就是文化的困难。

张小琴： 靠硬听吗？

阎学通： 就靠硬听，硬读。关键得读书，大量地读。读书是最容易的事，你可以查字典，再读、再听的时候就熟悉了。等到第四个学期，没问题了，信心满满了。资格考试时，我把中国学生读书的本事拿出来了，就拿中国的土招，把资料全背了，我不信我考不过去。我借了几个外国同学的笔记，重新整理，从头到尾背，背了 300 多页。三项资格考试我都是一次就过，连我爱人都有点不相信。所以等我五年拿到博士学位时，她都觉得挺意外的。因为伯克利政治学系 100 多年里，能够五年完成博士学业的毕业生只有不到 5%，平均的毕业时间是 7.5 年。

张小琴： 所以说硬攻也是能攻下来的。

阎学通： 我觉得人都是这样，人跟动物的适应能力都非常强。而且当时很艰苦，没有钱，期末考试完第一件事就是翻广告找活干，打工挣钱。我倒过垃圾、做过木匠，什么都干。在美国那时候只吃鸡腿，因为鸡腿最便宜，最后吃得都恶心。也都挺过来了。

张小琴： 您不怕您现在的学生听到这段？他们眼中的阎老师那么高大，居然也曾经考完试在家里哭？

阎学通： 那有什么啊。

寻找非洲民族工业发展的答案

张小琴： 您在伯克利写的博士论文是哪个方向的？

阎学通：我研究非洲民族工业发展。

张小琴：后来找到这个问题的答案了吗？

阎学通：找到答案了。当时我找到这个问题觉得很有意思，为什么非洲国家会制定政策，宁可支持外资，也不支持本国民族资本的发展呢？后来我发现其实非洲政府只是不支持大的民族资本发展，但支持小的民族企业。小的民族企业一旦做到某种规模，政府就拿各种政策卡它们。根据政治学原理，一个国家的政权是以资本为基础的政权，还是以枪杆子为基础的政权，在这个问题上是有区别的。以资本为基础的政权，需要民族资本做大。以枪杆子为基础的政权，不能让民族资本做大，因为民族资本一旦做大，必然和政府争夺政治权力。所以这就是为什么非洲国家对民族工业的政策会限制企业规模。之所以不限制外资，是因为外资没有政治要求，做大了不会威胁到政权。

打破禁忌，首先公开提出中国外交政策要为国家利益服务

张小琴：后来回国还是回到了现代国际关系研究所是吗？

阎学通：对。因为受过学术训练，在当时的现代国际关系研究所还是有点用武之地的。那几年有两件事我做得比较得意：一个是宏观分析有高度，这是没受过理论训练的人做不到的；第二个是预测国际形势比较准确，因为有科学方法，不会科学方法的人是做不到的。

张小琴：您回国之后，最核心的研究是什么？

阎学通：这是一个重大转变，我回来就把非洲研究扔了，再也不干了。我的美国导师在我离校时的谈话对我影响特别大。我导师终生投入非洲事业，他是美国非洲政治学会的创始人，东非的第一所大学是他建立的。在 20 世纪 50 年代时，他认为非洲是个新兴的大陆，这块大陆一旦发展起来了不得。但结果使他非常伤心，他为非洲贡献了一辈子，但这块大陆就是发展不起来。这次谈话对我的影响就是，我不想重复他的学术道路。

回来以后，我就开始研究中国。当时我们国家是不允许研究中国自己的外交政策的，只能研究中国外交史，就是说只能研究中国历史上干过什么，政府的现行政策是不能研究的，连评价我们的外交都不允许。

我 1992 年回来以后，打破了这个禁忌，在我之前没有任何一个人公开发表过关于中国现行外交政策的文章。

张小琴：您知道不允许吗？

阎学通：我知道不允许，所以我就打擦边球。我第一篇文章写的是《中国的国际安全环境》，第二篇写的是《中国安全战略》。文章的材料都是中国政府的官方文件内容，我把它们总结一下，再发表。这样才一点点地突破了不允许发表关于中国外交政策文章的规定。

张小琴：没有被阻止？

阎学通：这两篇没有。我是第一个写了名为《中国海外利益》文章的人，那时候是不允许说"国家利益"的，说是帝国主义才说"国家利益"，所以文章只能用"海外利益"的说法。我 1994 年写的《中国国家利益分析》当时被禁止出版，理由现在说来非常可笑，说这是帝国主义言论，把中国的国家利益说到国外去了。最后天津出版社冒险，1996 年把书出了，1998 年得了国家图书奖。之所以有这么大的变化，是因为我们的外交原则改了，确定**中国外交政策以中国国家利益为出发点**。在这之前必须得说服务于全世界无产阶级的利益，不是服务于中国的利益。所以我的突破，不仅仅是学术上的突破，也是政治上的突破。

张小琴：那个时候研究这个领域的动力是什么？

阎学通：当时最大的动力就是回国来总要干点什么。应该说 1992 年之后政治环境开始向好的方向变化，否则根本突破不了。

张小琴：其实在很多领域也都是这样，不是说允许你了，这个事情就放开了，而是说有人这样做了，往前走了一步，没有禁止，大伙儿就跟上了。

阎学通：对，就有人跟上了。1996 年，写中国国家利益的文章就铺天盖地了。当时能够突破这些政治禁区，促进了国家的进步。

张小琴：您做中国国家利益分析，最大的贡献是什么？

阎学通：它解决了一个最基本的问题，就是中国的外交政策要为中国自己的利益服务。《中国国家利益分析》从理论上为对外政策服务于本国利益论证了合法性。从政策作用的角度来讲，外交政策从原先以原则为出发点，变成以利益为出发点，这解决了我们外交政策评价的标准问题，政策好不好，就看是否对国家有好处。

张小琴：您的学术专著能够影响到整个国家对于外交的一种定位，达到了这种效果吗？

阎学通：客观讲是当时的政治变化使我的著作起了一点小的作用。应该说是邓小平对中国外交决策机制的改革做了很大的贡献。

张小琴：那为什么在那个时候，您能够产生这样一种思想，为什么不是别人？

阎学通：还是跟在伯克利的训练有关系，理论训练上我受现实主义影响比较大，到现在我也是现实主义学派的。**任何国家和人的行为都是追求利益的，国家的政策应该追求使自己的利益实现最大化。研究外交就要明确国家的利益是什么，然后研究怎么实现利益。其次，学术上受了科学方法的训练。用科学方法分析如何确定利益排序及利益衡量。**我回国以后最大的感触就是我们的外交研究从来不分析我们的利益是什么，所以就觉得我要从国家利益入手。

国际关系预测如果模棱两可，其实是骗术

张小琴：您做国际关系预测，有多少年了？

阎学通：1992 年从伯克利回来后就开始做，到现在 20 多年了。

张小琴：这 25 年做过什么特别大的、自己特别自豪的预测？

阎学通：说个小的吧，在台湾问题上，我 2008 年做过一次道歉。道歉是因为我当时预测陈水扁的"台独"政策会引发台海战争，战争会不晚于 2008 年发生。结果没发生，我误导了公众，预测错了。但是在台湾问题上，除了这件事，从 1997 年到现在，我对"台独"发展趋势以及领导人换届的预测没错过。我预测了李登辉会出台"两国论"、预测了陈水扁会上台、预测了陈水扁会连任，我在 2013 年还预测蔡英文会赢得大选。这些预测在网上都能查到。

张小琴：您那次预测错了是公开道歉吗？这个公开道歉是不是有点自己打脸的意思？

阎学通：**从预测来讲，因为它是对或然事物的判断，所以不可能保证每次都是百分之百正确，总会有错的时候。**即使对了 100 次，也可能在第 101 次错。当时承认自己错了，是因为我觉得错误发生了，不对社会道歉是一种不负责任的行为，所以我就干脆写了篇文章对这个预测做了道歉。

张小琴：是很诚实地道歉吗，就说我做错了？

阎学通：对，我文章的第一自然段就说，"我一直预测台海发生军事冲突不会晚于 2008 年"，"我先要为我预测的不正确向读者道歉"。就是这么说的。

张小琴：对您的信誉会有影响吗？

阎学通：有没有影响我不知道，但是我自己觉得**做科学预测的人就得敢承认错误。如果连承认错误这点实事求是的精神都没有，那就不可能做科学预测。其实所有预测研究的进步，都是在承认错误的基础上实现的。**承认过去预测错了，然后去找到错的原因，再做预测就不容易犯同样的错误。比如，我预测了马英九执政八年内台海没有战争危险，我预测了蔡英文当选没有战争危险，我现在预测蔡英文连任仍没有战争危险。

张小琴：但是有很多人预测时是模棱两可的，"结果可能是这样的，也有可能是那样的"。

阎学通：留学之前我也是这么学的，说这种模棱两可的话，反正是什么结果都对。后来我意识到这都是欺骗人的技巧，但是这种欺骗人的技巧还被很多人奉为圭臬，觉得这很高明。我认为其实一点都不高明，就是一点骗术罢了。

张小琴：那会不会有人质疑您，既然有对有错，还做什么预测？

阎学通：从科学预测来讲，预测有准确程度的标准，要是有 65% 以上的准确率，就叫作科学预测。为什么？如果瞎蒙，是到不了 65% 的。能达到 65% 的，一定得使用科学方法。准确率到了 75%，就有参考价值。一个人预测了 100 次，对了 75 次，他的预测就值得参考。准确率到 85%，人们的心态就是"就算你错我也信你"。比如根据某人的预测买股票，赚 85 次，赔 15 次，人们就照他的预测来决策，因为赚的可能性远大于赔。从这意义上来讲，科学预测的准确率高到一定程度，它就有使用价值了。

张小琴：你们清华国际关系研究院的预测现在准确率能到多少？

阎学通：我们最高的时候到过 80%，从来没到过 85%，最低的时候也没有低过 60%，多数是在 70%~75% 之间。我自己认为我们这个预测准确率达到 75% 的水平，已经有参考价值。我们不像政府研究机构有很多内部信息，我们作为大学的学术机构，在没有任何内部信息的情况下能够使预测准确率达到这个程度，已经相当不错了。

张小琴：没有人说你们的预测准确率应该达到百分之百吗？

阎学通：有，批评我们的预测不能百分之百准确。他们是外行，我们听了都觉得可笑。百分之百准确的事属于规律性的必然事物，预测的是或然事物、是概率，百分之百的事物就不需要预测了。比如说从一百层楼跳下去，不用预测，肯定摔死。从三楼往下跳，就得预测摔得死摔不死，预测要考虑脑袋朝下从三楼往下跳死亡的概率比脚朝下死亡的概率高多少。从一百层楼跳下去，不用预测，哪头朝下都肯定死，对不对？因为它是规律性事物，不需要预测，只有或然事物才需要预测。

国际关系预测是很有趣的大人游戏

张小琴：这些成功的预测，它产生的好处是什么？

阎学通：从科学预测来讲，我做预测只关注与其后发生的客观实际是否一致，至于怎么使用我的预测，那是别人的问题。打个比方，预测说明天下雨，人们是根据这个预测决定明天去浇地还是去防洪，这跟预测者没关系，那不是预测者的工作。

张小琴：从事实来看，您做得比较准确的预测，有没有实际产生了什么影响？

阎学通：如果一个准确的预测被决策者接受了，按照这个准确的预测来制定防范政策，可以提早防范可能发生的灾难，或者减小那个灾难造成的伤害。比如说认同了明天要下雨的预测，事先预备好伞，就不会被淋湿；或者说知道雨大，提前把堤坝加高一点防洪，就能避免洪水泛滥。预测者只是发布信息，最终取决于决策者如何利用这个信息。"二战"中有一个故事，斯大林当时接到了一个信息，说德国要发动对苏联的战争，他一开始不敢相信，因为只有一个信息渠道来源，他要三个渠道都印证了，才能够确信这个信息。所以不是说一个预测发布了以后，决策者就一定接受这个预测，他需要三个不同的渠道和部门所做的预测都一致他才会相信。

张小琴：您做的预测，它的依据是什么？

阎学通：所有的科学预测都是建立在总结过去的规律和经验的基础上，对未来或然事物做出一个判断。它需要两个条件：第一要有理论，有一个预测的理论支撑、帮助分析或然事物发生的条件，现在是做数据分析；第二得有经验，这经验包括对过去事情的了解、对眼前发生的事实的了解。

张小琴：在国内还有同样做预测的人吗？

阎学通：应该说有很多对未来做判断的人，但这些人对未来事务的判断能否被称为预测，我不知道。预测和瞎猜有性质上的区别。

张小琴：目前您负责的这个机构是准确率最高的吗？

阎学通：应该说我们清华国际关系研究院是国内唯一做国际关系定量预测的单位。

张小琴：所谓定量预测是指什么？

阎学通：定量预测是指不但预测变化趋势，还预测变化程度。比方说预测两国关系，不仅要预测两国关系下个月是改善还是恶化，我们还要判断能改善多少或者恶化多少，或者是没什么变化。而且这种变化程度是用数值来表达的。

张小琴：怎么能做到那么准呢？

阎学通：这就要根据经验做了。有时候准，有时候不准。准确程度反映的是预测能力水平。预测可分为三种：趋势预测、程度预测和事件预测。最容易的是趋势预测，也叫形势预测，夏天到了，现在我说天儿会越来越热，这是趋势预测。然后我说明天要比今天热三度，这叫程度预测。然后我说明天要下雨，这叫事件预测。事件预测实际是比较难的。我们还没有能力做事件预测，因为这超越了我们一个学校机构获得信息的能力，我们不可能获得那么充分的信息，也没有内部情报，全是依靠各种公开的信息做预测。所以我们一般只做趋势预测或者程度预测，做不了事件预测。有一点需要说明，事件预测是需要限定事件发生时间的，不限定时间说某事会发生，不属于预测，我说将来会下雨，这不是预测。

张小琴：您为什么要选择预测这么一件事情来做，而且经常做比较短期的预测？

阎学通：有人认为所有的科学家都有这么一个儿童心理，就是喜欢猜谜游戏。**预测我给它定义，就是大人的游戏。**我认为所有科学研究都具有猜谜性质。搞预测，就要等事情发生完了进行验证，"你看我测的准吧"，特高兴；一不准，特沮丧，"哪错了呢？怎么就没准呢？"然后就想办法找自己的错误原因。一句话，从学术角度来讲，搞短期预测是个特别刺激的事。长期预测不能检验，有什么意思啊？我预测五万年以后有用吗？有人预测某某东西几百年之后会如何，问题是预测者能活得到几百年之后看检测结果吗？所以做短期预测特别有意思，激励我做这个学术游戏的原因就是能检测预测的结果。

张小琴：但是风险也大啊！

阎学通：这跟投资一样，没风险没收益，有风险才有收益。就是因为我做短期预测，所以我的预测才能让人们关注。如果都做长期的甚至百年以上的预测，谁知道对不对？很少有人关注这种百年预测。那些预测 20 年或 30 年之后的国际关系，对我们来说都是不值得关注的。国际关系预测别说 20 年了，预测期限超越 10 年，都是超越人类能力的。

道义现实主义为国际秩序贡献中国学者智慧

张小琴：道义现实主义基本上是您现在最重要的一个理论了，什么是道义现实主义？

阎学通：老百姓的话叫作"兵熊熊一个，将熊熊一窝"，或"将帅无能，累死三军"。**道义现实主义是说，有一个好的国家领导集体，这个国家就会变得强大；有一个差的领导集体，这个国家就走向衰败。世界也是一样，有一个好的国际领导，这个世界就走向和平稳定；有个坏的世界领导，这个世界就走向冲突和战争。**

张小琴：这个好和坏是一种道德评价吗？

阎学通：好和坏是一个道德评价。对于一国的政治领导即政府而言，其最重要的责任就是维护安全和促进社会经济发展。对于国际社会的领导则是，维持国际秩序，即和平，和促进可持续发展。能做到这两点的，就是好的领导，做不到就是坏的领导。

张小琴：为什么您认为道义现实主义跟其他解释国际关系的理论相比，解释力更高？

阎学通：这个理论发展有个过程，早期国际关系理论中的古典现实主义讲的是伦理、权力、物质力量和利益。到了 20 世纪七八十年代，结构现实主义兴起了，采取简单化和科学化原则，把其他因素都去掉，只从实力结构角度解释为什么美苏对抗下的世界没有发生世界大战，这种研究方法把所有关于人的因素都排除了。但是"冷战"结束了，国家间的实力对比发生了重大变化，国际社会的稳定并没有发生重大变化，简单讲就是仍然没有世界大战，于是人们开始怀疑结构现实主义的合理性。大家重新研究是什么维持了"二战"以来的稳定，人们认为核武器是第一作用，防止了大战发生；第二作用就是国家的作用，重新回到国家分析层面。新古典现实主义就是重新回到国家层面，寻找国家内部对国际政治有直接影响的因素。这就出现了各种说法，有说制度因素的、有说经济水平因素的、有说科学技术因素的、有说变化速度因素的……我是根据中国古代思想去找国内因素的，找到了领导国的政治领导类型这个因素。我用它来解释国际政治的重大变化，解释力比以前的现实主义理论强，例如能解释为什么美国作为世界领导国，在克林顿、小布什、奥巴马分别领导的三个时期，世界是不一样的。美国一直是领导国，大国实力对比没变，全球层面是单极格局。为什么在克林顿时期，世界的稳定性要大于小布什时期？小布什时期为什么战争多了起来？到了奥巴马时期怎么战争又少了？在把其他变量控制住的条件下，我发现政治领导这个因素可以解释这些现象。

张小琴：人的因素。

阎学通：因为一旦换了最高领导人，就会换领导班子。领导班子的多数成员在观念上有相似性，是同一个类型的，所谓人以群分，物以类聚。一个领导班子集体决定了他们的领导类型，类型决定了政策偏好，而政策偏好导致不同的国际关系变化。其实我这个理论受到国际学界关注的主要原因，不是因为我解释了美国，而是我解释了中国。很多人认为中国哪儿都不如美国，制度不行、技术不行、军事不行、科学发明不行、教育不行……既然哪儿都不行，那么是什么导致中美实力差距缩小的呢？这也是现有的国际关系理论不能解释的。道义现实主义不仅能解释为什么国际权力会发生转移，会从一个强国向一个弱国转移，还能解释哪种弱国能赶上强国。国际关系理论长期以来研究霸权国怎么衰落，没有研究弱国怎么崛起。是我们清华的一批学者开创了这个理论研究，**即崛起国成功的原理是什么。简单讲就是只有崛起国领导集体的改革能力强于主导国，才能够赶上对方**，否则赶不上。每个部分都不如美国的中国，为什么总体上能缩小跟美国的差距呢？特别是 2008 年之后追赶速度加快了呢？道义现实主义理论从领导力方面做出解释。领导力的本质是改革的能力、决心和方向。改革是褒义词，是指向进步的方向变化，而不是倒退。如果崛起国和霸权国的领导都采取倒退的政策，前者倒退得比后者少也能成功。

领导人分为四种类型

张小琴：您把国家领导分为四种类型，分别是：无为、守成、进取和争斗，您如何分析中国呢？

阎学通：对于国家领导类型的划分，具体有三个向量，即改革的决心、改革能力和改革方向。改革的方向如果错了，是倒退，搞倒退的多是争斗型；什么改革都不搞的就是无为型；在原有改革道路上缓慢走的是守成型；向进步方向改革的是进取型。从我个人来讲，我今年已经 65 岁了，经历了不同的时代，**我认为中国最进取的时期是 20 世纪 80 年代，所以我希望 80 年代那样的改革年代能够长期持续下去。能像 80 年代那样对中国进行改革开放的政府，我认为都是进取型的。**

张小琴：您判断中国是崛起国，不同类型的国家领导集体与崛起国的性质结合在一起的时候，会发生什么？

阎学通：不同类型的领导集体决定了中国崛起的进程是加速、缓慢、停滞还是夭折。中国能否顺利实现崛起，不仅要看我们的发展速度，还得看美国的发展速度。奥巴马政府是一个保守型政府，没能进行重大改变。特朗普政府刚接手政权，但我目前还不太看好特朗普政府。崛起是相对概念，在中美都倒退的情况下，中国比美国倒退得少也能崛起。

张小琴：您把人的因素放在这么重要的位置是基于什么样的考虑？

阎学通：最重要的原因是人有主观能动性。事情是人办的，如果不理解人和人的差别，就很难理解别的差距。

张小琴：您的研究一向特别强调科学性，又强调数据的预测，强调可检验，但是同时您又认为人的因素是特别重要的因素，可是人是一个特别不确定的因素，怎么解释这些呢？

阎学通：国际关系研究像医学一样，医学的研究跟国际关系研究特别相似。每一个个体的病人都不一样，但是个体不一样不是说就找不到规律，还是能找到相似性的。比如说老年人容易得什么病，南方人容易得什么病，女人容易得什么病，还是有一些规律可以总结的。在国际关系中，我们对人的研究也得像医学一样，先分类，研究不同的类别，发现他的类别属性，就能判断他可能会做什么事。

张小琴：那个体差异还是极大的。

阎学通：这没错。但就像大夫一样，不能说个体差异大，就看不了病。个体差异大，大夫也得给人看病。

张小琴：所以你们的办法是先分类，分类之后再在类别当中去做个体的研究，是吗？

阎学通：对。

中国应做"王道"国家

张小琴： 您提出来王权政治，提倡中国要做"王道"国家，能否解释一下？

阎学通： 我出了一本书，*Ancient Chinese Thought, Modern Chinese Power*。这本书的出版使国际关系学界开始接受"王道"是一个正面意义的概念。伊朗外长认为这个观点非常好，值得在世界上推广。美国学者阿米塔夫在他的著作 *The End of American World Order* 里面三次引用了我的观点。他们都认为应该推行我说的这个王道主义思想。

张小琴： 它的核心思想是什么？

阎学通：王道主义的核心思想就是大国承担责任，小国尊重大国。"王道"是说：我有实力，但是我保护你；我保护你的前提是我比你的权力大，你得尊重我的权力；大国和小国是交换关系，大国承担保护小国的责任，小国要尊重大国权力；小国如不尊重的话，大国就不承担责任。霸道只对盟友承担责任：你是我盟友我承担责任，你不是我盟友我不承担。"王道"跟霸道的一个区别就是，王权领导对所有国家一视同仁，不以关系和意识形态为政策标准，而以国际规范为标准，谁违背规则，就惩罚谁；谁遵守规则，就奖励谁。霸道的原则是，朋友遵守规范，可奖励，不是我朋友的，遵守规范，不奖励；朋友违背规范不惩罚，不是朋友的违背规范就惩罚。这是两者的区别。

张小琴： 这个"王道"思想，看上去就不是平等的？

阎学通："王道"肯定不平等，"王道"讲公平。

张小琴： 平等不是我们的一种基本处世价值观吗？

阎学通： 平等是自由主义的一种处世价值观。公平必须是差序，没有差序就维持不了秩序。道义现实主义和自由主义的一个区别在于它不虚伪，承认社会不平等的现实性。自由主义说平等是机会，也就是说名义上大家平等，实际上并不平等，从英文上来讲就是"Someone is more equal than others"，就是某些国家比其他国家有更大的平等权力。我认为**道义现实主义的公平比自由主义**

的平等更具有现实性和道义性。

张小琴： 在不平等的基础上讨论原则？

阎学通： 在不平等的基础上讨论公平，而不是制造一个假平等。提倡自由主义平等的国家多是占有优势的国家，因为平等对强者有利。美国是最大贸易国时强调自由贸易，失去第一贸易大国地位后就强调公平贸易。而道义现实主义是讲，强者要讲公平，而不是弱者。

中美关系是结构性矛盾

张小琴： 您在《世界权力的转移》这本书里讲了国家的关系是支配与被支配的关系，权力最后具有零和性，就是说你权力大我必然权力小，我权力大你必然权力小。您也讲到中国和美国之间是结构性矛盾，结构性矛盾应该是不可避免的？

阎学通： 这个其实很好理解。就像在一个家庭里面，夫妻两人不是各有50%的权力，就是一方权力增加、另一方权力减少，说让两人权力都增加，其实做不到。美国跟中国也一样。

张小琴： 将来中国和美国的结构性矛盾会是世界上最重要的矛盾吗？

阎学通： 中美两国政府承认中美两国关系是世界最重要的关系，就是因为两国的关系对世界影响最大。现在世界上找不到任何一个双边关系对全世界的影响超过中美关系。这点已经是两国政府承认的。

结构性矛盾不是意味着将来有很多不好。结构性矛盾意味着原来就很不好，现在变得更加不好，今后只能更糟。

张小琴： 这是您对中美关系的基本判断？

阎学通： 对。

张小琴： 会发展到什么程度呢？

阎学通： 就是打不起来。

张小琴：您也讲到说对于大国关系而言，权力是有经济、军事、思想文化三个方面。现在主要是经济上的冲突，将来会上升到军事阶段吗？

阎学通：没有什么可怕的。中美之间不会发生直接战争。"冷战"时期，美苏打了40年都没有发生直接战争，核武器可以保证中美之间不发生直接战争。这就是道义现实主义，为什么说道义变得重要，就因为核武器使得中美之间不能发生直接战争，所以道义就有作用了。

特朗普上台后中美关系将激化

张小琴：特朗普当选美国总统这件事情对于当今国际关系的影响是什么？

阎学通：最大的影响是，在自由主义主导的国际秩序中间，这些主导国开始改变它们自己的主流价值观。这种改变会影响到它们的外交政策，使之相应发生改变，并且影响它们对未来国际规范的制定，所以大家认为它们自己改变自己的主流价值观会影响国际秩序。

比如说现在自由主义受到挑战，并不是社会主义也不是共产主义在挑战它。是什么呢？是反建制主义在冲击它们的自由主义思想。不是非西方国家的思想冲击它们，是它们自己国内的其他思想冲击了它们主流的自由主义思想。

张小琴：反建制主义请您解释一下。

阎学通：反建制主义简而言之有三个主要特点，就是决策集团和部分大众共同反对现行的官僚体制，反对现有的精英的主张和理念，反对渐进的政策，要求进行激烈的社会变化。

张小琴：所以特朗普当选是最典型的反建制主义的表现？

阎学通：对。

张小琴：将来会在美国国内进一步发展吗？

阎学通：它会进一步发展，但是恐怕没有大家想象的那么强大，能否很快就取代自由主义，现在还不一定。在特朗普上台的这一段时间，建制派自由主义对他进行了很多的约束。

张小琴： 特朗普特别强调美国自己的利益，这一点对于未来的中美关系会有什么影响？

阎学通： 应该说他上台之后，中美关系会更激化。具体的表现就是在台湾问题政策上他肯定比奥巴马会支持"台独"，他在强化同盟的合作、在防范中国崛起上应该力度更大一点。

关于中朝韩日四国关系

张小琴： 中朝韩日这四国的关系历来都是东亚地区的重要关系，对几国关系未来的发展您怎么看？

阎学通： 应该说 1993 年之后，我们在东亚地区的关系上是处理得非常好的。

日本是第一个抛弃对华制裁的国家，1992 年日本足球队来到北京参加亚洲杯比赛，工体八万中国球迷站起来给日本队鼓掌。中日关系当时很好。

1993 年中国跟韩国建交，中韩关系也是不断发展，那时候也很好。中国跟朝鲜的关系因为中韩建交有所下滑，但是稳定住以后又回升了。可见，我们在这个地区同时和韩国、日本、朝鲜三国搞好关系是做得到的。

如果从道义现实主义来讲，它主要要分析为什么有的时候做得到，有的时候没做到。它要从政策去找原因。如果问我为什么，我就说我们给它们的政策不一样。

张小琴： 您觉得中国应该用一种什么样的原则来对待朝韩日这三个邻国？

阎学通： 我们在朝鲜半岛要坚持两个原则来解决我们制定外交政策的问题。第一个原则，我们制定的外交政策不能超越我们的能力。也就是说我们的外交政策要量力而行，不能够超越我们制定的战略目标、不能够超越我们的实力基础。这就是道义现实主义反复强调国家的利益是由国家实力来决定，有那样的实力才能有那样的利益。

第二个原则，我们在朝鲜半岛上制定的政策要考虑到我们政策的效率，而不是考虑这个政策好看不好看，也就是政策目标明确。我们出台政策之前要做可行性研究。所谓可行性研究，就是研究这个手段能不能够实现那个目标，必须明确。如果还没明确能不能实现就采取政策，不可能取得预想的成果。

公平、正义、文明比自由、民主、平等层次更高

张小琴：您提出了新的指导国际秩序的原则：公平、正义和文明，这三个原则您觉得比自由、民主、平等要更好吗？

阎学通：对这个问题我专门有一篇文章，就是写国际秩序的新价值观与新规范的问题。平等是人人都有同等的权利，例如，谁先来排队拿号，就先享受服务，这就叫平等。但是在公交座位的使用上这个原则不行，如果先来先上先有座，那老弱病残怎么办？对老弱病残的照顾就得加入到原则中去，对弱者给予一些不同待遇，这样就得采取公平原则。

自由主义的自由、民主、平等并不是人类最高层次的价值观，人类可以有比它们更高的价值观，而且那个价值观可以用来指导我们制定新的国际规范。

张小琴：听上去民主、自由、平等都是好东西，为什么您要用新的取代它们？

阎学通：我不是说取代，我是说在这些基础上发展，增加新的东西，而不是说以公平、正义和文明来取代平等、民主和自由。举个例子，民主是指程序合法性，但是它不负责结果是好的，这是程序正义，结果可能是不正义的。美

国最典型的例子，用民主方式否决了控枪提案，结果导致了因为不控枪产生更多的暴力事件和公民被杀，导致对生命的不尊重，结果不正义。所以国会否决这个提案的第二天，《今日美国》头条新闻的标题是 No Justice。道义现实主义强调程序正义和结果正义两者得同时考虑。有人认为，自由主义的价值观是人类最高层次的价值观，不可能有比它更好的价值观，如果有，那是理想主义的，理想主义不能用来指导现实生活。然而，"王道"的思想是能用来指导现实生活的。举个例子，拳击比赛平等原则是谁打赢算谁的，而把运动员分成重量级和轻量级，这就不是平等了，这叫公平。从这个意义上来讲，指导我们现实生活的比自由主义更高层次的价值观是存在的，而且是可实际使用的。再比如说网上言论自由是必要的，但这要做到文明的自由，随便说脏话不是言论自由，是不文明行为。

张小琴：如果说我们选择一些好的价值提出来，作为人类需要去追求的东西，应该说有很多，为什么您单选了公平、正义和文明这三个价值？

阎学通：这个是我们从中国古代的思想中间学习到的。好的东西很多，但是你要找到核心的问题，要提炼出最核心的价值观的观念，就像自由主义其实不只自由、民主、平等，还有很多东西。我认为王道思想中最核心的内容是"仁、义、礼"。举一个例子，在日本讲"义、礼、智、信"，就没有"仁"，所以这就是日本政治文化跟中国政治文化的核心区别。王道思想讲"仁"，就是大照顾小、小尊重大。"义"的含义包括了道义、正义、信义，这些原则中都有个"义"字。"礼"就是讲规范、懂规矩。所以我从古代思想里提炼出这三个字，再找到与之相对应的现代词汇。

张小琴：自由、民主、平等的自由主义思想已经作为主导价值观领导这个世界很多年了，你们提出来的新的价值观，公平、正义、文明，您觉得能够领导世界吗？

阎学通：这取决于中国是否实践这种思想。中国实践，这三个价值观就能成为世界的主流思想。自由主义在世界的流行就是美国实践的结果，美国不实践，自由主义就不可能流行。如今，特朗普政府不实践自由主义了，自由主义在世界上的地位就下降了。

崛起国内政外交须一致，才可能领导世界价值观

张小琴：您提出来如果一个国家想要获得更多国际权力，必须要具有思想文化上的贡献，而中国可能首先能够为世界贡献的就是公平、正义、文明这样一些价值观，是吗？

阎学通：对我们国家来讲，如何把自己实践的价值观和我们对外宣扬的价值观一致起来？只有我们在国内实践了我们对外宣扬的价值观，这种价值观才会在国际上产生影响。

张小琴：您的著作《历史的惯性》曾经提到中国正在崛起当中，2023 年就有可能成为超级大国。但是中国要完全实现公平、正义、文明，还有更长的一段时间，这两个时间表是什么关系？

阎学通：成为超级大国是指实力上的强大水平，而成为"王道"的国际领导则需要实践公平、正义和文明的价值观，如果中国不能够使自己对外提倡的价值观和在国内实践的价值观一致起来，那就意味着按照中国的价值观来制定国际规范是不可能发生的。

张小琴：所以从这个地方来看，您研究的国际政治，又变成了国内政治？

阎学通：古典现实主义就是要把内政和外交两个方面结合起来。胡锦涛同志有一个判断，我觉得很正确，他说内政外交两个大局已合为一体。中国先秦时期，内政外交是不分的。我们现在从过去的内外有别向内外一体发展了，全球化使这世界变成了地球村，带来了一个结果，就是各国的内政跟国际局势的相关性越来越强，成了内政外交两个大局合为一体。所以**在外交上的行为和内**

政一致则有利，否则会有很大麻烦。

张小琴：那么中国能否成为世界秩序的领导者，是一部分取决于国内政治，还是从根本上取决于国内政治？

阎学通：任何国际领导国的基础都在国内，中国也不例外，这是根本性的原理。当一个国家仅是值得参观的国家，而不是人们所向往的国家时，这个国家还不可能成为领导国。**崛起不意味着已经成为领导国，崛起意味着缩小和世界主导国之间的实力差距，但不是缩小和对方的差距就能替代其成为世界领导国。**所以我在《历史的惯性》一书里只是预测中国能成为超级大国，我没预测中国能否成为一个世界领导国。

决策者需要倾听不同的声音

张小琴：那有没有哪些外交政策是您觉得可以改进的？

阎学通：任何一个国家，在制定众多外交政策的时候，不犯错误都是不可能的。决策者也是人，是人就会犯错，不管是什么制度下的人，都难免犯错。有不同的政策建议、不同的政策取向、不同的政策看法时，这对政策制定者而言等于多了政策选项。不同的政策建议至少有参考作用，哪怕这些建议是错误的，还可用来印证政策制定者的决策是正确的。

张小琴：其实不同声音对于决策来说，有的时候可能更加重要。

阎学通：决策不是科学，是艺术。决策者是根据感觉做判断的，他参考的不同建议多和参考的少，他的感觉是不一样的。他知道越少，他越坚信自己是正确的，越容易刚愎自用；他知道越多他就越会犹豫，不敢武断，这是很大的不同。听不同的观点，会影响决策者的感觉。决策者只能根据感觉来做决策，所以有"兼听则明，偏听则暗"的古训。

学者跟决策者的关系

张小琴： 国际关系这个学科跟国家一直紧密相关，您认为自己和政府决策者之间是什么样的关系？

阎学通： 每一个中华人民共和国公民都有责任为这个国家服务，作为一个中国的学者，就有责任为政府建言献策。我们只根据掌握的知识提出我们认为有道理的建议，但是我的本职工作是教师，核心工作还是教书，我的研究是从理论角度来研究问题。如果做个比喻，学者跟决策者之间的关系是医生和病人之间的关系。国际关系学者不是决策者，**决策者是国际关系学者研究的对象，研究决策者为什么这样或那样行动，研究国际关系和进行决策是两个不同性质的工作。**决策的行为者问："我这政策能实现目标吗？"学者会解释其政策原理，预测政策结果并提出供参考的替代方案。就是这样。

创建国际关系学"清华学派"，活用中国古代哲学思想

张小琴： 现在学术上有一个"清华学派"的说法。您 2000 年调到清华大学，帮助建设清华大学国际关系研究院，在国际关系领域里边有没有这样一个可以称为"清华学派"的东西？

阎学通： 在道义现实主义形成一个理论体系之前，有人就提出要在中国建立中国学派。我们就认为中国学派是建立不起来的，我还专门写文章说为什么不可能建成中国学派，为什么学派是以学校、城市或个人命名的，没有以国家命名的。我们用科学方法将古代思想和现代理论相结合，从 2005 年开始做到了 2011 年，取得了一点成果。其他人觉得我们这办法挺好，以前没有人这样做过，所以把这个方法称为清华路径。这种方法使用的人多了，后来也有人称其为"清华学派"。**国际关系理论的基础思想长期来自欧洲的古代哲学思想，**

我们现在把它变成以中国古代哲学思想来丰富现有的国际关系理论，而且采取科学研究方法，这是以往现代国际关系理论研究中没有的事。

张小琴：这两个东西的结合您觉得顺畅吗？

阎学通：应该说一开始做的时候，我们也找不着门，后来慢慢就找着了。我们寻找的是过去中国古代思想里有哪些还能用来解释今天的现象，如果两千年前的思想能用在今天，能解释今天的现象，那就说明它有生命力，很有可能带有真理性。我们的工作是把这些可解释现代国际关系的思想找出来，用科学的方法在这些独立的思想之间建立联系，然后再将联系起来的思想进行体系化建设，从而变成现代的国际关系理论。我们的这个办法成功了。这项研究搞了十年才形成有体系的理论，是否顺畅可想而知。

张小琴：两千年以前的那些思想主要是在诸侯国之间，它不是发生在主权国家之间，拿到今天来处理国际关系，适用吗？

阎学通：它道理是一样的。就像很多物理上的原理把它借鉴到其他科学上，对研究也有作用。更何况这只不过是一种哲学思想、政治思想，把它借鉴过来，用科学方法改造一下和现代化一下，完全可以。

创办世界和平论坛

张小琴：您在 2012 年的时候开始创办世界和平论坛，为什么会有这样的一个动作？

阎学通：当时只允许在国内组建国际经济论坛，不允许举办国际安全论坛。如果能够打破这个限制，就像我 1992 年从伯克利回来率先发表外交政策分析的专业文章，打破不能发表中国外交政策文章的禁忌一样，对国家有好处没坏处，所以我们做了这个努力。从申报到批下来，花了将近 20 个月。特别需要说明，唐家璇是我们国际关系研究院的荣誉院长，他是世界和平论坛的创建者。结果我们举办了第一届，谁都没想到效果意外地好。

张小琴：据说规格特别高，来了很多国家的领导人。

阎学通：我们当时将目标定得特别低，觉得这次只要不出事就算成功。结果来开会的外国参会者对中国一个负面评价都没有，我们对此喜出望外。开个国际安全会议竟然没有人讲中国威胁论，当时就是这状态。2016 年我们举办了第五届论坛，光国外报道就有 310 篇。

张小琴：你们做这个论坛的初衷是什么？

阎学通：我们当时认为，在国际社会上应该加强学术和思想观念的交流，这对世界认识中国和我们认识外国都有好处。我们了解人家怎么看我们，也让人家知道我们是怎么想的。我们只是从交流的角度认为组建国际安全论坛有益无害。

张小琴：当时习近平是国家副主席，他出席了那届论坛是吗？他当时讲的主要观点是什么？

阎学通：他当时提了一个观点，说要让自己安全也得让别人安全。这观点挺好的。如果你自己安全了，别人不安全，那人家能干吗？人家不安全，不还是跟你打？让自己安全、让自己发展，也得让别人安全和发展，这个观点有点像王道主义的思想。"王道"的思想就是强调大国得让小国觉得安全。这样小国能尊重大国，然后按照大国所制定的规则来行动，于是大国的领导维护了秩序的稳定，大国从稳定的秩序中获益，就这样。

张小琴：做了这几届论坛之后，回过头来看它发挥的作用是什么？

阎学通：这个论坛给国外的感觉，是中国非常国际化、非常开放，是一个坦荡的国家，是不怕别人有不同意见的国家。当时，马来西亚的前总理巴达维来参会，我去接他。在机场他坐在沙发上说："阎教授，这回中国不能不讨论安全问题了吧？"这说明全世界认为在中国举办安全论坛是一个正常的行为，是一个负责任的行为。所以我觉得我们举办这个论坛之后，对让世界认为中国是一个在国际安全问题上负责任的国家起了一点小作用。

学术生涯最大的成就：创建道义现实主义理论

张小琴：从伯克利回到中国后，到现在20多年，您怎么评价这段时间自己的学术生涯？

阎学通：从1992年到现在25年的过程中，我自己在不断地进步。一开始对事情的认识太学术，现在实际了许多。另外一个变化就是理论方面，从原来应用别人的理论，到现在自己创新理论，这方面比过去强了。研究的技术能力也比以前强了，对于定量研究的能力也有进步。我自己20多年来一直在进步，不过进步速度是越来越慢了。今后很可能是，再怎么谦虚谨慎也进步不了了，到了这个年龄，学习能力不行了。

张小琴：道义现实主义算是您最重要的理论贡献吗？

阎学通：在我自己所有的理论建设中，道义现实主义是我创造的最好的理论。

张小琴：现在它在全球的国际关系理论当中具有什么地位？

阎学通：这个理论是我学术上能够得到比较多国际引用的理论。

张小琴：道义现实主义有可能成为未来国际关系领域里边非常重要的一个理论吗？

阎学通：我希望能成为这样的一个理论，但这要由学界决定。

张小琴：现在看起来跟结构现实主义或者跟自由主义是有点分庭抗礼的意思吗？

阎学通：国际学术界认为我的理论和他们的理论有区别，但都是现实主义。

张小琴：为什么这个理论对你来说这么重要？

阎学通：原来我认为我不可能创新一个理论。在美国读书的时候，觉得自己只有学习理论的份儿，没有创造理论的可能。经过多年的研究，有了创造理论的能力，自然觉得高兴。从学术上讲，道义现实主义是对现实主义理论的发展，因此取得这点进步，对我来讲已经是非常难得了。

张小琴：那它对于人类思想的价值是什么？

阎学通：我觉得对结构现实主义是一个纠正。在分析国际问题时不能只观察国家实力，而不观察人的作用。结构现实主义认为国际分析的三个层次，即体系、国家和个人，是相互分离的，理论无法将三者联系起来。而道义现实主义将三个分析层次用政治领导这个变量给联系起来了。可能就这一点价值吧。

普通百姓理解国际关系要破除误区

张小琴：很多老百姓的日常话题都会讲到国际关系，如果说我们每个人都需要知道一点国际关系的基本知识的话，应该知道什么？

阎学通：可能我们需要一些做国际关系科普的人，这是一个很重要的工作。国家应该重视国际关系的科普工作，否则的话都是谣言、谬论在那儿误导大众。比如可以写成《国际关系一百问》《国际关系十万个为什么》等之类的书，我觉得我们得有一些这样的著作，供有兴趣的人去读。

如果说让老百姓有最简单的几个理解，第一，要破除经济决定论，国家的外交行为不都是为了钱，国家的外交行为为钱的绝不会超过 50%。我们现在太多的分析，一看别的国家干点什么，就说它们是奔钱来了，是钱在背后推动它们做事。

第二，要破除阴谋论，不要说任何国家做一件事，背后一定有阴谋。没有那么多阴谋，这个像下棋一样，你走一步，他走一步，棋都是明的，没什么阴谋不阴谋。人家是公开这么走，你没本事下那棋，不会下，那就没办法了。

张小琴：那需要树立什么样的观念呢？

阎学通：所有国家制定的外交政策，第一，它的基本出发点是为他自己，中国制定外交政策也是为自己不为别人，所有国家都一样。你不能认为别的国家制定政策都是为了自己，而中国制定外交政策都是为了别人，这是不可能的。

张小琴：要去理解它们的合理性？

阎学通：要理解他为他的利益，你为你的利益，都是为了自己，没有谁比谁更高尚。不要老一弄，就说谁是正确的，谁是错误的。

另外，一个普通人，即使没有任何的国际关系知识，不管是中国人、美国人、德国人、法国人，他们都会爱自己的国家。爱自己国家最简单的方式，就是感情上热爱国家，这是一个情感上的事，不需要过分地表达。爱国情感的表达得适当。

张小琴：所以您对于砸日本车、到韩国超市去示威这些做法都是不赞同的？

阎学通：这事调过来想，当越南人砸中国企业的时候，中国人怎么看？你觉得他合理吗？当一个国家面临其他国家军事威胁的时候，这个国家是不是就应该把那个国家设在本国的企业都砸了？肯定不合理。

张小琴：就是"己所不欲，勿施于人"？

阎学通：这就是道义现实主义。道义现实主义就是讲，我们都一样，谁都不比谁高尚，己所不欲，勿施于人。

（本文根据 2017 年 3 月 13 日在清华大学李兆基楼对阎学通教授的访谈内容整理而成。）

胡鞍钢

中国2050

胡鞍钢

————————

　　1953 年生于辽宁，中共十八大代表，现任清华大学国情研究院院长，清华大学公共管理学院教授、博士生导师，国情研究（当代中国研究）专家。先后兼任国家"十一五""十二五""十三五"规划专家委员会委员等社会职务。创建并领导的清华大学国情研究院，于 2015 年入选首批 25 家国家高端智库建设试点单位。从 1998 年至今主编《国情报告》，向中央领导同志和省部级主要负责人累计提供 1400 余期，先后获得党和国家领导人批示百余次，对国家重大决策产生持续影响。

　　1988 年获中国科学院工学博士学位，1991—1992 年在美国耶鲁大学经济学系从事博士后研究，2004 年获得俄罗斯科学院远东研究所授予的荣誉经济学博士学位。曾先后在美国麻省理工学院人文学院国际研究中心、哈佛大学肯尼迪政府学院、哥伦比亚大学东亚研究所、纽约大学中国研究中心、世界银行发展研究院、法国社会科学与人文学院中国研究中心、日本庆应义塾大学公共管理学院、东京工业大学文明研究中心、早稻田大学亚洲研究中心、香港中文大学经济学系、英国牛津大学中国研究中心等地做访问教授或研究员。

　　2018 年 1 月入选清华大学首批文科资深教授。

老师们、同学们，大家晚上好！

今天我想就"中国2050"做一个展望，这是基于我们清华大学国情研究院的一项重要研究成果。

1949年，毛泽东曾写下一首非常宏伟的诗篇，讲到"天若有情天亦老，人间正道是沧桑"。今天我的主题实际上就是讲中国的道路从何而来、走到了哪里、今后又将走向何方？

对此，习近平主席提出了"中国梦"，特别是谈到了"两个一百年奋斗目标"。第一个是到2020年全面建成小康社会，实现第一个百年目标。第二个就是我们今天所讨论的主题，到2050年，也就是说中华人民共和国建国100年，中国能否实现社会主义现代化强国的目标。这就构成了伟大的中国梦，也构成了中国伟大的社会主义现代化道路。

一、国家（中国）发展生命周期

从中国的发展过程之中，我们提出一个理论分析框架，就是国家发展生命周期。通过这个框架，我们能够从三个视角，即国际视角、历史视角和比较视角，看到中国为何衰落，又为何重新崛起。

从下面这张图我们可以看到，横坐标是时间，纵坐标是一个国家主要经济指标占世界总量的比重，我们可以用这些指标来衡量一个国家的经济实力、科技实力、国防实力、综合国力、文化软实力和国际影响力。这张图是一个简化的两国模型，分别为A国和B国。从全世界来看，真实情况就不只是两国了。从主权国家来看，有193个联合国会员国和2个联合国观察国（梵蒂冈和巴勒斯坦）；从各种经济体来看，截至2017年，世界上共有230个国家和地区，其中国家有 195 个，地区有 35 个。因此，一个简单的道理就是，在这些国家和地区的国际竞争中，就国内而言，发展是硬道理；就国际而言，实力是硬道理。用这样的一张图就可以解释中国的发展和崛起过程。

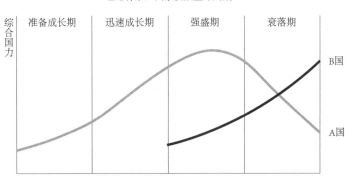

理论背景：国家发展生命周期

四阶段国家发展生命周期（A 国与 B 国）①

一个国家发展生命周期，以及一个国家的经济实力、科技实力、综合国力、文化实力、国际影响力都会经历这几个阶段：准备成长期、迅速成长期、强盛期、衰落期。那么向前发展的核心推动力是什么呢？是国家创新。**国家竞争的本质就是创新竞争**。一个国家能否创新而不僵化、不停滞，能否持续创新，而不中断、不夭折呢？前车之鉴就是苏联。同样，一个国家（如中国）能否比它的竞争国家，比如像美国、日本、印度等国，更具有创新力，并且不骄傲、不落伍呢？

因此，一个国家的兴盛和衰落绝非偶然，衰落的根源就在于不能创新，压抑创新。**不断地创新正是一个国家崛起或者说迅速崛起走向强盛的最根本动因**。中国的发展历史，正是一个最好的验证和说明。

 1. 中国发展的几个阶段

从过去近 200 年的发展轨迹看，西方国家经历了先崛起、后衰落的过程，在国家发展生命周期图上呈现为倒 U 字形。中国正好相反，是 U 字形轨迹，

———————————

① 系作者设计，纵坐标系一国主要指标或综合国力占世界总量的比重。

经历了先衰落、后崛起的过程。1820 年的中国，经济总量比重占到全世界的 1/3，到了 1950 年，却下降至不到 1/20，只有 4.5%。[①] 这是一个传统农业社会衰落的最低点，同时也是现代工业文明、现代工业化、现代工业社会的新起点。这正是中国共产党的一项重大历史使命，它必须要像其他国家一样完成工业化、城镇化、现代化过程，进而完成今天正在经历的信息化、数字化过程，同时建成中国特色的社会主义社会。

1）1950 年之后：准备成长期

1950 年之后，中国才真正进入现代经济增长时期，它的标志是什么呢？就是一个国家的人均收入或者说人均 GDP 年平均增长率能够持续超过 1.0%。作为后发国家，只有人均收入或者人均 GDP 增长率超过 4%，才有可能追赶先行的发达国家。从经济史的角度看，从 1955 年到 2005 年，只有十几个国家已经达到这个发展速度。其中，人口超过几千万的只有五个国家，包括日本、韩国、泰国、中国以及苏联。如果从 1928 年到 1990 年，并且扣掉第二次世界大战这个时间，大体就这么五个国家。

从中国的角度来看，按照国家发展生命周期的框架，毛泽东时代就是中国的准备成长期，因为它完成了几个基本建设。首先，发动了工业化，建立了比较独立、完整的工业体系和国民经济体系。第二，建立了一个比较独立的、比较完整的现代国民教育体系和现代科学技术体系。第三，建立了一个以中国共产党为领导的现代国家制度体系。从而才使得我们能够进入到第二个阶段，就是经济起飞阶段，即从 1978 年到今天的改革开放阶段。有几项重要的信息可以表明，中国进入这样一个长时期的经济起飞阶段，都与前 30 年毛泽东时代奠定的人力资本基础、物质资本基础、工业化基础以及制度基础，是紧密相关的。现在，越来越多的国际专家、经济学家都在重新认识毛泽东时代，我自

---

① 计算数据来源：Angus Maddison, *World Population, GDP and Per Capita GDP, 1-2008 AD, 2010.* http://www.ggdc.net/maddison.

己也写了一本书，出版于清华大学出版社，书名为《中国政治经济史论（1949—1976）》。这本书回答了中国为什么可以进入到现代国家发展生命周期的第一个阶段，即准备成长阶段。

2）1978 年之后：迅速崛起期

1978 年之后，中国开始进入到第二个阶段，即迅速发展阶段，或者说经济起飞阶段。由于中国是一个特殊的人口大国，因此它的崛起不只是一般国家的经济起飞，还将改变世界经济格局、政治格局，甚至正在改变世界的科技格局。

3）2020 之后：强盛期

到 2020 年，在经历大体上 40 年的经济起飞阶段之后，中国就有可能进入强盛期，即国家发展生命周期的第三个阶段。无论是我们展望到 2030 年、2040 年甚至 2050 年，都将处在这样一个发展的强盛期。

 2. 中国经济起飞的特点

1）四国经济起飞主要指标比较

我们来看一组重要的数据。

四国（美日中印）经济起飞主要指标比较[①]

指标	美国	日本	中国	印度
	（1870—1913）	（1950—1973）	（1978—2015）	（1990—2015）
总人口（万人）				
初期	4024	8381	96259	87062

---

① 计算数据来源：美国和日本总人口、GDP、人均 GDP（1990 年国际美元）数据均来源于 Angus Maddison, *Historical Statistics of the World Economy*: *1-2008 AD*, http://www.ggdc.net/maddison/；非农业产值比率数据来源于 B.R. 米切尔编，《帕尔格雷夫世界历史统计（1750—1993）》（第四版），贺力平译，北京：经济科学出版社，2002；中国和印度总人口、GDP、人均 GDP（2011 年国际美元）、城市化率、非农业产值比率、商品出口依存度数据均来源于世界银行数据库。

续表

指标	美国	日本	中国	印度
	（1870—1913）	（1950—1973）	（1978—2015）	（1990—2015）
终期	9761	10871	137462	131100
增长率（%）	2.1	1.1	1.01	1.65
GDP 总量（百万美元）				
初期	98374	160966	616886	154400
终期	517383	1242932	18610000	751200
增长率（%）	3.9	9.3	9.6	6.5
人均 GDP（美元）				
初期	2445	1921	645	1773
终期	5301	11433	13572	5730
增长率（%）	1.8	8.1	8.6	4.8
GDP 占世界比重（%）				
初期	8.8	3	4.9	3.3
终期	18.9	7.8	17.2	6.9
年均变化率（%）	0.23	0.21	0.33	0.14
商品出口依存度（%）				
初期	2.5	2.3	4.59	6.9
终期	3.7	7.9	20.59	12.75
年均变化率（%）	0.03	0.24	0.43	0.23
非农业产值比率（%）				
初期	79.5	77	71.8	71
终期	83	94	91.1	83
年均变化率（%）	0.08	0.74	0.52	0.48
城市化率（%）				
初期	19.8	43.1	17.92	25.5
终期	45.6	55.4	56.1	32.7
年均变化率（%）	0.65	0.49	1.03	0.29

在这里我特别列举了四个重要国家（美国、日本、中国、印度），对四国经济起飞主要指标进行了比较。第一是美国，经济起飞时期是 1870 年至 1913 年，完成了从经济起飞到世界强国这个过程，经济增长率高达 3.9%，这就是所谓美国奇迹。第二是日本，从 1950 年起飞到 1973 年，经济增长率高达 9.3%，这就是所谓的日本奇迹，超过了美国奇迹。第三就是中国，持续从 1978 年高速发展至 2015 年，经济增长率高达 9.6%。第四是印度，1990 年至 2015 年经济增长率为 6.5%。

2）中国经济起飞的特点

中国的经济起飞有什么特点呢？首先，发展起点极低，中国进入到经济起飞的过程比美国晚了 100 多年。第二，人口规模巨大，美国经济起飞的时候是 4000 多万人口，日本是 8000 多万，中国却高达 9.6 亿人，即便是印度也只有 8 亿多人，因此从人口规模的角度来看也是前所未有的记录。第三，中国发展速度快，从 1978 年到 2016 年，保持了 9.6% 的经济增长率，因此到 2020 年，即使中国今后的增长率有所下降，我们相信也仍然在 6% 以上。第四，高速发展时间长，中国的经济起飞到目前为止持续了 39 年，到 2018 年是第 40 年，而且我们进一步预测，只要超过 6% 的话，至少可以持续到 2025 年或者更长的时间。这些特点决定了它很快要进入到发展强盛期。

二、社会主义初级阶段上下半场

 1. 上半场（20 世纪下半叶）

我们怎么去理解中国最大的国情、最大的实际，即社会主义初级阶段呢？20 世纪 50 年代中期，中国开始了社会主义初级阶段。20 世纪的下半叶是社会主义初级阶段的"上半场"，它可以分为两个阶段：第一阶段是准备成长期，表现在 1949 年至 1978 年，严格说是 50 年代中期到 1978 年；而后进入到第二阶段，摆脱贫困、消除绝对贫困，为经济起飞打下基础。在这第二个阶段，邓小平同志非常智慧，也非常务实，先提出了"两步走"的战略设想，然后提出了"三步走"的战略设想。通过前两步，中国已经跨越了所有最不发达国家所遇到的最大陷阱，即贫困陷阱。他通过"先富论"来突破这一瓶颈，因此在 1978 年至 1990 年，中国就开始消除绝对贫困，完成第一步即温饱阶段。进而在 20 世纪 90 年代开始第二步，即小康水平阶段，特别是到 2000 年实现了人民生活总体达到小康水平，实现第二步走战略目标以及上半场第二个阶段的发展目标。

 2. 下半场（21 世纪上半叶）

所谓社会主义初级阶段"下半场"就是进入新世纪以后，大体也可以分为两大阶段：第一阶段我们称之为小康社会阶段，就是从小康水平到小康社会，这又分为两个十年，第一个十年主题是全面建设小康社会，第二个十年是全面建成小康社会；**到 2020 年之后，可以说中国开始进入到世界最大的共同富裕社会阶段，**即下半场第二阶段。

我们把关键的发展指标给大家作一个介绍，包括人均总国民收入（GNI），使用的是 2011 年国际美元，还有人口平均受教育年限，特别是人口平均预期寿命，此外还包括基尼系数、农村贫困发生率以及世界上普遍采用的 HDI 指数，即人类发展指数，以及我们在全世界的排位。

我们可以对第一个百年目标做一个评论，因为"十三五"规划最大的功能和作用就是精心设计第一个百年的目标。对此，"十三五"规划从几个方面进行设计，比如说经济发展，到 2020 年时中国的 GDP 总量要达到 96 万亿人民币。事实上我们已经在 2016 年实现了 2020 年目标，即党的十六大报告提出的 2020 年 GDP 比 2000 年翻两番的目标。今年可以非常有把握地说，可以提前三年实现党的十七大报告提出的人均GDP比2000年翻两番的目标。

不仅是经济发展，还包括创新驱动发展，尤其是这次五年规划明确提出了相当多的量化指标，不仅推动中国的原始性创新，并且也推动中国进入到世界数字化时代。此外，这次五年规划对民生福祉进行了专门设计，特别是重点设计了资源环境指标，这是我们所说的难中之难、重中之重。如果能够如期完成以上"十三五"规划的主要目标和量化指标，从专业的视角评价，中国就可以如期实现第一个百年目标。

从HDI（人类发展指数）指标来看，目前中国的HDI指数已经超过了0.73[①]，说明中国已经进入高人类发展水平。到2020年，HDI指数还会进一步提高。从1978年到2020年，我们实现了从世界最大规模的绝对贫困人口8亿多人，变成了世界最大的小康社会——14亿人。这就是**我们实现了第一个百年目标，对人类最大的贡献就是消除了世界最大的绝对贫困人口**。当然，印度可能是下一个。但是不管怎么说，中国已经进入到一个新的阶段。这就要站得更高、看得更远、想得更深，设计后2020年的目标。它的理论基础是什么呢？我们把它称之为社会主义初级阶段下半场的第二个阶段；它的主题又是什么呢？就是全面建设共同富裕社会的阶段。

三、中国：走向2050

今天我更多地介绍最新的研究成果，即2050年的中国。我认为中国的大学，一定要站在我们这个国家、这个社会的现有基础之上去展望2050年。到底第二个百年目标是什么？**如何实现第二个百年目标？**我们提出来可以分为

---

① 数据来源：UNDP, *Human Development Report 2016*, table 1. Published by UNDP.

"三步走"。

第一步是到 2030 年，关键词仍然是"全面"，不过叫作全面建设富裕社会，或者说共同富裕社会。第二步到 2040 年，全面建成共同富裕社会。第三步，也就是说第二个百年目标，到 2050 年全面实现富强、民主、文明、和谐，特别是绿色的社会主义现代化，它正好反映了中国社会主义现代化"五位一体"的大布局。

 1. 2030 年的中国

1）全面建设共同富裕社会

怎么样一步一步走向 2050 年呢？下一个时间节点非常清楚，就是 2030 年中国。首先，2030 中国不同于小康社会，标准是富裕。什么指标能够反映富裕呢？从国际经验来看，大体就是人均收入水平、HDI 水平、恩格尔系数（居民食品烟酒支出占总消费支出比重）等，以便来反映主要的经济社会指标，要达到世界中高收入国家的前列。其次是共同富裕，反映在工农差别、城乡差别、地区差别三大差距的持续缩小。最后是两个全覆盖，一是基本公共服务全体人口全覆盖，二是社会保障及服务全体人口全覆盖。

2）全面建设社会主义现代化强国

社会主义强国是什么含义呢？就是反映在我们应该成为世界经济强国、人力资源强国、创新型国家，以及文化强国和综合国力强国。我们正处在这样一个过程之中。当然从我们的角度来看，不仅要看到总量指标，还要看到人均指标，大幅度缩小与发达国家之间的差距。

同样我们可以用这张表来反映我们新的"历史长征"。表中的实力或者总量反映一个国家的总体实力，而人均量反映一个国家的经济、社会、文化水平。对此，我们可以看一看中国的指标。

中国经济社会发展主要指标（1950—2015）[①]

指标	1950 年	1960 年	1970 年	1980 年	1990 年	2000 年	2010 年	2015 年
a. 人均GNI（PPP，2011 年美元）	172	396	472	719	1516	3678	9430	13400
b. 平均受教育年限（年）	1	2	3.2	5.33	6.43	7.85	9.9	10.23
c. 人口平均预期寿命（岁）	41	43.4	58.7	65.7	68.6	71.4	73.5	76.34
d. 基尼系数	0.558（1953）	0.305（1964）	0.279	0.291（1981）	0.324	0.392（1999）	0.481	0.462

① a. 1950—1980 年数据系作者根据 Angus Maddison 和 World Bank 数据计算，1990—2014 年数据来源于世界银行数据库。详见 Angus Maddison, *The World Economy: A Millennial perspective*, OECD, table 1–5a. 世界银行数据库；World Bank, *World Development Indicator 2016.*

b. 1950—2010 年数据系 15 岁及以上人口平均受教育年限，2015—2030 年数据系 25 岁及以上人口平均受教育年限。此外系作者根据人口普查数据计算，包括新中国六十年统计资料汇编，第三次、第四次、第五次和第六次全国人口普查相关数据，中国统计年鉴（2015）等。

c. 1950 年数据来自联合国人口基金会数据库；1960—1980 年数据来自 http://data.worldbank.org/indicator/SP.DYN.LE00.IN；1990—2015 年数据来自国家统计局公布数据；2020 年、2030 年数据系《"健康中国 2030"规划纲要》数据。

d. 1950—1970 年数据来源于 Branko L. Milanovic, *All the Ginis1950—2012* (updated in Autumn 2014), http://econ.worldbank.org；1981—1999 年数据来源于世界银行数据库 http://data.worldbank.org/indicator/SI.POV.GINI?locations=CN；2010 年、2015 年数据来源于国家统计局发布的基尼系数。

e. 系 2012 年农村贫困线标准：每人每年 2300 元（2010 年不变价），数据来源于国家统计局：《中国统计年鉴 2016》，北京：中国统计出版社，2016，第 70 页。

f. 中国 1950—1970 年数据系作者估算。1980—2010 年中国和世界数据来源于 UNDP《人类发展报告 2014》，表 2；2015 年数据来源于《人类发展报告 2016》，表 2。

g. 人类发展水平五个阶段：极低人类发展水平（0~0.400）、低人类发展水平（0.401~0.550）、中等人类发展水平（0.551~0.700）、高人类发展水平（0.701~0.800）、极高人类发展水平 (0.801 及以上)。UNDP 报告将人类发展划分为四个阶段，见 UNDP: *Human Development Report 2015.* 这里作者将低人类发展水平再分为极低人类发展水平和低人类发展水平。

续表

指标	1950 年	1960 年	1970 年	1980 年	1990 年	2000 年	2010 年	2015 年
e. 农村贫困发生率（%）	–	–	–	96.2	73.5	49.8	17.2	5.7
f. 中国 HDI	0.145	0.255	0.342	0.423	0.499	0.592	0.7	0.736
f. 世界 HDI	–	–	–	0.597	0.597	0.641	0.696	0.717
g. 中国所在人类发展组	极低人类发展	极低人类发展	极低人类发展	低人类发展	低人类发展	中等人类发展	中等人类发展	高人类发展
发展阶段	贫困时代（1949—1978）			先富时代（1978—2000）		共富时代（2000—2015）		

从 1949 年到 2030 年，中国与美国的人均收入水平差距比较大，我们在过去将近 40 年加速追赶，但是总体差距依然比较大。但是我们的健康指标、教育指标，也就是对人投资的那些指标，其实和美国差距并不大。比如说中国的人均预期寿命 2015 年达到了 76.34 岁，美国是 78.9 岁，[①] 但是北京、上海的预期寿命已经超过了 82 岁。在这些方面，主要问题是地区之间的不平衡性。

 ## 2. 2040 年的中国：全面建成共同富裕社会

由此，我们开始一个新的长征，也就是说从中国的角度来看，**到 2040 年我们需要全面建成共同富裕社会**。

全面建成共同富裕社会，主要体现在三大差距的持续缩小上。此外，还要形成对全体人口的高水平的公共服务的全覆盖、相对高标准的社会保障的全覆盖。最后，体现在中国在世界中的地位，具有强大的综合国力。

3. 2050 年的中国：以人民为中心全面发展现代化

在此基础上，再花十年时间，中国进入 2050。在这个阶段，中国在现代

---

① UNDP, *Human Development Report 2016*, table 2. Published by UNDP.

化方面不仅实现追赶，还能实现我们对世界现代化的创新。也就是说，世界上具有的发达因素我们要有，世界上没有的发达因素或者现代化因素，我们必须带头创新。当然，中国的现代化本质上是中国特色的现代化。基于此，我们提出了一个从以经济建设为中心到以人民为中心的全面发展的现代化思路。之前我们搞的是经济现代化，当然也是为了满足人民日益增长的物质需求和文化需求，但是今天我们更多的是强调人的全面发展、人的现代化。这就构成了中国特有的现代化的四大因素，即社会主义因素、中国因素、文化因素，以及绿色自然因素，或者说生态的因素。这四大因素相互作用、相互推动，全面建设以人民为中心的社会主义的现代化。

从 2050 年总的目标来看，就是全面建成富强、民主、文明、和谐、绿色的社会主义现代化国家，包括了五个方面。

第一，经济现代化方面，要建成民富、国强的社会主义现代化。所谓"民富"，实际上邓小平同志在 30 年前也就是 1987 年就设想了 2050 年的目标，就是要达到中等发达国家的水平，即人均 GDP 按 20 世纪 80 年代的美元价格能够达到 4000 美元。今天我们可以讲，中国有可能超过小平同志的目标。

第二，建成社会主义民主的现代化，包括政治民主建设、法治社会建设、法治国家建设，以及党中央在过去几年所制定的全面依法治国、全面从严治党等，更加体现人民当家做主的优势。既要加强社会主义制度优势、政治优势，这是毫无疑问的，今天我们也要更多强调人民优势，因为是以人民为中心，人民是发展的主体，也是发展的推动力、创新者。

第三，建成中国文明文化的社会主义现代化，它的含义很清楚，包括社会主义先进文化建设、精神文明建设、文化事业建设等各方面，要充分体现中华文化的整体实力、中国的国际影响力、中国文化的竞争力，以及中国的各类软实力。

第四，建成更加和谐的社会主义现代化国家。要实现更加充分的就业，实现更高质量的就业，实现更高比例的创业。在 2003 年，我国的创业者，我们称之为市场主体登记者或者说法人，占全国总人口的比例只有 2.4%，现在已经超过6%（2016年为6.3%），[①] 我们预计到2020年有可能接近8%，甚至有可能接近10%，我们鼓励大学培养的学生要能够创新，更要能够创业。此外，公共服务要实现几个"全"：一是全人口的覆盖；二是全生命周期覆盖，就是从胎儿到生命的终结；三是所谓的全过程服务。以上都要体现三大差距继续缩小，尤其是基尼系数的缩小。到2050年，中国的HDI指数，我们设想要接近于美国，甚至相当多的地区要超过美国，尤其是健康教育指标。这就是为什么我们强调中国的现代化本质是人的现代化，要对全体人民进行人力资本的持续性的投资，从胎儿到生命的终结，这个意义非常重要。

第五，建成更加绿色的社会主义现代化，实现人与自然的和谐相处、共生共融，包括要成为世界最大的森林盈余国之一，要进行长期、持续的生态投资。2016年，习近平主席在考察了重庆之后，对长江经济带——这是中国的黄金地带，也是世界的黄金地带——提出了"共抓大保护、不搞大开发"的方针。也就是说，要以生态为优先，通过利用物质资本、人力资本、知识资本、技术资本，包括国际资本，投资于生态环境，把它变成不断积累的生态资本。这就是中国特色的绿色社会主义现代化。

四、中国现代化对世界的贡献

2050年的中国，一定是会对世界做出巨大贡献的国家。中国的综合国力，特别是经济实力、科技实力更加强大，中国的文化软实力大大增强，中国的国际影响力在世界上大大提升。实际上，我们已经有1亿多人次到海外旅游，遍布世界各地。2016年"双十一"中国的跨境电商已经覆盖了全世界230个国家和地区。[②] 中国的崛起具有很强的正外部性，已经辐射到全世界。中国的现

[①] 国家工商总局网站。

[②] 阿里巴巴网站，2016年11月12日。

代化一定会对世界做出重大的贡献。我们概括为以下五个方面。

 ## 1. 经济贡献

今天，中国已经成为公认的世界上最大的经济增长发动机，同时我们要从现在的世界第二大市场变成世界第一大市场。在过去十几年，我们的消费市场已经逐渐缩小和美国之间的差距，但是还没有超过美国，这就意味着在中国这个市场如何为 14.2 亿人，即消费者，提供物美价廉、个性化、多元化的消费，包括文化的消费和各种服务消费是个重要的议题。基于此，**我们可以为全世界提供越来越多的市场贡献、贸易贡献、就业贡献、投资贡献**。

 ## 2. 创新贡献

中国正按照《国家创新驱动发展战略纲要》的创新路线图做新的长远设计，包括 2020 年、2030 年目标，又进一步展望了 2050 年目标。如果能够实现这样一个中长期目标，中国就会成为世界重要的创新之国，同时成为全球创新的领导者、引领者，就像美国对人类科学技术的卓越贡献一样，我们也会和美国及其他国家最优秀的科学家共同创造世界最大的公共产品，即科学技术。

 ## 3. 绿色贡献

一旦实现了社会主义绿色现代化目标，中国就会对世界，特别是在应对全球气候变化、节能减排、创造新的绿色产业等方面做出贡献。通过实现绿色工业、绿色能源、绿色材料、绿色交通、绿色建筑等，对人类做出绿色贡献。

 ## 4. 文化贡献

中国需要进行文化建设，成为世界上深具文化影响力的国家之一，因为文化是可以遍及全世界的。我们要对人类文明做出中国应有的贡献。

5. 全球治理贡献

中国今天已经成为世界上最大的发展中国家，成为世界上最大的贸易体。在现有的贸易伙伴中，至少有 100 多个国家和地区，中国是它们的第一大贸易伙伴。预计到 2020 年，这一数字将达到 140 个，甚至超过 150 个。这就是为什么世界需要中国。同样地，中国更需要推动新的全球化，即更加公平的全球化、更加包容的全球化、更加共赢的全球化。

五、人间正道是沧桑

老师们、同学们，我们正处于一个伟大的时代，伟大的时代需要伟大的梦想。中国已经走到世界舞台的中心，中国正在创造人间奇迹，而且这种奇迹已经超越了历史上的英国奇迹、美国奇迹、日本奇迹、"四小龙"奇迹。中国社会主义现代化的历史，实际上就是不断创造"人间奇迹"的历史。

 1. 邓小平的预言

邓小平同志提出"三步走"的战略思想设想时曾预言，我们现在要做的就是通过改革加快发展生产力，坚持社会主义道路，用我们的实践来证明社会主义的优越性；要用两代人、三代人，甚至四代人来实现这个目标；到那个时候，我们就可以真正用事实理直气壮地说社会主义比资本主义优越了。今天我们正处在实现这个伟大目标的中间点，也正在不断验证邓小平的预言。

 2. 黄金一代要做出黄金贡献

当前，我们已经开启了中国人民一同创新的大众创新、万众创业的时代，其结果就是进入创富时代，包括创造经济财富、文化财富、教育财富，以及在座的老师们创造的知识财富，还可以创造生态财富，等等。因此，中国进入到为世界做出巨大贡献的时代。

这正是我给在座同学们的几句寄语。首先，你们正处在黄金时代，就是中国崛起的大舞台时代。第二，你们正处在黄金年龄时代，也就是说，从14岁到34岁，可界定为是青年。第三，你们今天正上着黄金般的大学——清华大学。第四，你们正进行着黄金般的人力资本投资。那么我就要问：你们能不能做出黄金贡献？也就是说到2050年，能为中国乃至世界做出什么样的贡献？我希望大家能够在2030年给自己一个初步回答，2040年给出一个肯定回答，2050年给出一个更加自信的回答。

这样的话，你们就做到了年轻时期无悔、中年时期无悔、老年时期无悔，最终一生无悔！

谢谢大家！

问答

 做预测时，如何考量风险因素

观众：感谢胡老师，我想请问在我们做预测或者计划的时候，如何考量潜在的风险因素，比如局部战争、"黑天鹅"事件、金融危机或者全面的战争，或者是新出现的疫情等风险情况？

胡鞍钢：我们也做国家风险研究。走向 2050 年其实有很多新的东西，我们称之为两个"前所未有"。第一个是前所未有的挑战，无论是人与自然的差距，还是在全世界的南北差距等，都是巨大挑战。第二个是前所未有的机遇，问题是如何把挑战变成机遇，无论出现什么样的"黑天鹅"事件，我们都能有较好的准备。

从 1949 年开始一直到今天，中国本身的发展过程，就符合"挑战 – 应战"的模式。未来的挑战我们很难预测，但是我们有没有一个应战的机制？ 2003年 SARS 危机是一个典型案例，我们遏制了第一场全球公共卫生危机，由此建立了应急机制。这就为后来，特别是 2008 年汶川大地震提供了一个预演和练兵。像这些风险就在于你能不能有一个有效的机制去应对。

（本文根据 2017 年 4 月 23 日胡鞍钢教授在"人文清华"讲坛的演讲《中国 2050》整理而成，经作者本人修改审定。）

2050中国

第三步，到2050年，全面实现社会主义现代化。

化是中国特色社会主义现代化，本质上是以人民为中心的全面发展现代化。

有四大基本因素，即现代化因素、社会主义因素、中国因素、绿色因素。

胡鞍钢专访：高端智库是国家发展的瞭望者、谋划者、监督者

出生在鞍钢，以"鞍钢"为名

张小琴： 胡老师，您是出生在鞍钢吗？

胡鞍钢： 对。20世纪50年代初，中国工业化起源于"一五"时期，主要的发源地实际上是在鞍山，就是鞍钢。我父母亲都毕业于上海交通大学，父亲50年代初毕业后，响应党的号召去了鞍钢。我出生在1953年，父母亲给我起了名字叫鞍钢。这个名字本身和中国的工业化也是有关系的。

张小琴： 红色知识分子这个颜色是不是在你身上也传承下来了？

胡鞍钢： 说是红色也行，说是政治方向也行，总的来讲其实一个人，包括一个国家，政治方向是核心的问题。我后来发展的定位比较清楚，就是坚持知识为民、知识报国，这既传承了中国传统知识分子的精神，也具有鲜明的当代特征。

张小琴： 您是13岁读毛泽东的书？

胡鞍钢： 是的，我少年时代就开始读毛泽东的书。最近写了一篇文章《我读毛著五十年》，在学生群体中的影响非常大。昨天我还在读毛泽东的著作，我觉得他是伟人，毛泽东本身也是国情研究的大师，不能不和他对话交流。年轻的时候读，会留下深刻的历史记忆，后来专注研究中国国情时，就体会到了他著作中的深刻思想。

张小琴： "文革"开始的时候您读到几年级就辍学了？

胡鞍钢： "文革"开始的时候我只有13岁，也就是小学毕业。1969届初中毕业就去黑龙江下乡了，数理化等科目都是我自学的。

在社会底层八年，攒下了特别财富

张小琴：您在黑龙江一共待了几年？

胡鞍钢：从 1969 年 9 月去，到 1976 年 10 月离开，再到后来在华北地质勘探队待了一年半，加起来一共是八年，我称之为我的"八年抗大"，就是通过社会大学去学习。后来又上了十多年大学，从本科到博士的十年，又在美国耶鲁大学做了博士后。这两段经历构成了我人生的两所大学，两所大学之间既有区别也有联系，这就是为什么我后来一直主张**年轻学生一定要上好两所大学，特别是上好社会大学，这样在从事社会科学研究、国情研究方面，才能够扎根于中国大地。**

张小琴：当时去上这个社会大学其实是被动的。

胡鞍钢：对。

张小琴：您怎么来评价这一段被动的经历呢？

胡鞍钢：很大程度上，它可能是一段特殊的历史，但正是经历过这段特殊的历史过程，反倒产生了一批优秀人物。现在的领导人很多都有过"知青"的经历，很多优秀的学者也曾插队历练过。在当时这段经历谁也不可能选择，谁也没有预想到未来。但一路走过后，它告诉我们一个很重要的真理，**人才就像钢铁一样，钢铁是怎样炼成的？就是必须要经历过艰难困苦的环境，才能培养出真正的人才，如果光靠大学这么简单培养，缺乏社会的历练还是不行的。**

张小琴：总体来说您对那段经历还是感谢的？

胡鞍钢：这一段刻骨铭心的知青经历，变成了我后来从事国情研究的宝贵财富。

张小琴：您的英文是什么时候学的？

胡鞍钢：当时美国总统尼克松要访华，北京广播电台开始播放学英语节目。我攒钱买了长波收音机，就在北大荒那儿跟着学。由于信号不好，广播的声音都是断断续续的，需要不停地转收音机的电线，才能勉强听着学下来。

张小琴：尼克松访华影响到北大荒的知识青年学英语？

胡鞍钢：不光是我，当时很多知识青年都会学点英文。

张小琴：您是当时就有了要上好社会大学这个心态吗？这之后有没有一些有意识的观察，或者有意识地跟一些人做接触？

胡鞍钢：在北大荒，我当过班长、排长、副指导员，甚至还做过计划生育工作。后来也非常有意思，我博士论文的研究题目正好是《人口与发展》，一开始主要是做宏观研究，后来导师希望能够加上一些微观信息，我就到河北涿县去调研200多个育龄妇女。当时一位评审教授问我怎么想到做这个，我说我曾经分管过计划生育，知道怎么和农村妇女打交道。因此，实际上一个人的生活阅历到后来都会成为其知识资产的来源。

张小琴：一段历史发生会影响很多人，使其后来的人生道路各有不同。对于您个人来说，这样的人生经历和您后来这样的人生设计和人生道路，其因果关系是什么？

胡鞍钢：以我写的《谈北大荒之路》调研报告之一、之二为例，在此之前不是没有人研究过北大荒，但是我把它放在世界性的农业现代化的背景下，同时也放在中国的农业现代化的背景下进行研究，将其和美国及乌克兰的世界两大黑土地进行国际比较。实际上等于把我在北大荒的经历进行了升华、总结，总结出来以后又为所有人所分享，这本身就是将个人经历转化成知识财富的一个过程。

工科生走上国情研究之路

张小琴：您是23岁的时候到冶金地质勘探队，这个是招工吗？

胡鞍钢：当时按照规定可以从地质部门、矿山下矿，因为我是在黑龙江生产建设兵团的一个国营农场，就调到国营地质勘探队。

张小琴：勘探队的情况比北大荒好一些吗？

胡鞍钢：就在河北邯郸、邢台等地的农村转来转去地工作，当地老百姓基本上还没有解决吃饭问题，事实上比北大荒还贫穷、还艰苦。

张小琴：您考大学的时候等于说已经是工人了，那时候对考大学应该有比较清醒的意识，一定要上这个大学？

胡鞍钢：对，从小受到我父母亲的影响，我本身也非常渴望上大学。在黑龙江生产建设兵团农场期间，我一直坚持自学，到了地质队的时候，我还把《高等数学》这些书也带上了。

1977年底参加完高考后，我就去上党校学习了，一直没有接到录取通知书。后来接到通知时大学都已经开学了，就又赶紧回到地质勘探大队部办理各种手续，等我上学的时候实际上已经都晚了将近一个星期。

张小琴：您当时为什么上了冶金工科院校？

胡鞍钢：这和我父亲有关系，因为他一直从事冶金工作。当时上的是河北矿冶学院。

张小琴：后来读研究生到了北京钢铁学院，这方面跟您现在做的国情研究相距甚远，这个路是怎么走过来的？

胡鞍钢：这条学术之路既有偶然性也有必然性。必然性是我有过农村的经历，即通过我的社会大学，认识了中国国情。偶然性是当时我已经考上了博士生，存在一个选择研究题目的现实问题，到底研究什么？当时我认识一位老经济学家，他跟我谈到了中国经济发展，我非常感兴趣，同时我自己在做本专业研究时也在学习经济学。后来他推荐了周小川的博士论文给我，周小川是清华大学自动化系毕业的，也是工科出身，但后来转而研究国民经济。这对我很有启发，之后我也由工科转到社会科学领域。

张小琴：这个跨度挺大的，有什么事情影响到您?

胡鞍钢：1978年我上了大学，同年召开了党的十一届三中全会，这些使我意识到中国的历史已经发生巨大变化，客观地说我是拥护这个路线的。一路走下来，读了研究生，又考上博士生，到了 1985 年、1986 年我做博士论文的时候，中国的改革方向已经很清楚了。1985 年万里同志在全国软科学大会上讲话，强调决策的科学化、民主化，这是很重要的一次讲话。此外，当时我在中国科学院参加了国情分析研究小组，这个小组受国务院农村发展研究中心的委托，研究中国的粮食、资源、人口、发展四大问题，我用系统工程以及经济学、人口学的研究方法，开始研究中国人口和发展这个主题。

张小琴： 一个研究国情的项目为什么会选一个工科的人参加？

胡鞍钢： 这其实也是试错的一个过程。当时成立了一个导师指导小组，若干个老师，他们有不同的专业方向，包括控制论的系统专家、博弈论专家，还有经济学的专家来指导我主要做人口与发展课题。一方面来看有社会需求，就是国务院农村发展研究中心委托这个研究课题，做着做着就做出兴趣来了。最重要的还是做出成果来了，因此在我博士毕业前后，至少有三个重要研究成果：第一个成果就是我的博士论文，后来出版了《人口与发展》一书；第二个成果是《生存与发展》，系统分析了人口资源环境和粮食的关系，这是当时中国科学院国情分析研究小组的集体成果；第三个成果是 1988 年、1989 年中央领导同志提出要进行国民经济调整，我就和几个博士成立了一个小组，通过经济学、系统工程的方法来分析整个国民经济，很快搞了第一个数据库，大约有 200 个变量，对从 1952 年至 1988 年的数据进行详细分析。这种量化的分析在当时很少见，我们写出了《关于我国国民经济持续稳定协调发展的报告》，这份报告得到了当时中央财经领导小组办公室主任张劲夫同志的高度评价。1989 年 11 月党的十三届五中全会讨论下一步的治理整顿方针，我们提出的这个持续稳定协调发展指导方针被采纳。

张小琴： 这时候可以说像您在著作中讲到的，在个人目标和国家发展的目标上找到了一个共同发展的方向？

胡鞍钢： 我称之为 45° 角的方向和路径。回过头来看，我做博士论文为我的国情研究奠定了一个非常好的学术基础，之后很多问题都在不停地进行跟踪性研究。比如说 1998 年我研究就业，这在我的博士论文中就有所研究了；又如我后来研究城市化，博士论文也已涉及。

张小琴：这个博士论文今天看来最有价值的观点是什么？

胡鞍钢：最有价值的观点是提出了中国的现代化一定是"持久战"，一定是"万里长征"，急不得。与此同时，中国的国情决定了中国不可能复制或者跟随美国、日本，必须要走自己的一条非传统的现代化道路。

张小琴：从那个时候开始就关心资源的问题？

胡鞍钢：对，还关注全球气候变化。我在 2008 年提出中国必须要承担气候变化的责任，要尽快地减排，这些观点及分析都和我当初做博士论文真正地了解中国国情一脉相承，而且知识是有积累的。

张小琴：怎么可能在 1988 年的时候就想到这个问题？

胡鞍钢：这和我当时在中国科学院是有关系的。当时国情研究是院里的重点课题，因此云集了不同研究所的力量，由学部委员周立三院士担任国情研究小组组长，具备了智库的雏形。1989 年我和王毅[①]、牛文元[②] 撰写的《生态赤字》国情报告，今天人们回过头来读都非常震撼。我们首次提出中国生态环境的七大国际背景，第一条就是气候变化与海平面上升。瑞士日内瓦大学政治经济学系的系主任保罗·尤瑞欧教授非常惊叹我们能够在 80 年代末就把世界重要的环境问题，以及中国的生态环境问题提出来。

张小琴：您是由于什么核心竞争力被吸收进国情分析研究小组的？

胡鞍钢：主要是我做过中国人口分析，最后这个报告也由我和王毅来执笔，

---

① 王毅（1962— ）：1985 年毕业于清华大学，曾分别在中国环境科学研究院、中国科学院生态环境研究中心、中科院国情研究中心从事国情分析、资源环境政策和发展战略研究。现为中国科学院科技政策与管理科学研究所研究员、副所长。
② 牛文元（1937—2016）：中国科学院可持续发展战略研究组组长、首席科学家。获得国家发明奖一项，中科院科技进步一等奖一项，中科院科技进步三等奖两项，洛克菲勒基金会杰出科学家奖。代表作有《自然资源开发原理》《持续发展导论》等。

可能是认为我有能力写出高质量的报告。我们写完国情报告，开始是中央领导同志调阅，接着就是由我向当时的中共中央书记处农村政策研究室主任兼国务院农村发展研究中心主任杜润生同志汇报，中国科学院院长周光召和副院长孙鸿烈也参加汇报会。中国科学院领导有这个胸怀，年轻点没关系，只要有本事，就给你提供舞台。

邓小平同志看了这个报告后，给予高度评价。当时北京电视台台长龙新民和国家科委社会发展司司长邓楠，专门组织做了一个专题政论片《震撼的回声》，进行国情教育，由我和王毅写初稿，庹震执笔。1991年，该片在北京电视台和其他地方电视台播出，向社会介绍中国国情，引起社会的广泛影响。

张小琴：那时候已经博士毕业了吗？

胡鞍钢：毕业了，在中国科学院。我的学术成果主要是靠著作，特别是跨学科的研究，探讨中国大的问题。

张小琴：从进入国情小组之后，就开始了国情研究之路？

胡鞍钢：对。而且我也受到世界银行的影响，世行从1979年开始每年发表世界发展报告，我都会学习和消化，所以我研究国情从一开始就是开放式、国际化的。

提出分税制，改变中央与地方游戏规则

张小琴：王绍光[①]和您合作的《中国国家能力报告》，被学界称为"王胡报告"。这份报告在1993年提出分税制、征收个人所得税等政策，1994年这些

---

① 王绍光（1954—　）：北京大学法学学士，康奈尔大学政治学博士。曾任教于武汉堤角中学、耶鲁大学政治学系，现为香港特别行政区策略发展委员会委员，中国文化论坛理事，香港中文大学政治与公共行政系讲座教授、系主任，香港中文大学中国研究服务中心主任，清华大学公共管理学院长江讲座教授。研究领域为比较政治、政治经济学、中国政治、东亚新兴工业经济体、中央－地方关系、民主理论与实践等。

政策就实施了，这是非常快的速度，为什么会这么快？

胡鞍钢：这个报告的提出，是学者对国家决策的重要知识贡献。当时社会主义国家改革无非是两条路，一条是苏联、南斯拉夫解体之路，另一条就是中国之路。我们这个报告，实际上是在发出警告，不能走向苏东剧变的邪路，而要坚定走中国特色社会主义的正路，即中国之路。

当时我去耶鲁大学做博士后，我们这个合作绝非偶然。那个时候能够提出防止南斯拉夫解体的问题，是因为我们研究过南斯拉夫的中央财力非常弱、地方财力非常强，而且地区之间的贫富差距也比较大。在向市场经济转轨的过程中无非也就是这两个结果，因此我们合作写了这篇国情报告。

张小琴：你们提出的对策就是地方和国家实行分税制？

胡鞍钢：那只是政策性的，关键是要加强中央政府宏观调控能力，提高国家汲取财政能力的重要思路，我们在那个关键时候起的是关键性的知识作用。但并不等于分税制这个制度一旦建立，就完全建成，也需要有一个适应的过程。1996年在清华大学主楼举行管理科学学科发展座谈会，朱镕基同志当时还是副总理，我作了《制度创新红利——对分税制的初步评价》的介绍，对比了完全不同于南斯拉夫那种模式，变成一个新的模式会是什么样子。在此之前中央依赖地方，最后发现这个游戏规则改完了以后，变成地方依赖中央，包括上海、北京，都需要中央财政进行转移支付。因此从游戏规则发生变化，我称之为新中国成立以来重大的制度创新，后来的事实进一步表明了它的重大作用。

我们那个时候只是做出知识贡献，真正的决策者还是江泽民、李鹏等领导人，特别是朱镕基，因为朱镕基要落实江泽民这个想法，力排众议，不断地把它落实下来。

张小琴：在你们提出分税制之前，当时的情况是什么样的？

胡鞍钢：我们提出就是防止成为下一个南斯拉夫，那个报告说得很明确。

张小琴：那时候和分税制相对应的制度是什么？

胡鞍钢：之前就出现了中国的地区差异性，沿海地区可以，内陆地区怎么办？从国际意义上来看，向市场经济转型不是都能成功的，弄不好就是社会解体、国家分裂。在某种意义上，中国已经爆发了新中国成立以来最深刻的财政危机，这也是触发中央下决心做这件事的原因。

张小琴：爆发了新中国成立以来最大的财政危机？是国家没有钱吗？

胡鞍钢：是财政危机，就在毛泽东时代也没有出现过。实际上来讲，这也决定了改革能不能继续下去。

张小琴：国家的危机体现在什么地方？

胡鞍钢：第一来看，就是军队没有足够的钱，所以军队开始经商。第二，中国地区差距在迅速扩大。第三，当时的经济波动没有宏观调控的手段，就如同"手里没有米，唤鸡鸡不来"。我们在那个报告中都做了详细分析，提出安而不忘危、存而不忘亡、治而不忘乱，不能等到出现问题了再来做。这个非常重要，也是中国历来的治国方略，我们只不过把它的含义现代化了。

张小琴：您认为苏联和南斯拉夫解体的原因是国家的财力问题？

胡鞍钢：同样是这个问题，苏联稍微好一点，南斯拉夫更严重，它解体之快，就是铁托去世之后发生的，而苏联是戈尔巴乔夫自行解体的。

张小琴：所以你们当时的判断，如果不实行分税制，邓小平逝世之后中国会发生大的动荡？

胡鞍钢：就是铁托之后的南斯拉夫。

张小琴：分税制已经实行了 20 多年，今天回过头去看的话，这 20 多年以来它的效果是怎样的？

胡鞍钢：我觉得当时改革的目的不是争取最好结果，而是要防止出现最坏的情形，我们报告后记就是这么写的。现在看来只要防止最坏情形，这个目的就达到了。分税制包括中央和地方的关系，现在这个关系还在不断调整的过程中。

张小琴: "王胡报告"出来之后,当时也引起了一些争议,有些人觉得这使得国家权力膨胀,使得地方和个人的权力受到损害,所以您也被称为"新左派",您认可这个说法吗?

胡鞍钢: 我对自己的定位,**既不是"新左派",也不是右派,还是邓小平同志那句话,实事求是派**。我最主张贸易自由化,从1996年我发表的文章一直到今天,我都主张贸易自由化,当时有人反对朱镕基和美国谈判加入WTO,我是支持加入WTO的。我觉得还是强调务实比较好,就是实事求是派,要认真考虑怎么样既能够探索真知,又符合中国的国情和发展阶段,这是我们国情研究非常重要的原则。

军队经商是新中国成立以来自毁长城的重大失误

张小琴: 军队禁止经商这个事情是如何进入您的研究视野的?

胡鞍钢: 首先我们(包括王绍光、康晓光)研究了国家能力,发现国家能力下降,特别是财政收入下降,也发现了国家军费开支占GDP的比重持续下降。同时,我们进行综合国力的分析,发现其他方面的现代化都在加快,包括科技现代化、基础设施现代化都在快速发展,唯独国防和军队现代化是滞后的。特别是20世纪90年代中期,当时正处在一个新老交替的过程,从邓小平时代到江泽民时代,比较敏感的一个问题是军队问题。如果军队不能吃皇粮的话,**军队靠着经商创收可能就毁掉了,我们称之为自毁长城**。

张小琴: 把军队经商称为是新中国成立以来自毁长城的重大失误,对当时的领导人来说是非常重的一句话,你们下笔的时候没有考虑到这句话很重吗?

胡鞍钢: 后来我再去看《江泽民文选》,应当说有些观点是一致的,在内部讲话时,他早就意识到了这个问题的严重性。实际上解决这个问题还是党中央下的决心,特别是分税制改革以后,中央财政收入提高了,所以1998年江泽民同志正式提出首先是军队武警不得经商，接着提出政法机关和党政机关不得经商，这个做法是长治久安的。

但实际上我们发现这个问题直到今天还没完全解决，这就是为什么习近平同志作为军委主席，不仅要大力进行军队体制改革，而且首次提出，所有原来提供有偿服务的全部要撤出。我们当时认为难以纠正的一个问题，解决起来比我们想象的时间还长，直到最近才彻底脱钩。**军队提供国防产品，是典型的全国性公共产品，它不能进行所谓市场性的运作**。另一方面，我们也发现中国的国防开支占 GDP 比重确实太低，只有 1.3% 左右（2015 年为 1.34%）①，是所有大国中垫底的。日本是 1.0%，因为它的宪法规定不能超过 1.0%。但是中国国情不一样，有 960 万平方千米的国土面积，300 多万平方千米的海域面积，1.8 万千米的海岸线，再加上陆岸线，算下来国防开支基本费用应该在 GDP 比重的 2.0% 以上，或者争取 2.5%，但是到目前为止也没有实现。

张小琴：为什么经常有国外记者提出我们的军费比较高？

胡鞍钢：我们的新闻发言人可以反问外国记者："我们考考你一个中国地理知识，中国海岸线是多少、海域面积是多少、陆上面积是多少，周围国家邻居是多少，世界大国国防开支占其 GDP 比重是多少？最后算下来我们军费多吗？不多。"因为问问题的人缺少对中国国情的了解，也缺乏对世界大国国情的比较，了解这些基本国情知识，在对外解读方面就没有那么被动，反倒更有底气。

《国情报告》建言资政

张小琴：您从 1998 年开始编写《国情报告》，那时候还在中国科学院，从那时起，《国情报告》开始递交给国家领导人作为决策参考是吗？

---

① 国家统计局编：《2016 中国统计摘要》，北京：中国统计出版社，2016，第 21、73 页。

胡鞍钢：1998年我们写《国情报告》，当时朱镕基同志、吴邦国同志都看了，非常重视，就改变了以往我们每隔几年根据中国发展情况写一本《国情报告》的情况。之后，我们定期和不定期地给省部级以上的领导同志，也包括中央领导同志送《国情报告》。

张小琴：国家领导人第一次看到你们编写的《国情报告》是偶然的吗？

胡鞍钢：我觉得他们还是很重视各方专家的意见。我们的报告讨论的话题比较沉重。1998年是中国下岗人数比较多的一年，我称之为"下岗洪水""失业洪水"，报告反映中国如何应对这个"洪水"，提出的口号就是"为人民创造更多的就业机会"，而不是"下岗分流、减员增效"。报告里我估计了一个真实失业率，相当于国家统计局登记失业率的近两倍。我们通过奥肯模型①来计算，即失业率如果超过一个限额以后，不光是就业损失，还有一个经济损失，叫奥肯损失。类似这种研究体现出了专业学者和机构的知识价值。

张小琴：当时的批示是什么？

胡鞍钢：当时的批示并没有体现出来。但是不久之后领导人就提出来，要解决下岗职工基本生活保障问题，进而又采取失业保险等一系列措施，最终形成了党的十六大报告的最大共识，首次提出"就业是民生之本"，这恰恰是我们报告的核心观念。

这些都促使我们思考，能不能通过国情报告给领导人提供第三方的信息知识和政策建议。

张小琴：你们是从政策的变化里面看到国情报告发挥的作用的？

胡鞍钢：一方面是提供信息，国情报告本身是提供关于国情国策的专业性知识，特别是"森林式"的知识，是对全国总体情况进行分析，而不只是个别现象的分析，这有助于给决策者提供更加全面的第三方信息。因为此前决策者

---

① 奥肯定律：由美国经济学家阿瑟·奥肯提出，用来描述GDP变化和失业率变化之间存在的一种相当稳定的关系。这一定律认为，Output Gap（产出缺口）每增加2%，失业率大约下降1%。

基本是通过政府部门来上报信息，国情报告起到了兼听则明的作用。另一方面是提供建议，政府部门也会提出自己的建议，我们也提出很多建议，但我们没有任何部门利益的私心，这样的话，就降低了决策者获取中国真实情况的信息成本，也降低了信息不对称性。

张小琴：我们看到的资料显示，党和国家领导人对《国情报告》的批示有100多次，这些批示当中有没有让您记忆特别深刻的？

胡鞍钢：还是有的。比如，我们做了绿色GDP，研究自然资产损失对中国有什么影响。当时，朱镕基同志看完以后很重视。后来生态环境成为中国一个重要的发展方向。党的十八大特别把生态文明建设作为社会主义现代化"五位一体"大布局确定下来。这些也正是我们的研究目的和研究主题。当然在决策过程之中，也会遇到许多决策本身的不确定性，我们对此也有一个认识的过程。这就是为什么后来习近平同志大力倡导建设中国特色新型智库，进行国家高端智库试点。

高端智库是国家发展的瞭望者、谋划者、监督者

张小琴：您2000年到清华来之后是很快成立了国情研究院吗？

胡鞍钢：分两个阶段，第一个阶段是从2000年9月开始，同中国科学院合作建立国情研究中心。在2011年清华大学百年校庆时，我们和学校讨论在新的百年，国情研究中心能不能再进一步发展，因此在2011年底，学校正式决定成立清华大学国情研究院。2015年中央决定要成立25家国家高端智库试点，我们也有幸被选上了，这是对我们过去国情研究的认可。如何在中国发展的过程中建言献策，我们应当有自身的定位和思考。

张小琴：高端智库在国家决策过程中扮演什么样的角色？高端智库的出现意味着政府决策机制有什么变化？

胡鞍钢：中国作为"东方巨人"需要有两个大脑：一个是"内脑"，即党中央、国务院，同时包括中央军委、全国人大、全国政协等方面；另一个是"外脑"，即智库。从过去我个人的学术研究角度来看，我一直在努力推动智库建设。为什么呢？因为我们提供的是公共知识，包括国情知识、决策知识等，目的和宗旨是"知识为民、知识报国"。从机制的角度来看，逐渐形成了两个"大脑"的机制，而且是互动关系，就比一个"大脑"要聪明得多、智慧得多。

我们对清华大学国情研究院的定位有四点：**第一，国家发展的瞭望者**。作为清华大学这样一所正在成为世界一流大学的学校，必须站得更高、看得更远、想得更深。我们不仅多次研究过 2020 中国，还研究 2030 中国，现在研究 2050 中国。

第二，国家发展规划的谋划者。从我本人来看，从"九五"计划就开始提供地区发展的政策建议，现在国情研究团队坚持对五年规划进行研究，从"十五""十一五""十二五"到"十三五"。我们还会根据党的十九大报告开始着手"十四五"规划的前期研究，我们的定位是成为专业化的国家发展规划谋划者。此外，我们还参与了已经公布的《"健康中国 2030"规划纲要》的咨询工作，还在参与《2030 教育现代化》的咨询工作。国家为我们提供了大舞台，就看我们能不能贡献国情知识、决策知识。

第三，国家的高端智库。我们作为大学高端智库试点单位，必须要出经验、创品牌，我们的定位就是国情研究，还包括国力研究、国策研究。国情研究院决策咨询的专长领域主要是国家五年规划和专项中长期规划。这就形成了基于长期国情研究的学术积累，为党中央和国务院提供持续的智力支持。

第四，国家治理的监督者。为什么这么讲呢？ 2005 年，我们首次对"十五"计划进行后期评估，主要是根据目标完成率评估。最后，"十五"计划完成情况的得分为 64 分，刚刚及格。丢分的主要原因是资源环境指标基本都没有实现，尽管经济增长率得高分，但是总体得分不高。我们创新地采用"目标一致法"对计划完成情况进行打分，主要看五年规划提出什么目标，最终落实得如何。党中央和国务院领导同志实际上接受了我们的意见，在"十一五"规划中首次规定必须进行中期评估和后期评估，因此我们又参与到"十一五""十二五"的中期和后期评估。采取这样的方法，"十一五"规划完成情况提高到86分，即 B+，仍不是很好。而"十二五"规划完成情况就高达96分。总的来说，我们是非常客观地对政府五年规划进行第三方评估。

作为一个国情研究专业团队，我们也没有想到，这个改革又进一步在推进，是什么呢？2016年给了我们一个任务，就是按照"十三五"规划评估2016年的实际情况。因此，作为一个大学、第三方机构，要对我们的中央政府、地方政府和不同的部门进行专业化监督，不只是发个帖子而已。同时这也是我想做的一个非常重要的、专业的、职业的工作，因为这些研究都是我们的一个心愿，我们愿意为人民、为国家提供国情与国策的公共知识。

张小琴： 为民和为国可能也在某种程度上意味着跟政府的方向是比较一致的，这跟以批判精神自居的知识分子相比，是不是多少有些差别？

胡鞍钢： 对此我很难评说，因为实际上知识分子可能有几种角色，第一种是批判的，只批评。第二种是建设性的创见，我们称之为建言。这两者我们也都兼而有之。现在看来可能建言更难，建言以后能够成为政策则是最难的，所以我们称之为既要批评、又要建言，可能**更重要的还是要把建言变成真正意义上的国家政策，最终还是知识为民、知识报国**。

张小琴： 作为建言者，最后能落实到实处，这是您的使命吗？

胡鞍钢： 有三个层次：第一个是职业层次，作为职业的老师，叫职业驱动；第二个是事业层次，是事业驱动；第三个是使命驱动层次，超越了事业范畴，做事业也是为了完成使命。这就是为什么反反复复地界定我自己，包括我们智库的核心文化，就是八个字"知识为民、知识报国"。

国家五年规划制定的"三化"过程

张小琴：你们也参与了"十三五"规划的制定，现在有哪些是可以向公众公开的，哪些是由你们提出来的？

胡鞍钢：我们作为高端智库，专长就是研究五年规划。大家可能不太清楚五年规划怎么制定的，实际上并不神秘，是典型的"三化"，即民主化、科学化、制度化。制定五年规划至少要花两年半以上的时间，大体分为四个阶段十一个步骤。可能在全世界都很少有国家像中国，花两年半的时间来制定一个规划。也许有，比如说印度，但是我们发现印度很难实现它的规划目标，比如经济增长率，它没有完成预期目标，尽管有可能会高于中国，但中国都是超额完成经济增长率的预期目标。

国情研究院就是进行前期背景研究，对"十二五"规划进行中期评估，然后再对"十三五"规划进行目标设计，提出我们的方案。比如像"十三五"规划期间的25个核心指标，可能我们作为一方提供建议，还有其他机构也提供相应的建议，这样才能更有参考性。

规划制定完成以后，还要进行年度监测、中期评估。2016年年底，我们进行了2016年的年度监测，2017年我们又开始启动"十四五"规划的前期研究。因此它实际上是一个政策研究的周期，是伴随着整个五年规划的实施、评估、设计，形成完整的知识链，需要进行数据积累、信息积累，对我们本身的经验而言也是一个不断积累的过程，同时是一个持续创新的过程。

另外，我们不仅是要研究国家五年规划，还要分析32个省、自治区、直辖市，是如何落实国家规划的。为此我们专门建立了数据库，进行跟踪性、监测性的研究。虽然各省也都在做相关的研究工作，但是我们会从第三方的视角提出建议。因此，我们不仅对国家治理提出建议，也对地方政府提出一些建议，同时他们也都是《国情报告》的读者。

"十二五"期间，人均预期寿命提高了 1.51 岁

张小琴：具体到"十二五"规划，您提出了哪些对国计民生有影响的计划？

胡鞍钢：以一个核心指标为例，即人均预期寿命指标，这在"十二五"规划初稿中没有，我作为国家规划专家委员会委员，建议加入这个指标。我认为这个指标非常重要，因为它不仅是一个健康指标，还是一个非常关键的社会指标，比如说因灾害死亡人数下降它就会提高，因生产事故死亡人数下降它也会提高。同时联合国计划开发署（UNDP）就使用人均预期寿命指标，这反映了国家是否与国际接轨。后来"十二五"规划提出人均预期寿命五年内提高一岁的预期目标，但实际结果却提高了 1.51 岁，[①] 再乘上全国 13.8 亿人，就等于全国的总健康人力资本在五年内增加了 20 亿人岁左右。这就是人民健康福祉，而不只是关心人民收入水平增加多少，所以人均预期寿命指标具有重要的意义。

为什么我提出这个指标呢？因为我到日本农村做调研，发现它们的町（镇），从 1900 年开始就有关于男女预期寿命的指标，而我们至今都没有，这也解释了为什么日本的人均预期寿命如此之高，居世界前列。我们作为后发国家，就要学习先进国家，如何将这些指标纳入国家五年规划之中，让我们的13.8 亿人口全部受益。把国家决策转化为全体人民的福祉，这就是我们智库所做的工作，体现了"知识为民"。

张小琴：这个确实是普惠性的建议。

胡鞍钢："十三五"规划继续将人均预期寿命作为核心指标，对此我们由衷产生使命感和自豪感。

---

① 2010 年全国人均预期寿命为 74.83 岁，2015 年提高至 76.34 岁。参见国家统计局编：《2016 中国统计摘要》，北京：中国统计出版社，2016，第 18 页。

为什么看好中国经济?

张小琴: 大家称您是中国经济乐观派,有什么理由支持您这么乐观地看好中国经济?

胡鞍钢: 有三个视角:第一个是历史视角,要看中国的历史,从安格斯·麦迪森[①]的数据看中国在世界的变迁过程,如1820—2008年中国人口、GDP(PPP,1990年国际美元)、出口贸易占世界总量的比重,等等。第二个是世界视角,我不只研究中国,同时我也研究美国等发达国家。第三个是自身经历视角,我也跟自己对话,30年前我是如何看中国的,20年前我是如何看中国的,我当时属于乐观派,但回过头发现我当时很多预测都相对保守了。此外,中国的发展实际证明,世界银行等很多国际专业机构过去对中国经济发展的预测也都相对保守了。

张小琴: 一般说到中国经济总量的时候,大家都了解提高很快,但是说到人均,一般以为是很低的。从您的研究来看,人均的发展速度也很快吗?

胡鞍钢: 对。

张小琴: 很多人说我们是被平均的,因为有少数人的收入特别高,所以我们被平均成了比较高的数字。

胡鞍钢: 这种情况在全世界基本都一样,当然中国也会存在同样的现象。但是在很多指标上,我觉得强调人均也是有一定意义的,比如人均预期寿命指标,我们相当于美国的90%以上了。如果按照追赶系数计算,中国现在大约

---

① 安格斯·麦迪森(Angus Maddison,1926—2010):英国国家人文与社会科学院院士、美国艺术与科学研究院成员、剑桥大学赛尔温学院荣誉院士。1987年被聘为格罗宁根大学经济学教授,创立格罗宁根增长与发展研究中心,领导"国际产出与生产率比较"(LCOP)研究计划,发展了生产法购买力平价理论及其在国际比较中的应用。其创建的"麦迪森数据库"惠及很多研究者。代表作有《世界经济千年史》《世界经济千年统计》等。

是 76.34 岁，而美国是 78.8 岁。[①] 为什么国家要制定《"健康中国 2030"规划纲要》呢？到 2030 年中国人均预期寿命将达到 79 岁，预计美国届时会接近 80 岁，这就可以明显看出差距逐渐缩小。这个指标能真正反映一个国家人民的生活质量，从这个指标来看，我们和美国的差距并没有很大，北京、上海都超过了美国的平均数，分别达到 82 岁和 83 岁。即使到本世纪中叶，我们的人均 GDP 仍然不可能超过美国，但是希望这些反映全体人民的生活质量的指标，至少要接近或者达到他们的水平。过去可能还没有这种信心，现在看来我们已经具备了条件。保守估计到 2050 年，中国的人均预期寿命将可以达到 80 岁。

另外一个很重要的指标是人口平均受教育年限，过去我们和美国的差距非常大，比如 1949 年我们人口平均受教育年限大约只有 1 年 [②]，而美国是 8.38 年 [③]，现在我们已经达到 10.23 年 [④]，美国是 13.2 年 [⑤]。因此这些指标都是明显"趋同"的。

张小琴： 您是这么乐观，但还是有非常多的人很悲观，而且牢骚满腹，这是因为他们感受当中的中国，跟您在指标当中看到的中国不一样吗？

胡鞍钢： 由于我们经常到国外去，我们也研究国外，特别是研究美国，只有通过历史比较和国际比较，才能真正了解中国。所以说要"知己知彼"，如果"只知己不知彼"是不行的。

张小琴： 您可能看宏观数字比较多，但普通中国人更多是从自己的感受来认识，比如人们现在经常说到三座大山：教育、医疗、住房，对人的压力还是相当大的。人们对幸福的感受往往来自他自己的生活状况，这样的感受没有道

---

① 世界银行数据库：https://data.worldbank.org/indicator/SP.DYN.LE00.IN?locations=US.

② 胡鞍钢、鄢一龙：《中国国情与发展》，北京：中国人民大学出版社，2016，第 198 页。

③ 1950 年美国数据引自 Robert J. Barro, Jong-Wha Lee, *A New Data Set of Educational Attainment in the World*, 1950—2010, NBER Working Paper No. 15902, 2010.

④ 《中华人民共和国国民经济和社会发展第十三个五年规划纲要》，2016。

⑤ UNDP. *Human Development Report 2016*, table 1. Published by UNDP.

理吗？

胡鞍钢：有道理，首先问题的性质已经不是一般的发展中国家的问题了。因为发展中国家就是要解决温饱问题、基本医疗问题，但是今天我们所遇到的这些问题实际上是在向发达经济体转型过程中出现的"三座大山"。这个问题也不只在中国存在，比如看病贵，如果你在美国生活过，住过美国的医院，才知道什么是真正的看病贵。再比如上学难，美国就更加清楚了，如果在纽约大学上本科的话，全部费用加一起每年十万美元左右，但是在纽约大学和华东师范大学在上海合办的一所大学上学，一年全部费用加一起只需几万元人民币。因此相对更高的价格和相对更高的质量是密切相关的，这也反映了人们对更高质量公共服务的追求，但是我们从供给侧的角度来看，还需要在不断改革中加以解决。现在不仅是经济领域需要供给侧结构性改革，还要在民生领域，特别像健康、养老、教育这些与人相关的领域深化改革。因此，**21世纪最大的产业是什么？是关于人的服务产业**，这是我们未来发展的方向，我们需要考虑的是如何将这种挑战转化为机遇。

张小琴：您提到您和您的团队在开展关于中国2020、2030和2050的前瞻性研究，现在离2050还有几十年，能看到那么远吗？

胡鞍钢：可以看到。我做博士论文的时候，就对2020中国提出了展望，也包括2050中国。

张小琴：2050年您多大年龄了？

胡鞍钢：那时候我已经90多岁了，能否亲身验证还不可知。但我们这个团队是老中青三代人配搭，我希望我们的年轻人能够去亲身验证、亲眼见证2050年的中国到底是什么样的。这是我的一个心愿，因此我们这个团队就是要解放思想，大胆创意，更加务实。

张小琴：2020是小康社会，2030是共同富裕，那2050有没有一个关键词？

胡鞍钢：关键词是创新"以人民为中心的社会主义全面现代化"，或者说社会主义的全面现代化，也就是以人民为中心的现代化。1978 年党的十一届三中全会提出以经济建设为中心，那叫作物的现代化，或者说物质的现代化、经济的现代化，今天提出以人民全面发展为中心，是人的现代化。

张小琴： 这些对于国家发展和人们生活的具体影响会有什么，因为经济建设也是为了人。

胡鞍钢： 1978 年中国存在大量的绝对贫困人口，必须以经济建设为中心，来启动这场宏大的改革，今天我们都是受益者。但是这个现代化的进程，要从原来物质现代化、经济现代化转向人的现代化、全面现代化。因此，我们称之为升级版，这个升级版就是不管怎么做，出发点、落脚点、中心点就落在将近 14 亿的大写之"人"。

（本文根据 2017 年 4 月 11 日、4 月 17 日在清华大学公共管理学院五层图书馆对胡鞍钢教授的访谈内容整理而成，经作者本人修改审定。）

彭凯平

求解幸福

彭凯平

1983 年毕业于北京大学心理学系,后留校任教。1997 年获得美国密歇根大学心理学博士学位,后任教于美国加州大学伯克利分校心理学系。曾获美国加州大学伯克利分校心理学及东亚研究终身教职,曾任加州大学社会及人格心理学专业主任和美国心理学会科学领导委员会成员等国际职务。2008 年 5 月起受聘清华大学心理学系教授和首任系主任;2009 年入选中组部国家级海外高级引进人才(千人计划)。

现任清华大学社会科学学院院长、清华大学心理学系系主任,兼任清华大学 – 伯克利心理学高级研究中心、清华大学社科学院积极心理学研究中心和清华大学社科学院职业教育与精准扶贫研究中心主任、清华大学幸福科技实验室(H+Lab)联合主席。现为国际积极心理联合会(IPPA)以及国际积极教育联盟(IPEN)中国理事,并担任中国国际积极心理学大会执行主席(2009 年至今)。曾连续两年代表中国在"联合国国际幸福日"纪念大会上做报告。

迄今已发表 300 多篇学术期刊论文,出版《心理测验:原理与实践》、《文化心理学》(英文教科书)、《跨文化沟通心理学》、《吾心可鉴:澎湃的福流》等中英文著作八部。多次获得重要学术奖项:2004 年美国社会心理学会最佳论文奖;2006 年美国管理学院最佳论文奖;2007 年被美国人格与社会心理学会评为全世界论文引用最多的中青年社会心理学家。2015 年获中国教育部"高等学校科学研究优秀成果"二等奖,2015 年、2016 年入选爱思唯尔"中国高被引学者十大心理学家榜单",2017 年荣获教育部"全国高校网络宣传思想教育优秀作品"一等奖。2013 年和 2014 年所教授的"心理学概论"成为中国慕课(MOCC)最受欢迎的课程,并于 2017 年被评选为国家精品在线开放课程。2016 年当选《人民网》"健康中国年度十大人物"。

尊敬的老师们、同学们，大家晚上好！

幸福是人类永恒的话题，我们人类的思想家、哲学家、神学家，谈论分析这样的问题已经有几千年历史，我们普通老百姓也关心幸福的问题。

幸福从科学的角度来讲到底是怎么回事？科学的幸福观、科学的幸福知识，对于我们个人的健康、快乐、幸福，对于我们国家的进步到底有着什么样的作用？这就是我今天要跟大家讨论的三个非常重要的话题：为什么要谈论幸福？什么是真正的幸福？如何去体验幸福？

一、为什么求解幸福

 1. 2017 年世界幸福报告　中国排名仅为第 79 位

2002 年第 66 届联合国大会宣布，人类 21 世纪面临的最严峻的生存挑战，不是污染、战争，也不是瘟疫，**造成人类伤亡人数最大的生活事件是我们的幸福感偏低，这是人类 21 世纪特别重要的话题**。所以联大决议每年的 3 月 20 日为"国际幸福日"，每年都要在这一天公布"世界幸福报告"。从 2017 年 3 月 20 日发布的幸福报告来看，**我们中国的幸福排名在全世界 230 个国家和地区中仅为第 79 位**，这个数字和我们的期望有巨大落差，为什么中国人的幸福排名不那么尽如人意？

在很多硬指标方面我们中国都做得非常不错，中国社会的经济总量全世界排名第二位。和全世界人民相比较，中国人民在生活自由度方面也毫不逊色。举两个例子，很多国家的人没有工作选择的自由，而中国人可以选择不同职业、不同工作地点、不同工作时间。还有婚姻自由度，中国的婚姻自由度水平是很高的，甚至我们有人可以不结婚，也可以决定什么时候结婚、跟谁结婚。有一个特别有趣的现象，全世界没有出现过的，中国的夫妻为了逃避五万块钱的房地产税可以办理假离婚。所以中国人绝对有很多充分的自由。

那么，是什么拖了我们的后腿？**是社会心理指标让我们中国人的幸福排名受到拖累。**

第一点是社会公益水平偏低。中国人做公益的人数和比例，平均而言是偏低的。这里可能有文化方面的原因，我们有做好事不留名的习俗，也宣传做好事不留名的人，但这在某种意义上伤害了中国社会的公益之心，都以为大家不愿意帮助别人，其实很多人愿意助人，只是不说。

另外**中国的富豪捐赠比例在全世界排名倒数第一**，有钱人不愿意把钱拿出来支持社会公益事业，校友毕业不给大学捐钱……所以我们中国社会的公益捐赠严重不足。测量幸福指数为什么要把慈善作为一个这么重要的指标呢？因为积极心理学大量的统计研究发现，人开心的时候容易做慈善、容易做公德、容易做好事，所以是一个很重要的相关变量。

第二点是社会信任低。别人说一些高大上的话、好话、正面话、积极的话，都说是"装"，其实很多时候一个人坚持装下去那就不是"装"了。我们这个社会负能量的表达确实是比较多一些。我们曾经做过 13 种语言正面和负面表达的研究，发现**在过去 200 年里，中文的负面表达倾向是全世界最明显的**。很多国家是正面偏向，讲好话要多于讲负面的话，比如说西班牙语，200 年来讲好话多一些，英文在中间，但我们中文是负面偏向。你要讲负面的话大家都觉得有道理，你要讲正面的话，大家说你在"装"，这就是一个很重大的社会心态问题。为什么我回国改做积极心理学，我觉得这是不应该的，我们中国文化本来属于乐感文化。李泽厚先生写了一本书专门讲中华民族历史上快乐的文化，我们把老年人的丧礼都叫作喜丧，这个民族绝对是以乐感为主的，李泽厚先生把它叫作乐感文化。但从当代数据分析来看，已经不是乐感了，我们的负面情绪表达比较强烈。

　　社会的信任度比较低，造成一种很严重的社会心理障碍，即敌意归因。小孩子在成长过程中有一段时期叫作逆反期，大人说什么他偏偏要反着来，逆反到了极致就是敌意归因，特别平常的事情他都认为有恶意、有邪意。敌意归因当前在很多成人身上也有所体现，比较常见的表现是阴谋论。阴谋论是一种比较复杂的政治社会心理现象，但是在中国文化氛围下，极容易得到欣赏和普及。阴谋总是会有人编的，但是相信的人这么多，肯定是一个文化特色。美国的阴谋论往往是少数的、一些不得志的边缘化的人在胡编乱造，但是我们中国的阴谋论居然可以登堂入室，进到主流媒体中间来，甚至重要岗位的党政干部也在讲、也在说，更重要的是也在信，这跟归因有很大的关系，因为它符合我们的思维习惯和思维倾向性。有一些东西是超越个体之外的环境原因、历史原因、大局原因决定的，但有一部分人把它想成阴谋决定一切，认为任何事情都是阴谋，而不去具体分析具体的事件、具体的环境、具体的当事人、具体原因，停留在浅尝辄止、单薄的解释上面，这是我们的社会需要思考的。阴谋论的第一个伤害在于，它导致我们不去关注真相，而停留在自我满意、自我陶醉上。如果你不关注真相和现实，你就找不到解决问题的真实的方法和答案。第二个伤害就是找不到正确的对策，因为你倾向的是阴谋，你没有找到真实的原因，你就找不到正确有效的对策。找不到正确的原因，找不到正确的对策，就绝对不会获得正确的结果，所以阴谋论的伤害其实是挺大的。尤其是因为你相信阴谋论，别人稍微质疑你，就要把别人灭掉，那就更不行。**一个伟大的中华民族，应该是相信探索、相信研究、相信科学、相信证据的民族，而不是相信所谓的阴谋论。**

　　第三点是主观幸福感不足。中央电视台曾经做了一个调查，询问中国老百姓"你幸福吗"，得到的是一堆神一样的回答。为什么？我们不太知道幸福是什么，很多人甚至无视幸福，也鄙视幸福。一个特别重要的生活事件就是工作，人有将近 1/3 的生命跟工作有关，**中国人从工作中间得到幸福感的比例，在工业化国家里排名倒数第一**，这是美国密歇根大学心理学家克里斯托弗·彼得森 (Christopher Peterson) 教授的调查结果。这是因为我们工作是为了前途、为了养家糊口、为了国家利益，很多时候我们没有考虑工作的个人利益、幸福价值是什么，所以从工作中间得到幸福的比例偏低。

 2. 幸福不是虚幻的，幸福有生理物质基础

我们还有一些对幸福的误解，也让中国人民不知道什么是幸福。

幸福到底是什么？

首先，幸福绝对不是虚幻的概念，幸福有物质的、生理的基础，起码有三个特别重要的生理指标和幸福密切相关。第一个就是幸福的人一定不会有过度的负面情绪活动。大脑杏仁核是我们人类负面信息加工的中心，我们发现人在不开心、焦虑、恐惧时，杏仁核充血产生很多不愉快的情绪，所以幸福的人没有杏仁核的过分活动。第二个特别重要的指标，幸福一定要有一些神经递质的分泌。**大脑有一个特别重要的神经加工中心叫 VTA，它分泌出来的神经化学激素，如内非肽、多巴胺、催产素、血清素，都和幸福的体验密切相关**，所以是看得见、摸得着的。幸福还有一个特别重要的人性的意义。大脑前额叶是我们体验幸福时特别重要的区域，当我们感到幸福时和感到愉快时是不一样的，一定有一种智慧、人性，有一种对人生深刻的理解和满足感，这样的一种认识和人类简单的愉快感觉不一样。吃东西有时候会让你产生愉悦，但不是幸福的体验，因为没有大脑前额叶的参与。所以幸福绝对不是虚幻的概念。

幸福也不是简单的满足。英国心理学家曾经调查了 3400 多人，追踪五年时间，发现一个有趣的现象，**抑郁症有时候反而是过度的生理满足后产生的不愉快的倾向**，并不是没有得到满足。监狱里的犯人也是一样，过度满足，吃得太多、太好的人，打架、暴躁、伤害别人的冲动就比吃简单食品的囚犯高一些。**说明生理满足和幸福之间并不是完全的等同关系。**

　　幸福在某种程度上也不是由金钱所决定的。特别富裕的人和一般人并没有太大的区别，暴富的人往往还不是特别幸福。有一个很重要的心理学研究，发现**中彩票一夜暴富的人在某种程度上幸福指数比没有中彩票的人低**。因为突然暴富没有心理准备，容易导致自己的心理异常，同时跟亲人的关系出现严重裂痕，很多突然暴富的人第一个念头就是离婚。所以，幸福跟金钱之间并没有完全对应的关系。金钱和幸福的关系，现在我们发现大概就是 0.12 的关系，[①]其实是不够强烈的。还有很多证据，比如说**特别富裕的国家，它的幸福指数未必很高，像美国、日本、韩国 GDP 都不错，但是他们抑郁症的比例，其实比一般的穷国反而高一些**。当人均 GDP 达到 3000 至 4000 美金时，经济发展水平略好，幸福感会增强很多，但是过了这个"幸福拐点"之后，幸福感就跟经济收入关系不大了。当人均国民收入超过 8000 美元时，国家财富与国民幸福感的相关就消失了，美的国家财富与幸福感的相关只有 r = 0.12，而人权、平等、公正等指标对幸福的影响开始明显增大。

　　幸福也不是比别人好一点点。心理学家曾经询问很多人一个简单的问题，假设有个人中了彩票，另外一个人由于车祸断了腿，请问三个月之后这两个人谁会更幸福？一般人预测肯定是买彩票中了大奖的人。但是心理学家发现不是这样，任何痛苦、伤害，人类在三个月之后都能适应，这叫作心理适应。另外人在比较时还有比较的误区，往往是受到一些特别鲜明的、容易想得到、容易记住的事情的误导。比如想到李嘉诚，首先想到的是他有钱。但是拿你现在的生命和李先生交换你愿意吗？很多人会说愿意，因为他很有钱。但是，你吃了

---

① 　一般以为，金钱在幸福生活中的比重很大，钱越多越幸福。而美国国家财富和幸福感的调查发现，金钱和幸福的相关度只有 0.12。因此，金钱在幸福生活中的比重并没有我们想象得那么大；金钱达到一定数量后，对幸福的影响就弱了。

大亏了，因为你没有想到他已经 80 多岁了，他的年龄比你大那么多，和那么大年龄的人交换生命有意义有价值吗？

还有一个例子，仅仅根据简单的、直觉的认识，往往会让我们做出错误的判断。让我们大家想一想，中国被汽车撞死的人多还是自杀的人多？大家第一印象会认为车祸死了更多人。公安部发布的数据显示 2011 年中国车祸造成的死亡人数是六万多人，但根据香港大学叶兆辉教授的统计调查，中国 2011 年自杀的人数是这个数字的两倍以上，平均每 10 万人中就有 9.8 人自杀。

幸福也绝对不是独善其身。有一些人希望出家、避世，不跟社会发生任何联系，但往往事与愿违。幸福和高收入、高学历、年轻美貌也没有必然的关系，**对幸福最起作用的其实是美好的人际关系，是至爱亲朋的支持，是社会交往的技巧**。人和动物特别重要的不同，在于人类能够维持的社会关系是远远多于其他生物的。人类是社会的生物，和别人在一起不光是给我们带来工作的便利、交往的方便、交配的可能性，最重要的是给我们带来了心灵的慰藉。人在和别人接触过程中产生的愉悦、快乐、舒适、幸福，是我们人生中特别有意义的方面。

美国威斯康星大学动物心理学家哈里·哈洛 (Harry F. Harlow) 教授 1957 发表了他的研究报告[1]：他把刚出生的猴子交给两个"代母"，一个是可以提供奶水的"铁丝母猴"，另一个是没有奶水的"绒布母猴"。也就是说一个是给它喂奶的妈妈，另一个是给它触摸感、接触感的妈妈。结果这只小猴子成长之后最为依恋的，并不是给它奶水的妈妈，而是给它触摸感、接触感的妈妈。

可见关系真的很重要。一个富豪有很多钱，但是如果没有工作、没有社

---

[1] 哈里·哈洛认为幼猴除了基本的饥饿、干渴等生理需求外，还有一种要接触柔软物质的需求。为验证这个假设，他和合作者在幼猴笼子里放置了不同类型的"代母"进行实验，即恒河猴代母实验。

会联系、没有朋友支持，比一个拿不到多少钱的有工作的人其实还要失落。有工作的人比没有工作的人，不光是工资上有差距，主要是社会关系上有差距。现在发现工作的价值主要是社会支持、社会网络。同样我们发现结婚的人比没有结婚的人要幸福得多，不是因为结婚能够带来性满足，主要是人与人之间相濡以沫的感情让人满足。我们发现，**结婚让女性多活两年，男人结婚以后比没有结婚平均多活七年，不要羡慕那些钻石王老五，他们天天换女朋友，其实很不开心**。所以可见，幸福在人与人之间，幸福在人间。

幸福的人一定是行动积极的人，幸福的人创造力比其他人高很多，人在开心快乐的积极状态下容易有伟大的发现。诺贝尔科学奖获得者和其他人的典型差别，就是他们是快乐、积极、自信的人，这是做出创造性工作特别重要的保障。

 ## 3. 积极的天性是人类进化选择的结果

几千万年的人类进化历史，造成人类在组织形态学方面有一些独一无二的特征，包括狭短的骨盆、裸露的表皮、硕大的大脑，所有这一切其实对应的都是人类积极的心理、一些积极的天性。所以我们喜欢那些有思想、有智慧、会交流、会说话、有责任心、善良的人，因为这是人的特性。**积极心理学最伟大的贡献还真的不是那些所谓的幸福技巧，最伟大的贡献是让人类重新反省，我们以前学习的人性的知识是不是有所偏差**。20 世纪 90 年代，世界思想界得出的一个重要结论就是，过去我们单纯地提倡社会达尔文主义，造成了人类20 世纪巨大的互相残害、各种意识形态的冲突、世界大战、种族清洗等。而积极心理学发现弘扬积极心态，其实是人性使然。

一个特别简单的证据就是，人类有一个特别重要的神经系统叫迷走神经，是我们人类体内最长最古老的神经通道，发源于脑干，通过咽喉、颈部到心肺内脏，再到贲门附近。长期以来人类科学家只是以为迷走神经跟呼吸、消化、心脏活动和腺体分泌有关系，现在发现**迷走神经跟我们的道德、快乐、幸福行为密切相关**。当迷走神经张开时我们特别开心，因为人类站立起来以后自然而然希望迷走神经是舒展的状态。举两个简单的例子，当你看到美好的事物时有什么反应？一定是抬头挺胸、心胸开阔，此时迷走神经充分舒展。当你发现事情糟糕时，喊"哎哟"，声音短促、急迫，此时迷走神经就受到压迫。哲学家康德 (Immanuel Kant) 曾经说过一段意味深长的话："有两种东西，我对它们的思考越是深沉和持久，它们在我心灵中唤起的惊奇和敬畏就会日新月异，不断增长，这就是头上的星空和心中的道德定律。"为什么仰望星空和思想道德会产生一模一样的反应？康德是个哲学家，他不知道原因，但是他知道这种体验，这种体验其实就是迷走神经张开之后的自然而然的体验。所以，人类进化选择的是积极的天性。

二、幸福是一种有意义的快乐

人类的幸福还有一个特别重要的因素，就是对人性的欣赏、满足和认识，我把它叫作：幸福是一种有意义的快乐。幸福和快乐之间的不同是我们中国人民的智慧，中国人民知道快乐是快乐，幸福是幸福，幸福绝对不是简单的快乐。可惜很多文化没有中国人这么智慧，比如英文里幸福和快乐用的是同一个词 Happy。有意义的快乐里边，所谓的意义很多都是一种文化的意义。意义是大脑前额叶的产物，是智慧和理性创造出来的感受，也是各种神经机理的作用。我们发现一个很重要的意义的标志就是一种智慧的感受，用一种仿佛真理都已经揭开帷幕的方式让你看得清清楚楚，还有一种是全身温暖、特别容易受到感动，这都是意义的感觉，可以体会得到，也可以发泄出来，同时也是可以测得准的一种心理活动。

中国古诗说"行到水穷处，坐看云起时"，有文化的人看到云朵、落霞，听到蝉鸣，领会中间的感觉是不一样的，大脑前额叶的活动是幸福必不可少的要素，否则就是傻乐。但我们为什么常常会误以为有文化的人苦恼多呢？是因为他不开心能够说出来，而弱势群体的人不开心却很少表达，所以别人不知道他不开心。有大学学历的人比一般的人要幸福，这已经有统计数字了。另有研究证据证明大学学历的人更长寿，博士学历的人更长寿，教授更长寿，比如北京大学的哲学教授总体而言比和尚、道士、农民等人就长寿得多。不过在人际关系中间，在家庭生活中间，在普通的日常事务中间，没有文化的农村老太太也能感受幸福，是因为她能从传宗接代的幸福、儿孙绕膝的生活中发现自己生活的意义感。

 1. 什么是福流

美国芝加哥大学的著名心理学家米哈里·契克森米哈赖 (Mihaly Csikszentmihalyi) 曾经提出，人类如果能够找到有意义的快乐，生活质量就会提升，人生的价值就会实现。**他用了一个英文单词 Flow 来表达这种有意义的快乐体验，我把它翻译成"福流"。**契克森米哈赖教授曾经追踪一些特别成功的人将近 15 年，结果发现这些人有一个与众不同的特点——当他做自己特别喜欢的事情时，经常进入一种物我两忘、天人合一、酣畅淋漓的状态，他把这个状态叫作 Flow，他认为这是人这一辈子应该体验的、多多积累的状态。这个状态我们中国人其实早就意识到了，庄子曾经描述过一个普通中国人极致的福流状态，这个人叫庖丁，他是一个屠夫，他去解牛的时候，其实就是进入这种天人合一、幸福酣畅的状态，所以文惠君看到后感到非常震撼。

 2. 福流的五大特征

福流有五大特征：全神贯注、物我两忘、驾轻就熟、点滴入心和酣畅淋漓。

福流一定是进入到了一种物我两忘的状态，做起来得心应手，不关心别人的评价，也不关心最后的结果，他体验此时此刻的一种过程，完成之后有一种酣畅淋漓的快感。

我们做自己喜欢的事情就可以进入一种幸福的状态，有些人喜欢摄影，跋山涉水餐风饮露，他都觉得欢乐无比，为什么？因为他体验到了福流状态。运动绝对也可以，跑步 15 分钟之后大脑分泌出积极的神经化学激素让你感到愉悦，30 分钟之后你觉得这个腿都不由自主，为什么？达到了一种知行合一、行云流水的潇洒状态。音乐可以产生福流，谈心、说话、沟通、交流也可以产生福流。工作也可以产生福流，做你爱做的工作可以做到孜孜不倦、废寝忘食。某种程度上吃饭也可以，不过不在于吃什么，而在于和谁在一起、在什么地方吃。

但是有些事情很少产生福流，比如做杂务，心不专注，很难产生福流，闲逛无聊、无所事事也产生不了福流。我有个心愿，我希望以后中国人民也会愿意去谈论福流、体验福流、传递福流，《新华字典》30 年之后能够收入"福流"这个词。

三、创造幸福的秘诀

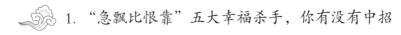
1. "急飘比恨靠"五大幸福杀手，你有没有中招

导致人们感到不幸福的主要原因有五个。第一个就是"急"，着急、焦虑，这是很突出的负面情绪。我们现代社会的人特别着急，因为我们的速度很快，我们短期之内要完成很多个目标，这是一个很严重的幸福伤害。第二个就是"飘"，我们觉得没有底、没有根，做事情沉不下来。前面我们提到，幸福一个

特别重要的体验叫作福流，福流是你做一件事情能够达到物我两忘，但你飘的时候根本觉察不到快乐的感受和意义。第三个是"比"，因为现在大家在城市里面生活，互相比较起来太容易了，还有现在媒体把富豪的生活赤裸裸地展示在我们面前，以前他有多少豪车我们不知道，现在天天晒，导致攀比心理很强烈。第四个是"恨"，这么多年仇恨的意识，让很多人仇恨别人，这个很危险，我们一定要用爱来代替恨，革命的时候需要仇恨才能激发革命的冲动，和平时期不要再提倡革命意识，要提倡相亲相爱共同发展的意识。还有一个不太好的事情，我们喜欢"靠"，其实我们忘掉了现代生活当中幸福感是自己得到的，是别人给不了的，无论是政府，还是爸爸、妈妈，或者丈夫、妻子、朋友，谁都给不了你幸福，幸福得靠自己去争取。

当然，生活中不总是阳光灿烂，一定也会有挫折、痛苦。那么，如何控制负面情绪的活动在我们追求幸福的过程中就成了特别重要的技巧和条件。

我们发现抚摸自己的身体有时候会产生幸福感，触摸、接触可以产生快乐愉悦的感觉，能够化解负面情绪的活动。有的时候自言自语、大喊大叫也会释放压力。还有一种心理状态叫专念，就是当我们沉浸在某一种体验的过程中间，我们忘掉了时间、忘掉了空间，也是让我们能够控制、化解消极情绪的技巧和方法。现在有研究发现，经过"二战"伤害的犹太人中，坚持写日记描述自己痛苦经历的人，就比那些从来不想也从来不写的人反而开心一些、积极一些，所以**写作、倾诉、交流、谈心都是能够化解消极情绪的方法**。

2. 言施、眼施、颜施、心施和身施——五大幸福秘诀

除了控制消极情绪之外，我们还需要做一件事情，就是一定要引发积极的情绪。什么样的幸福能够让我们产生愉悦积极的情绪？我们发现微笑可以产生积极愉悦的情绪，而且有比较强烈的感染力。这种感染的力量我们叫"迪香式微笑"。

1. 嘴角肌上扬
2. 颧骨肌上提
3. 眼角肌收缩

幸福

迪香式微笑

这种微笑是由一个叫迪香（Duchenne）的法国医生发现的，他发现当一个人面部的三块肌肉同时活动的时候就会产生一种特别有感染力的微笑。第一个是嘴角肌上扬，第二个是颧骨肌上提，第三个是眼角肌收缩，三块肌肉同时活动就会产生有魅力的迪香式微笑。当你产生这种微笑时，你很开心，当你看见别人产生迪香式微笑时，你也很开心，这是我们人类追求幸福和快乐的特别重要的技巧和方法之一。而假装的笑没有感染力，装笑也是别人看得出来的。我们经常讲假笑是"皮笑肉不笑"，其实不准确，皮笑肉肯定在笑，科学的说法是"皮笑眼不笑"。心理学家达克尔·凯特纳（Dacher Keltner）教授和他的学生曾经做过一个研究，对美国加州大学伯克利分校附近的一所女子学校1960 年毕业班同学的毕业照片进行分析，30 之后再回访，结果发现那些当年以迪香式微笑上镜的人，结婚比例高，离婚比例低，自我评估幸福的比例高，事业也要更成功。

除了微笑，触摸、抚摸也能够产生积极愉悦的情绪体验。鼓掌就是一种很好的触摸，中国人讲击掌而呼，因为我们双手最敏感的触觉区域是掌心，不断碰撞自己的掌心后就会产生快乐的情绪反应。

积极情绪的修行方法还有很多，需要我们自己去探索、发现。中国人讲知行合一，所以知道积极心理学后还要去做。

比如，我经常讲五施，也就是言施、眼施、颜施、心施和身施。第一个是言施。我们一定要会表达，人是语意的产物，人的知识信息从来不是以符号的形式印刻在我们的大脑前额叶，而是作为神经化学的联系流淌在我们全身，每一个人都是知识的载体，所以文化、信息、知识一定会引起身心的感受和体验。因此，学习积极心理学并不是学习抽象的概念、符号，它是一种身心的体验，聊起来就很开心，你多多地说、学、体验积极心理学，产生的作用都是很正面的。我们做过研究，你让人聊社会不公平，越聊越愤怒，最后拍桌子骂娘，所有的可的松（肾上腺皮质激素）都膨胀起来，为什么？人从来不是被动地、抽象地理解概念，而是带动身心的体验来的，所以讲积极、讲朝气蓬勃、讲道德高尚的那些人说话都是抬头挺胸的。知行合一是很重要的。

第二个是身施，人可以通过做一些事情来产生幸福感。跑步 15 分钟到 30 分钟，大脑分泌出各种积极化学激素，你很开心、很积极，所以运动会上瘾。闻香闻一会儿会很开心，也是身体的感受。

第三个是眼施，一定要有慧眼，关注生活中间变化的事情。上班别老只着急赶路，看一看周围的美景，看一看周围的人，看一看自己的家里有没有变化的事情。生活其实不单调的，你老想着自己的任务，你就看不到生活的变化和美感。季节的变化、家里你的爱人换了一件新衣服、小孩的羡慕和对你的爱戴都注意到了没有？很多时候我们都没有注意到，因为太忙了。

第四个是颜施，我们要学会让别人感受到我们正面积极的能量。笑脸是能够让人感受出来的，一个领导不笑总是装腔作势，其实心里特别苦。

第五个是心施。我们中国人有一个字叫作"悟"，我们的智慧叫作"悟"。我们的心，一定要有觉悟，一定要用心去感受，很多时候我们培养做事情的能力，没有培养感受的能力，21 世纪是一个感受的时代，要感受有意义、有价值的东西。我们一定要培养慧眼禅心。

　　有一个盲人叫作海伦·凯勒（Helen Keller），写过一本书《假如给我三天光明》，曾经描述她自己特别重要的心灵体验，也是对所有人真实的劝告。她说："我想知道为什么有些人在森林里面走了一个小时却什么也没有看到。我一个看不见任何东西的盲人却看见了无数的事情。我看到一片叶子上对称的美感，我看到了银杏树表面那种光滑的触感，我看到了树枝上那种粗糙的凹凸不平。我作为一个看不见的盲人可以给那些能够看见的人一个启示：去善用你的眼睛就像你明天将会失明一样；去聆听美妙的天籁、悦耳的鸟鸣、奔腾的交响曲，就像明天将会失聪一样；去用心抚摸每一个物件就像明天将会失去触觉一样；去闻花香，去品尝每一口饭菜，就像明天你将永远无法闻到香味和品尝味道一样。"所以人类的生活充满了真善美，关键是你得有慧眼禅心去体验、去修行。

问答

 要按照孩子的天性培养教育孩子

观众：我是一线的教育工作者，我在做好习惯教育和积极教育，想请彭教授在孩子的积极教育方面给我们一点指点，谢谢。

彭凯平：我们人在某种意义上来讲，实际上是一个习惯性的动物，换而言之，我们早期形成的一些生活习惯、生理习惯、心理习惯，会影响我们很长时间，这个习惯在某种程度上需要后天费力地纠正才能改变。与其在后天改变我们已经形成的习惯，还不如从小就开始培养我们积极的习惯。我们中国的幼儿教育、儿童教育，我个人觉得理念太多，经验太多，很多时候我们没有根据儿童心理发展的天性来安排教育方式。

现在已经有大量的研究，特别是积极心理学研究发现其实小孩天生很积极、很善良的。小孩六个月就可以有道德判断的意识，两岁就知道如何关心别人，九岁就知道社会的规矩，十多岁基本掌握了人类生存的基本心理技巧和生活技巧。所以早期教育其实是弘扬孩子们的天性，而不是强加额外的东西。如何对中国幼儿进行积极心理学的教育？我建议是"道法自然"，顺应孩子们的天性，不要以自己的经验和成人世界的规矩教育孩子，一定要按照孩子的天性培养教育孩子。

第二个特别重要的建议，教育者一定要有积极主动的心态，我们的教师、父母亲，自己心态不积极，光去讲积极是没有作用的，甚至有反面的作用。我希望我们的教师一定要学习积极心理学、实践积极心理学，首先自己开心、快乐，才能潜移默化地感染我们的下一代。

第三，我们一定要联合起来推动中国的教育改革，积极心理学不是心灵鸡汤，是一种行动的方向，希望大家一起合作改变中国教育里不尽如人意的地方。

媒体采访

 1. 抑郁症都不是一夜之间发生的

记者：很多在演艺圈中的明星都有抑郁症，时常有明星因为压力太大受不住舆论的抨击，选择结束自己的生命，这种潜移默化的抑郁还有压力，到底会对人产生什么样的影响呢？

彭凯平：所有的抑郁症都不是一夜之间发生的，它经历过一个漫长的负面心理体验的过程。凡是出现一些不愉快、不积极的事件，都会产生抑郁的倾向。抑郁症的主要表现，首先是身心状态的变化，不想吃饭、睡不着觉、神情恍惚，还有一个特别重要的是有伤害自己的倾向性。每个人都会有一些不开心的时候，但是不能说都是抑郁症。抑郁症的人最后会出现伤害自己的倾向性，所以严重的抑郁症绝对是一种有危险的心理状态。

很多时候我们误以为这些自杀的人都是有计划、有目标、有行动、有方案，跟我们正常人做事情一样。其实凡是有这种自杀倾向的人都已经心理不正常，他绝对是神情恍惚、睡不好觉，很多时候都不知道自己在做什么，所以不要以为自杀一定是有计划的，抑郁症自杀的人基本不清楚自己在做什么。这个时候一定要有一些专业的心理关怀、支持和照顾，否则这些严重抑郁的人可能随时结束自己的生命。

 2. 社会问题造成了留守儿童的心理问题

记者：现在留守儿童一直是社会非常关注的焦点，长期生活在特殊的环境当中，留守儿童的心理可能会产生很多问题，您认为应该如何解决？

彭凯平：中国留守儿童的问题其实是多方面的，除了我们说的心理问题之外，其实社会问题也很严重。很多时候是因为这个孩子在某种程度上，在比较贫穷的地区，跟父母亲没有接触的机会，同时也没有多少社会关怀和支持，所以是社会问题造成了留守儿童的心理问题。

至于留守儿童的心理问题如何去解决，我觉得第一，还是要改变留守的状态。光给他做心理开导用处不大，一定要和父母在一起，一定要和正常的社会主流生活方式统一起来，一定要上学，一定要去进行社会交往，所以从某种意义上来讲，留守儿童心理问题的第一个解决方案是社会的解决方案。

但是改变留守状态还不够，还要进行一些针对父母亲的教导。很多留守儿童的父母亲没有文化，或者说文化水平不高，特别是缺乏心理学的知识。如何去做父母，很多人是没有准备的，也没有这方面的知识，所以教育他们如何做父母亲非常重要。

第三个才是孩子们的心理救助、关怀和支持。具体来说，首先这些孩子一定要有一个稳定的生活环境，不是说跟自己的外祖父母或祖父母在一起就一定有心理问题，不一定的。祖父母、外祖父母一样可以成为优秀的照顾者、教育者。但是有一些祖父母、外祖父母的生活环境和生活状态，让他们没有足够的能力和知识来照顾这些孩子，所以，应该想方设法帮助那些祖父母辈以及其他社会照护人员，给他们一些经济支持，给他们一些知识、准备，这就是我说的首先要改善留守儿童的成长环境。其次，要改善他们的学习和教育环境，留守儿童应该和其他儿童一样进入到正常的教育体系中，不应该在独立的教育体系中，或者根本没有进入到教育体系里面。再有，提供一些公共的服务，包括心理服务、心理教育、心理关怀和支持，这就需要我们心理工作者做好全方位的工作。

所以说留守儿童的心理问题是一个挺复杂的综合性的问题，不是只有心理学就能够解决的。

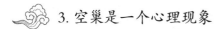 3. 空巢是一个心理现象

记者: 空巢老人的问题现在也越来越突出，面对空巢老人的一些心理问题，

子女应该怎么做呢？

彭凯平：这是非常好的问题。我经常讲"空巢"是一个心理现象而不是物理现象，或者说是个相对概念，是个心理概念。因为有很多的个体差异，有些人可能觉得这不是空巢，这是一种解放和自由，有些老年人在孩子成长离开之后有更多的自由，他可以去学习新的课程，可以去旅游，还可以增加自己的经历和感情。而有些人因为跟孩子长期依恋，最后孩子离开，他有一种孤独感，所以这些老年人是需要关怀、帮助的。

那怎么去帮助这些老年人呢？我个人觉得首先应该给我们中国老人更多的自由、发展的空间和机会，可以去上老年学堂，可以去做社会公益，可以去参与老年人能够做的事情。现在我们中国人有个不正确的提法叫作养老，我觉得"老"不是"养"的，我们应该是关怀老人的成长。换句话说，就像照顾儿童成长一样，老年人也要成长，我把它称为终身成长，就是即使退休了，老年人还有很多的时间去发展自己、提升自己，去开始人生新的历程。所以，老年人首先要给他更多的机会、更多的环境，去自我发展、成长。

其次，我个人觉得中国的老年人也要有一种主动的精神，不是在等死，而是继续体验自己美好的人生，这种主动精神是很重要的。

最后，老人一定要跟年轻人在一起，一定要跟其他人在一起，如何去做？可以去参加一些社会公益活动，去帮助、照顾其他人，在这种社会公益活动中间，老人的快乐感、幸福感可以得到很大的提升。

（本文根据 2017 年 6 月 5 日彭凯平教授在"人文清华"讲坛的演讲《求解幸福》和其后的媒体采访整理而成。）

彭凯平专访：我为什么在中国推行积极心理学

误学心理学

张小琴：彭老师，您是 1979 年考到北大心理学系的，当时对于大部分中国人来说心理学还是一个非常陌生的概念，您怎么会选择了这个专业呢？

彭凯平：我高中跳了两个年级，16 岁考上北京大学，我也没想到能够考得上。

我报考的是北京大学物理学系，接到通知让我去心理学系报到，很不理解。我问北大的老师，他说是因为你选择了"愿意服从国家分配"这一项。当时除了北京、上海的个别同学知道心理学是干什么的，其他人都不知道，它是一个陌生的专业。

其实当时我们很悲观，北京大学心理学系的副系主任王苏教授，在迎新生会上发言，说你们学心理学早了 20 年，因为社会暂时不需要，你们要有心理准备，你们会被别的学科人士看不起。王老师讲的是真心话。当时的中国要解决的是温饱问题、要致富，心理学在某种程度上是让人活得更好，而不是要活下来，所以我们学得太早了。

心理学系教的东西跟我们理科学生的背景、期望完全不一样，所以很难学好。我开始的考试成绩很差。

张小琴：这个过程是怎么调整过来的呢？

彭凯平：我是我们岳阳市的高考状元，到了北大后，首先学心理学对我打击很大，听不懂心理学讲什么打击更大。第一年考试很不好，我甚至都有了放弃心理学的意愿。但是在大学第二年时，有一件事改变了我。当时我上了一门选修课"智力测验"，它是用科学的方法研究人的智力。任课的老师是刚从委内瑞拉回来的老教授吴天敏[1]，她是我们中国智力测验的奠基人，曾经和原燕京大学校长陆志韦[2]先生一起发表过陆志韦–吴天敏智力测验。她说智力可以定量测量，它不光有行为上的差异，还有生理上的差异，比如激素、荷尔蒙、神经系统反应等。她布置了一个作业，让我们自己发明一个测量智力的方法。我当时就发现我对这种需要自己找答案的作业很感兴趣，后来才知道这就是科学研究的本质——寻找和发现新的答案，而不是背诵已经有的答案。

我说能不能通过测神经通道的反射速度来衡量一个人的智力高低？她作为一个老师，当然知道这个问题并不是像我想象得那么简单，但是，她鼓励我一个大二的学生去探索一个也许并不正确的想法。

我就设计了一个仪器来测人的膝腱反应的速度，但是最后没有做出任何有意义的结果。没想到的是，吴教授给了我一个 A+。我问为什么，她说你有想法、有创意，而且还设计了一个设备，做了这个实验，这就是科学探索，这比正确回答问题更有价值。她这句话成为我一生的科学信念：**科学不是你知道什么、做了多少，而是你能不能发现以前大家不知道的问题、回答以前没有答案的问题。思想是科学的精髓，创新是科学的本质。做出结果固然很重要，但想到问题其实更重要。**

她这个观点对我影响很大。我的科学态度和科学思维能够在心理学中间得到验证和使用，我很开心，这就是我最终安心学习心理学的原因。

张小琴：当时英达也是跟你们在一起是吧？

彭凯平：英达好像也是服从分配到心理学系的。他祖父和父亲都是中国英语教学的翘楚，他算是"世家子弟"，我想他的兴趣应该是戏剧。我们住在一个宿舍，他回宿舍经常很晚，经常踩着我的床爬到上铺去。他可能比我领悟得

---

[1] 吴天敏（1910—1985）：北京人，著名儿童心理学家，北京大学心理学系教授。

[2] 陆志韦（1894—1970）：别名陆保琦，浙江省吴兴县人，语言学家、心理学家、教育家、诗人。

早，所以离开心理学比我早。

张小琴：您有没有想过离开这个专业？

彭凯平：当时没有想过离开这个专业，到了三年级我就对心理学很感兴趣，成绩已经好了很多，到了四年级毕业时，学校决定让我留校任教。

中组部测试后备干部，为什么预测准确率只有50%

彭凯平：1985 年，我曾经接受一个国家重大项目。当时中共中央要选拔一批后备干部，希望找到客观的、科学的方法，而不是凭过去的经验，所以中组部聘我作为专家选拔测试中国的年轻干部。后来很多的领导其实当年都被我测试过，只不过这个数据是保密的。

我们用了智力测验、行为测验等方法来完成这项工作。比如说无领导讨论，把七八个人放在一个屋子里，不告诉他们要讨论什么，让他们自发产生领导，有些人慢慢地展现出爱说话、爱张罗的个性，这是一种领导。还有一部分人，他们是那种善于组织大家完成任务的，叫作任务型领导。另一种叫作情感型领导，能够理解大家的话，能够鼓励每个人参与。你可以看见领导力就是在这个互动过程中逐渐产生的一种行为方式。这是我们的一个理论和方法，我们认为，领导不是推荐出来的，领导也不是其他领导看中的，领导是做事情自发产生出来的。

很多年之后我拜访了当时负责这项工作的青干局的领导陈伟兰，陈老师后来是国家行政学院的领导，我问她我们测准了没有。她说只测准了一半，因为党中央除了看你们的推荐之外，还要看工作需要。这个让我明白很多道理，我们科学家，特别是社会型的科学家有时也不要太自以为是，因为很多事情是因地而异、因时而异、因事而异。**科学只是一种状态，政治的智慧是把理想状态和现实状态进行妥协，做出当时最有效的判断和选择**。所以我后来做事情尽量不极端、不自以为是，科学有科学的追求，现实有现实的需求，产生的妥协就是伟大的智慧。

邓小平指示恢复建设中国心理学

张小琴：这个时候心理学的教学和科研工作基本上是一个接续吗？还是说也有一些新的东西产生？

彭凯平：心理学在中国曾经有过辉煌的历史，我们清华大学心理学系在 20 世纪三四十年代在全世界排在前 20 位，现在中国很少有学科，特别是人文社会学科能够排得这么高。但是清华大学心理学系 1952 年就被撤销了，老师被分到北京大学哲学系或者是师范和教育学院去了。心理学这个学科就被消灭了、断代了，1958 年还曾经被批判为资本主义的伪科学，很多心理学家被迫改行。

1978 年我们国家接待了美国科学家代表团，团长是著名心理学家理查德·阿特金森 (Richard Atkinson)。阿特金森当时是美国总统的顾问，他后来成为加州大学总校长。1997 年我去加州大学伯克利分校任教，他看到新聘的教授简历，发现伯克利这个百年名校有了第一个来自中国的心理学教授，点名要我去跟他见面，给我讲了一个故事。1978 年他作为美国科学家代表团团长，在北京受到了邓小平同志的接见。当小平同志得知他是心理学教授时，随口问了一下旁边作陪的国家科委主任方毅："你怎么不请一个心理学家来陪？"方毅说："我们国家早就没有了心理学。"邓小平当时就说，美国心理学家可以作为总统顾问、美国科学家代表团团长，我们为什么不能做心理学？方毅找到北大当年的校领导，要求成立心理学系。当年中国心理学系就正式恢复了。我是北大心理学系第二批学生。

张小琴：你们是背负着使命进来的？

彭凯平：我后来为什么没有去学计算机，没有去做生意赚钱，一个很大的原因是我的同学都离开了这个专业，我觉得对不起老师们对我们的期望。有些事情总得有人在那儿坚守。最后我们班能够坚守在心理学领域里的也就是两三个人。我们这一辈子就在心理学里头，我们不后悔。人可能需要一定的迟钝才能够逃避更多的诱惑吧。

在密歇根大学读心理学博士

张小琴：您后来到密歇根大学做访问学者是怎么样的情形？

彭凯平：当时密歇根大学和北京大学签了一个战略合作协议，每年要资助两个北大心理学系的老师去密歇根大学进修，我是 1989 年 1 月到美国密歇根大学进修的。听的第一堂课是"人格心理学"，发现我在北大讲的很多内容都是 20 世纪 50 年代以前的东西，其实心理学在 70 年代已经发生了一次伟大的认知革命。

当时美国心理学家比较关注的是大五人格 ①，而这个大五人格理论，中国当时并没有介绍。最近特朗普能够当选美国总统，一个很重要的原因就是他雇佣了一个数据分析公司，对美国 200 万选民的大五人格测试数据进行分析，得出一些相对应的策略。所以它是一个非常可靠的，而且是相对而言有科学证据的理论，我们当时都不知道。我发现原来以为天经地义的科学知识也有很多不对的地方，于是当时就决定，一定要拿一个美国大学的博士学位。后来才发现密歇根大学的心理学专业是全美最好的心理学系之一，我是歪打正着。

我特别感谢这个时代，没有改革开放我不可能去美国读书、在美国当教授，也不可能当了北大和清华两所大学的老师。

---

① 研究者认为人类有五个最基本的差异维度：内外相、神经质、可靠性、宜人性、开放能力，称为大五人格，在此基础上还可以分成很多更细小的维度。这是一个用来观察人类的个体差异和行为差异的很重要的理论和指标。

从一起枪杀事件发现中美归因的差异

张小琴：在密歇根大学的这七年时间，对您来说是一个非常重要的学术奠基？

彭凯平：基本上奠定了我的学术地位。1991 年，美国自然科学基金会有一个特别重要的计划启动，研究文化对人的心理影响。这个计划正好被我的导师理查德·尼斯贝特[1]拿到了，他就问我有没有可能在这方面做一些有趣的工作。我们俩当时完全是随机地聊，我在说，他在一个公文本上记，大概总结出 11 个可以探索的课题。这 11 个课题他都写在基金申请文件里，居然拿到了 500 万美金，成立了一个文化心理学研究项目。这 500 万美金里头有一部分是做研究生资助，他把我列进去，所以我成为美国自然科学基金支持的第一个做文化与认知研究的学生。相对于很多中国留学生而言，我真的很走运，没有靠打工来支付学费。

文化心理学领域就是我们这几个人做出来的，分别是理查德·尼斯贝特、哈泽尔·马库斯（Harzel Markus）、北山忍（Shinubo Kitayama）、迈克尔·莫里斯（Michael Morris）和我。

我和莫里斯的工作与 1991 年的一个事件有关。那一年，北大物理系毕业的留学生卢刚，带着两把枪冲到教学楼把他的老师们打死了，还找到校长办公室，把一位副校长打死了，同时还打死了他的中国同学，打伤了一个越南裔的

---

[1] 理查德·尼斯贝特（Richard Nisbett，1941—）：美国密歇根大学心理学系讲席教授，被誉为当今最伟大的社会心理学家。曾获得美国心理学会杰出科学贡献奖、美国心理学会威廉·詹姆斯终身成就奖、美国古根海姆奖，其研究目前已经被引用超过 75000 次。2002 年，成为第一位当选美国科学院院士的社会心理学家。尼斯贝特的研究兴趣广泛，早年研究人类的思维与决策，后来研究文化与认知，然后是健康、智慧、意义等积极心理品质。在每一个领域他都做出了伟大贡献，培养出了一大批优秀的学者。代表作有《思维版图》《认知升级》《逻辑思维》等。

华人女孩。案件震动了美国。这个卢刚我恰恰认识，他当年追过我们北大心理学系的女生，但是那个女孩没有嫁给卢刚，而是嫁给了卢刚的一个同学。后来这个女孩也去了美国，生活得非常好。我和我太太感慨地说，假设他们俩当时成的话，也许卢刚不会走到这一步。结果没想到我们那些美国同事第一个反应就是真为那位女孩高兴，这让我很诧异。显然，我们中国人认为环境、夫人、孩子都可以改变一个人的行为，美国人则认为改变不了，他是一个这样的人，无论是和谁结婚，无论有没有孩子，他都会杀人。这在心理学里是一个巨大的文化差异。

这个问题在科学上叫作归因问题，归因总结出来几条原则：他是不是一直这样做？如果不是一直这样做，肯定有别的原因在里头；如果他一直这么做，就是他个人原因。是不是别人不这么做就他这么做？如果是别人不做就他这么做，肯定是他的原因；所有的条件都一样，换一个人，这个事情不会发生，那肯定是他的原因。这就是逻辑分析的原则，美国律师最喜欢用这些逻辑分析原则，他们叫作"反事实归因"。在我之前没有人说过这有文化差异，认为大家都是这样。但是我发现有文化差异，中国人的反事实推理和美国人不一样，我们更强调环境的作用，这就是一个很重要的发现。

张小琴：您从这个事件当中看出了心理学的意义？

彭凯平：人的思想有第一满意原则，解释行为也是这样：找了一个我们满意的说法我们就停下来了。但科学它不是建立在第一满意原则上，科学是建立在最佳答案上的，所以一定要找一个最佳答案，一定要不断证伪。这就是为什么我们发现的文化差异是很多人没有想到的。

张小琴：从感觉到这是一个差异，到把它作为研究的方向和一个重要课题，这中间是一个怎样的过程？

彭凯平：这个研究我们做了大概六七个试验，想去验证。第一个最简单的，我们做问卷调查。我们问了中国学生、美国学生一些反事实推理的问题：给你一个不真实的前提，看你能不能做出类似的结论，比如说如果卢刚结了婚，他杀人的概率会是多大？如果卢刚在中国，他杀人的概率会是多大？如果卢刚有孩子，他杀人的概率会是多大？这都叫作反事实推理，假设前提与事实不符，你怎么去推？我们发现，中国人认为环境变化对人的影响是很大的，他们认为如果卢刚结了婚他不会杀人，太太管着呢；如果他有孩子他不会杀人，孩子会感化他；如果在中国他不会杀人，枪都找不着。我们中国人善于在环境中找到原因而且去解释。而美国学生回答问题的时候，认为卢刚有太太杀太太，有孩子杀孩子，这是非常明显的差异。

但两国的孩子没有这方面的差异，小孩都是个人归因，张三打人那是张三的问题，中美的孩子都是这样认为。到了九岁有一部分差异，但到了十二岁，就有非常明显的文化差异。所以我们当时一个结论就是**思维方面的文化差异大概在十二三岁形成，在此之前，人类的孩子反应都差不多**。

张小琴：这个研究有什么价值吗？

彭凯平：第一它能够解决人类逻辑思维的训练问题，人类逻辑思维到底能不能训练？能不能超越我们的第一满意？教育逻辑思维的时候有没有文化差异？如果有，我们能够有的放矢吗？如果我们中国人的逻辑思维跟外国人不一样，你用外国人的逻辑思维去教育中国人，那不光是效果不好，甚至有破坏作用。

第二个用处是很多国际交流的文件、谈判的策略，都要用到这种反事实推理作为一个因果分析的方法。如果外国的合同、外国的法律这么规定，我们中国人看不懂，就会犯一些简单的错误。

类似这样的研究，看起来就是一个日常生活中人类的心理活动，但是你要去引申它的意义的话，那是非常伟大的。而且它也跟很多哲学的传统、文化的传统、人类最高级的思维传统都有关系。**如果你认为人类的行为都是环境影响的，那么你的着重点就是改变环境和条件；如果你认为人类的行为都是个人**

决定的，那你就得改变这个个人。

可想而知改变个人很难，改变环境相对容易。这恰恰也是中国人的智慧。因此这个研究对美国人的启发很大，因为他们没有意识到环境对人的影响有这么大的作用，我们中国人早就意识到了。

一开始我们写了文章送到杂志社，编辑部说你们解释卢刚事件的影响，是不是因为你们是中国人，所以强调环境的作用。结果没想到一个星期之后，美国人迈克·万杀了一样多的人，我们的研究也得出了同样的差异。所以这篇文章后来影响很大，正是因为这个研究，我的师兄莫里斯得到了斯坦福大学的教职，我后来拿到了伯克利的教职。

张小琴：这个研究最后的结果，对于当时的心理学界，或者是文化心理的领域产生了什么样的影响？有哪些是之前没有发现、你们新发现的？

彭凯平：关于归因的研究、人类行为的研究，有一个基本的概念叫作基本归因误差：解释别人行为的时候，基本上只看这个人的特点，不看环境的影响。美国心理学家认为这个倾向是根深蒂固的，全世界人民都应该这样；但是如果人类的行为受到环境影响，那这样的基本归因误差就是问题。我们等于证明了西方哲学家、思想家、心理学家认为是天经地义的概念，即基本归因误差，其实只是一个文化现象，只是一个西方人的思维倾向性。这是第一个贡献。

第二，利用文化投射测验来做文化的比较研究，这是以前没有人想到过的，我们想到了，做到了，而且我们做出来了，这是一个很大的贡献。

第三，利用现实生活中真实的案例来做研究。很多心理学研究都是虚构的题目，都是自己编的。我们用的是卢刚这样一个真实事件来做比较、研究，特别重要的是我们找到了两个杀人者，一个是中国人，一个是美国人，很多地方非常相似，只有文化背景不一样。

发明文化投射测验莫里斯 – 彭鱼范式：让全世界人看鱼

彭凯平：我们也做过文化比较研究，但是这些研究有一个很大的问题，都依赖语言表达。大家都知道语言是很难翻译的，想要把一个简单的英文单词和中文词汇对应起来都很难，比如"红尘滚滚"，根本没法翻译成英文，老外根本不懂，只好翻成 Human Society(人类社会)，"人类社会"跟"红尘滚滚"意思会一样吗？完全不一样！同样，英文单词的意思也有很多差异很大的。

做文化心理学，大家最担心的就是翻译，因为不知道这个文化差异是真正的差异还是翻译导致的差异。后来我们想发明一种方法，不需要翻译，不需要语言，直观地就能看出来人类的文化差异。怎么办？我和莫里斯发明了一个文化投射测验。投射就是给你一个东西，这个东西会让你把自己的情感投射出来。比如看墨迹是什么，每个人看法不一样，因为你会把自己的需求投射进去。我们决定让全世界的人去看鱼，首先是大家都喜欢鱼，其次我们都习惯在二维世界里看鱼。

张小琴：您怎么想到的要设计鱼的画面来做测试？

彭凯平：当时其实试过很多事物。第一个想到的是用一些抽象的几何形状来做测试，结果发现大家不爱看，觉得这个几何形状太无聊。我们就改用人，结果发现用人有一个大问题，人的长相、姿态都有文化特色，所以中国人看中国人，和美国人看中国人反应完全不一样。

后来试动物，发现动物也有问题，因为有各种文化差异，比如中国人喜欢熊猫，但老外并不一定喜欢。另外，我们还发现动物是三维世界的事物，前面的动物会把后面的挡住，让人猜后面的动物，他就不爱看了。

有一天我想起《庄子·秋水》里"子非鱼，安知鱼之乐"这句话，我们看鱼都是二维的平面，在计算机屏幕上看到一个二维的鱼，但我们大脑里头想象的是三维的鱼，这就解决了视觉成像和现实的关系。我们特别为这个发现高兴，就决定用鱼测试，当时画的是鲤鱼，结果大家都喜欢。最主要的是对鱼的喜欢不是特别爱，也不是恨，不烦，这就比较好。

在我写的《跨文化沟通心理学》这本书中谈到了这一研究。这就是我们当时发明的文化投射测验。比如说我们让人去看一条鱼在前面游，其他的鱼游过来，我们问他："你觉得这鱼是开心还是不开心？"如果是中国人的话，大部分会觉得这个鱼很开心，"我们是朋友"，"我们都友好"等。美国人就觉得不开心，"我自己活得很好，你们都过来干什么"。给全世界人民看鱼是不是快乐，其实投射的是测试对象自己的心理状态。这个方法已经成为美国心理学教科书里最经典的文化投射测验，叫莫里斯 – 彭鱼范式，也提升了我们对文化进行客观比较的可能性。

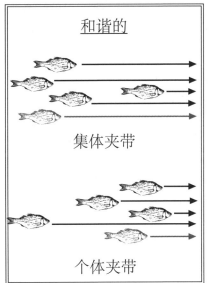
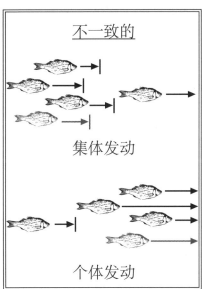

莫里斯 – 彭鱼范式 1

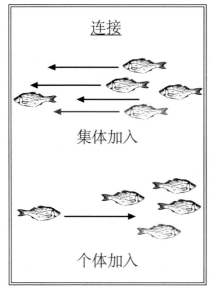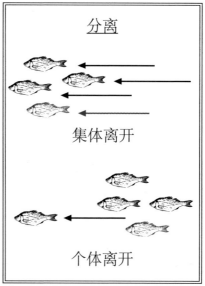

莫里斯－彭鱼范式2

当时做这个范式的时候，我还在密歇根大学，真的就是在计算机中心学设计软件。因为要做这个鱼的运动，我花了大概三个月时间，学会了动漫的基础，我可能是世界上最早学习用计算机做动画的人之一吧，因为当时确实还没有人做。当时教我学这个的计算机系学生是一个马来西亚华裔，后来据说他就靠做动漫技术的软件发了财，成为马来西亚的富豪。当时我还学会了做门户网站，编了一个免费的心理学门户网站，把美国的免费心理学信息推送给我们中国留学生。

后来美国公共教育电视台拍了一个科教片《文化心理学》，第一个放的就是我们这个实验。文化心理学里这个实验有开山之作的意义，我们自己也没想到那么重要。

心理学研究颠覆对中国人的刻板印象

张小琴：早年间辜鸿铭写过《中国人的精神》、林语堂写过《吾国与吾民》，里面也提出了很多文化差异，你们从心理学角度所研究的文化差异跟他们早年间那种研究相比有什么不同？

彭凯平：有三个最根本的不同。第一，心理学是强调证据和逻辑的科学，所以除了讲案例之外，我们一定要有大数据的分析、大样本的概念，这样做出来的研究结论才有代表性。第二，心理学是强调证伪的科学。第三，我们始终认为文化是一个变化的概念，无论我们中国以前的思想先驱做过多少观察，如何描述现代人还是一个未知数，科学的好处是通过不断的探索、分析、比较来研究现代人，所以它有一个与时俱进的特点在里头。

有一个很有名的美国传教士叫阿瑟·史密斯（Arthur Henderson Smith），在中国生活了很长时间，他的著作也是经常被辜鸿铭、林语堂引用的。他写了一本《中国人的性格》，提出了 16 个中国人的特点，我们用科学方法去验证，结果发现其实只有五个是对的。比如他说我们中国人有勤俭持家的特点，那么我们现代中国人是不是真的勤俭持家呢？研究发现，没钱的时候是的，有钱的时候中国人其实也挺奢侈的，据媒体报道现在中国奢侈品消费是世界第一。

张小琴：你们用研究数据表明有哪些之前认为是中国人共性的东西，其实是不存在的，或者是没法证明的？

彭凯平：我们正在做，文化心理学是个不断完善的学科。我们比较了一些所谓的中国人的文化特性，比如我们曾经说中国人不太崇尚自由，其实中国人在自由中间得到快乐的比例是很高的。比如，北京、上海的夫妻买卖房子时为了逃税五万块钱，可以假离婚，这个自由度就相当高。还有人认为，我们中国人谨小慎微，但过去一百多年，能够把政治学教科书的五种政治制度全试过一遍的，全世界只有我们中国人。我们试过封建制度、君主立宪、资本主义、社会主义，我们还试过短期的共产主义，最后发现还是中国特色的社会主义好。说明这个民族为了追求国家的发展，什么事情都敢试，意味着中国人的胆子其实很大。比如在经济决策方面，中国人胆子就挺大的，敢冒险，美国人在经济问题上的冒险精神反而不如我们。

张小琴：你们得出来的结论基本上都是经过严密的科学测算、科学研究做出来的结果吗？

彭凯平：对，首先肯定是要有数据。要用各种方法去采集数据，采集的方法不光是问别人，还要做行为观察、心理测量，还要做脑波的测试和脑成像扫描，数据采集的方法是多种多样的。有了数据一定要做统计分析，因为光有数据、光有百分比没有意义，还要说明这个百分比是偶然现象还是真的有这么回事，所以有一整套统计标准和方法。有了统计标准还需要建模型，因为要做预测，还要反映在其他情况下是不是也会出现同样的情况。所以它是有数据、有统计、有模型，同时它还有证伪的可能性。

我们的报告，最后都要进行自我批评，什么地方我们做得不对？什么地方可以做得更好？别人还可以怎么去做？这是心理学的基本要求。所以我们心理学有的时候很尴尬，有的东西做出来，结果人家告诉我们不对。我自己就有一个有关中国人的研究，结果被一个美国人说不对，当时对我震撼很大。

中国人心理画像：整体思维、集体主义、辩证

张小琴：您做了这么多科学研究之后，根据你们的研究结果，能不能有一个类似于中国人心理画像的东西？

彭凯平：这就是我们当时写的那篇文章涉及的内容。

我们首先分析了东方的整体思维和西方的分析思维的差异。通俗而言，就是中国人容易看到一片森林，西方人容易看到一棵一棵的树。什么意思呢？

整体思维可以看见整体、全局，看见所有的关联性，看见所有的变化性。西方人则容易看到每一棵树独特的特性、它的与众不同，甚至可以看到它的排他性，这是他们分析思维的习惯。康德其实早就意识到这个差异，但是他不知道有文化差异，他说一部分人的思维是综合型的，一部分人的思维是分析型的，这是他的一个简单结论，但他没有解释为什么、怎么来的、有什么影响。我们等于是把哲学思想的结论用科学方法更细致、更全面地做了一遍研究。

第二个是中国人的价值观描述。相对而言，我们中国人是集体主义价值倾向，关注的是关系，包括家庭、人与人之间的和谐共处。相对而言，西方人是个人主义价值倾向，更多地强调个人的期望、目标、个人价值和个人的定义，也就是由自己来确认自己是谁，而不是由社会确认自己是谁。所以这也是一个很大的差异维度。

第三个很重要的维度差异，体现在中国人是辩证的。什么意思呢？我们不是固定不变的，只强调事物本身的特性，我们强调环境、强调变化、强调阴阳，换而言之中国人比较敏感地意识到每个事情都有两面。这样的思想真的是非常突出，我们把它叫作朴素辩证主义。但它和黑格尔的辩证论是不一样的，黑格尔的辩证论是要不断地进步、不断地变化，有一个立论就要有一个反论，再有一个综合，得不断地变化，正反合，是一个斗争哲学、变化哲学、不断进步的哲学。我们中国人相对而言是包容，是两个互不可缺。换而言之，不是在正论、反论上面再来一个综合，而是说正反就是天经地义的两个方面，没有白天就没有黑夜，没有长就没有短，没有美就没有丑，这是中国人的智慧。西方的辩证法绝对不是这么想的，他一定会说你这个长会变成一个短，最后又变成长，最后这个长又变成短，就是事物的反面会变成正面，正面会变成反面，不断地进行斗争，这是不太一样的地方。

张小琴：这里边其实没有什么对和错是吧？只是一个差异？

彭凯平：所有的问题差异都有它存在的原因，不是说东方智慧就比西方要高很多，也不是说西方智慧就比东方智慧高很多，它实际上都是人民为了适合自己的生存环境创造出来的一个最有竞争意义、最有适应价值的方法，所以没有对错。一方水土养一方人，一种心态适合一个地方的民族和文化，没有高低。

张小琴： 这个研究的价值是什么呢？

彭凯平： 像我们有一个很重要的观念，就是说尊重各个地方的文化传统，尊重每个文化存在的价值。因为西方人有个思想，认为他的民族文化思维是最先进的，东方人也有一种思想，原来认为我们是最先进的，后来受到打击以后，变成要全盘西化。这个研究从政治上而言，让我们认识到多元文化的魅力和优势。第二个，它强调了文化互补的价值和意义，因为知道了有所不同，就知道我们可以从其他文化中间学习到它的优点，它也同样可以从我们这儿学到我们的优点，这样才能够产生出最伟大的智慧，而不是拘泥于某一种思维方式和思维方法。所以它在政治上、思维上和生活上也都有意义、有价值。因为你知道各种思路、方法、策略之后，会巧妙地使用最有意义、最有价值的方法，比如做科学研究，需要不断地创新、突破、否定别人才能成就自己；生活关系上则可以用东方的智慧，马马虎虎、辩证思维、将心比心、换位思考，等等。如果有中西合璧的能力，会活得非常快乐幸福，这是多元文化的优势。

跨文化沟通心理学的价值

张小琴： 您有本书的名字叫《跨文化沟通心理学》，它跟文化研究有很多交叉的地方，又跟传播学理论搭界，它作为心理学的独特价值是什么？

彭凯平： 沟通是人类的心理活动，我们已经知道人类的语意、情感、信息的传递绝大多数都是要用心去理解的，重点不是你说了什么，而是你理解了什么。人类沟通的本质是心理学，而不是语言词汇学。一句同样的话"你真坏"，在不同的环境、不同的场合由不同的人说出来是不一样的，有人指着你的鼻子说你真坏，你觉得很愤怒、很委屈；如果是你的爱人、你的恋爱对象打情骂俏地说你真坏，那完全不一样。所以一个简单的语言，其实它的意思的传递靠的是心理理解，而不是词汇本身的意思，这是心理学对于文化传播的价值和意义。

另一方面，因为我们人类的心理很多时候是需要借助语言来完成的，你的思维如何完成？它不完全是神经元的活动，还是一个语言的活动，这就是我对我们心理学的一个担心，大家都去做生理的研究，把人类所有的活动都简化为神经元、细胞的活动，是不够的。这些只是人类最低级的活动，所有的神经元、细胞的活动一定要有高级意义上的理解，比如，愤怒的时候心跳加快和遇见爱人的时候心跳加快，一定要知道两者的意义是不一样的。所以我经常讲，无论神经科学或生理科学对人类行为的解释能到什么程度，最后一定得加上对人类意义的理解才能够产生作用，而理解这个意义一定是通过语言。因此，沟通需要心理学来帮助我们准确地理解对方的意义，心理学也需要沟通和语言来让我们了解人类行为的意义，二者是紧密相连、不可或缺的。

“一带一路”要加强跨文化沟通，
不要以为花钱就能买人心

张小琴：您这个跨文化沟通的研究，对于中国政府的对外沟通会有一些意义吗？

彭凯平：太有意义了。在“一带一路”的峰会上，习近平主席特别提出来“一带一路”不光是经济之路，也是文化之路。

跨文化沟通其实是我们“一带一路”倡议中，中国作为崛起的大国必须做的一门功课。一个国家成为世界大国，它绝对会影响到周边国家人民的心态，如何了解他们的心态？如何应对他们的心态？这是我们当代中国人必须要做的一件事情，不要以为花钱就能够买人心，一定要在了解对方文化的基础上进行

沟通，才能实现有效沟通。《孙子兵法》几千年的智慧就是"攻心为上"。

每个人都应该学点心理学

张小琴： 对心理学，每个人可能有不同的理解，作为心理学家，您认为心理学是什么？

彭凯平： 教科书的定义很简单，心理学是研究人类的心理过程、心理现象和心理行为的科学。我觉得这是循环论证，其实没有说清楚它的真实意义和道理。我认为心理学就是研究人性的科学。这个人性不是哲学上的人性观，也不是动物的本能，而是一个人到底有哪些与众不同的特性，包括心理、生理、精神的特性。所以说它是一个人性的科学，当然要用科学的方法研究人性的问题。

张小琴： 人类真的需要心理学吗？有了心理学之后，和没有心理学之前，人是更幸福了，还是反而没有过去幸福？

彭凯平： 我觉得人肯定需要心理学，即使没有科学的心理学，我们也在探索人性、分析人心，也在体验人欲、人情。而科学能够对直观的感觉体系做出分析、判断和比较，相对而言是更加准确、更加真实、更有预测意义的。所以说，既然人类不得不做这件事情，当然用科学做，用正确的方法做，就比不做、瞎做要好，这是第一个原因。

第二个原因，人类的心理学也是一个基础学科。我们很多学科从根本上来说都是要解决人的问题，比如经济学要解决人类的欲望、需求及资源之间的关系；而人心、人情、人欲就是心理学特别核心的问题。如果光调配资源，不知道这个资源调配是为了满足人的需求，那就变成了物质的科学，而不是心理的科学。心理学是很多其他学科的基础学科，只要是牵涉到人的地方，都需要心理学的支持。

第三个特别重要的原因是，心理学也是我们中国人智慧的一个体现。你去查中国汉字，你会发现从古至今，以心做偏旁的汉字非常多，说明什么？中国人有几千年对人心、人情、人欲的判断和分析，不做好心理学我觉得都对不起自己是中国人这个身份。

至于心理学是不是能让人幸福？我们现在发现应该是有这样的可能性。因为你知道一些负面情绪产生的原因就不会特别焦虑；你知道为什么有人做坏事，就有一种警惕和防备；你知道自己的情绪如何调节，知道意义感如何创造，知道自己生命的价值到底在什么地方，这些知识对你的心理有安慰、提醒、指导、激励的作用。所以心理学也是增进幸福的一个特别重要的知识体系。

张小琴：每个人都需要了解心理学吗？

彭凯平：每个人都需要了解心理学，因为每个人都有心理活动，这个活动产生以后你会去想、去分析、去探索，如果没有科学的指导，你就是瞎探索，没有正确的知识你就是自己的一种自以为是。

张小琴：如果说我们每个人都需要了解几条心理学常识的话，最基本的东西您要告诉我们的是什么？

彭凯平：有三个特别重要的知识，我把它叫作心理学的公理。

第一，所有的外在世界都是我们人心的产物。换而言之，所有的世界都是我们构造出来的，这个树是不是树，关键是你怎么看它，是你自己构造出来的，因为不同文化的人、不同经历的人、不同年龄的人对树的理解是不太一样的。知道这一点，就知道调整心态、改变自己的知识可以改变我们对现实事物的认识。这个原则我们叫构造原则。

第二，人也是情境的产物，所有的心理活动都受到外在环境的影响，人一辈子的心理活动都可以通过外在环境的改变来改变。通过改变外在环境改变自己，心情不好的时候做一些事情可以改变心情。这条公理，我把它叫作环境调节。

第三，是频道作用。所有内心的活动和环境的冲突一定要通过某种方式宣泄出来，就是所有的心理活动都不是简单的，一定会通过某种形式、某种频道体现出来。如果你很紧张，你肯定不光是心里紧张，会通过面部表情、外在活动表达出来，甚至影响很多人；如果你很开心，也一定会通过某种方式、某种能量感染到很多人。这就是涟漪效应，在宇宙体系之中你做的一件事情会影响很多人，而很多人也可能受到你的感染、受到你的支持。从这个角度看，提倡积极心理学特别有意义。

清华的积极心理学研究排在世界前六位

张小琴： 您在伯克利做文化研究已经是一个非常有成就的学者了，在美国也是心理学界很重要的代表人物，为什么要在 2008 年回到清华，在中国做积极心理学？

彭凯平： 我喜欢做拓荒者。我的一生，都在不断地寻找科学的前沿问题。我的老师是美国科学院的两院院士，他的一句话曾经感动了我很长时间。他说一个有学术担当精神的人，一定要永远在做新的课题，而不是做老的课题。从北京大学毕业留校教书时我做的是心理测量，做了很多研究，也写了一本书。后来到美国去我做的是文化心理学，也发了很多文章。回到中国来以后，我就在想我应该做一个新的课题，为什么呢？因为我觉得文化心理学已经很成熟了，很多人拿着我的思想、拿着我的范式可以发很多文章。2008 年我有一个任务，即帮助清华复建心理学系，我觉得清华心理学系要做就做最好的。做什么？当时北师大做脑科学做得非常好，北京大学做神经科学做得非常好，清华经管学院的教授做管理心理学、行为心理学做得很好，此外医学院做心理疾病，师范院校做教育心理学，都做得很好，我们清华心理学系做什么？当时我就想做两个，一个是利用清华大学的工科优势做科技心理学；第二个是做积极心理学，这是一个全新的领域，从学术角度来讲我愿意做别人没有做过的事情。

从社会需求来讲，当时人民日报社做了一个调查，对我影响很大，他们询问了很多中国人，问你是不是弱势群体？居然90%的人说自己属于弱势群体，这是非常不理性的。城管认为自己是弱势群体，小商小贩也认为自己是弱势群体；干部认为自己是弱势群体，因为反腐倡廉抓得很紧，群众也觉得自己是弱势群体，那谁是强势的？肯定是心态有问题，心态不太积极。

所以我回国以后决定从学术的角度、社会需求的角度推动一个新的学科——积极心理学。这里面还有一个个人的原因，积极心理学的发起人克里斯托弗·彼得森[①]教授是我在密歇根大学读书时的老师之一，他说你应该做这个事情，我就开始推动。但是真的没有想到反响那么快，在我2008年回国之前，积极心理学的内容很少，去百度搜索，当时的文章基本为零，现在内容很多，都是上百万的点击浏览量。说明这是中国有现实需求的学科，我是在一个正确的地方、一个正确的时候做了一件正确的事情。

我们这代人一定要做科学的拓荒者，一定要为下一代人、年轻的科学家拓展科学的原野。你去抢别人做得很好的事情，你去走人家已经走得很好的路，让别人无路可走，并不是一件好事。**拓荒走新路才是大科学家应该做的事情。**

这个学科1997年被第一次正式提出来，从2007年世界积极心理学学会成立，到现在为止十年左右，我们中国人能够在这么一个新兴的世界科学发展前沿站住脚，而且参与领导这个学科的发展，我觉得是科学史上少有的机会。很长时间以来，我们中国人是追西方人的科学，我们的物理学、生物学比人家晚了很长时间，但是在积极心理学领域里头，中国积极心理学大会的举行，只比世界积极心理学大会晚三年，所以我觉得机会难得。清华心理学系幸福科技

---

① 克里斯托弗·彼得森（Christopher Peterson，1950—2012）：积极心理学创始人之一，自1986年起一直在密歇根大学心理学系任教，是密歇根大学屡获殊荣的优秀教师，牛津大学出版社积极心理学手册丛书总编辑、《积极心理学》杂志顾问编委、国际积极心理学会秘书长、美国VIA性格研究中心学术部主任。他以其在乐观、健康、幸福等领域的研究而享誉世界，他也是世界上文献被引用次数排名前100位的著名心理学家。

实验室是世界上第一个关于幸福科技的研究室。现在斯坦福建了一个，伯克利建了一个，宾大建了一个，人家在学我们。宾州大学评出来世界积极心理学六大中心，我们清华大学是一大中心，清华的积极心理学排在世界前六位，很有意义。

积极心理学不是幸福学

张小琴：能不能说积极心理学就是关于幸福的心理学？

彭凯平：绝对不能这么说，因为幸福是一个复杂现象，是多学科的研究领域，经济学、社会学、政治学都可以研究幸福，心理学也可以研究幸福，积极心理学不等于幸福科学，幸福科学更广泛。积极心理学不光研究幸福，还研究人类的道德升华感、人类的宽容、人类的责任、我们人成其为人的一些心理特性等。

我们以前受西方还原主义的影响，都以为越往下面做越科学，比如研究人的行为把他的脑拿来分析，把脑分成神经元、细胞。还原主义是 18、19 世纪人类科学哲学的产物，物理学家研究物理分到原子、中子、质子。但是积极心理学不能简单地区分，研究积极心理学不光是要研究幸福的问题、幸福的神经机制、幸福的表现，还研究其他一些让人积极、快乐、愉悦的心理过程和心理现象。

张小琴：幸福可以作为积极心理学的目的吗？

彭凯平：也不能把幸福作为目的，积极心理学的终极目标是让人心理繁荣，这个很难用具体的话题来定义，但是它的意义感应该是超越幸福，它应该还有其他的表现。

心理学的发展早已超越弗洛伊德的学说

张小琴: 之前心理学的发展好像有一个阶段比较重视病态心理,这个依然是在继续发展吗?还是说它有被取代的趋势?

彭凯平: 积极心理学希望取代心理学里头消极、负面、病态、疾病为主的研究趋势和范式。我曾对心理学从 1876 年成立到 2008 年一百多年的时间里,所有的文章数目进行研究,发现一个 8∶1 的比例,即有八篇消极的文章才会产生一篇积极的文章,说明我们心理学确实有负面倾向为主的研究范式。弗洛伊德是这个负面倾向的典型,他通过病人的研究得出一些心理学的结论,虽然有一些伟大的发现,但是把这个结论再引用到所有正常人身上,给人一个感觉,大家都有病,成功人士更是有病,天才都是疯狂的结果,这个影响了人类一百多年。

1954 年,人本主义的心理学家亚伯拉罕·马斯洛[1]第一次提出负面倾向性对心理学的伤害,他觉得应该研究正常的人、积极的人,他把新的学科叫作积极心理学。所以积极心理学其实是人本主义思想的体现,也代表了心理学家的一个反省,再逐渐地影响到其他领域。现在弗洛伊德的影响在精神分析领域还存在,但在临床心理学领域已经越来越少。**心理学越来越强调科学、理性、积极,这是一个世界趋势。**

清华心理学系任重道远

张小琴: 清华大学的心理学系在历史上曾经代表了中国心理学界的一个高

---

[1] 亚伯拉罕·马斯洛(Abraham Maslow,1908—1970):美国社会心理学家、比较心理学家,人本主义心理学(Humanistic Psychology)的主要创建者之一。代表作品有《动机和人格》《存在心理学探索》《人性能达到的境界》等。

峰，您回到清华之后，复建心理学系有继承和接续传统的愿望吗？

彭凯平： 有非常强烈的薪火相承的愿望。我在北京大学留校工作之后，分配的第一个指导老师是周先庚老先生。周老是清华大学心理学系 1952 年解散时的系主任，他有一个很大的心愿，就是希望清华恢复心理学系。他的儿子周广业老师听说我回国复建清华心理学系特别激动，在我们心目中，这是薪火相传。

张小琴： 现在的清华心理学系在中国和世界上是什么地位？

彭凯平： 清华的心理学以科技心理学和积极心理学作为它的特色，在国际上很领先。根据最近 QS 的世界心理学排名，我们在中国能排在第三位。但是我觉得排名都是相对的，我们毕竟成立不久，未来清华心理学系要靠我们的学生来定位，如果他们做得很成功，我们一定会成为大家心目中优秀的心理学系。

张小琴： 您自己认为您的工作可以告慰周先庚老先生吗？

彭凯平： 我自己认为是可以告慰的。

（本文根据 2017 年 5 月 17 日在清华大学幸福科技实验室对彭凯平教授的访谈内容整理而成。）

李稻葵

中国经济：新时代
新思维

李稻葵

清华大学经济管理学院弗里曼讲席教授(Mansfield Freeman Chair Professor)，清华大学经济管理学院中国与世界经济研究中心 (CCWE) 主任，第十三届全国政协常务委员、经济委员会委员。曾任中国人民银行货币政策委员会委员，第十一届和第十二届全国政协委员。2010 年 CCTV "中国经济年度人物"。1985 年作为清华大学经济管理学院首届本科毕业生获学士学位，1992 年获得哈佛大学经济学博士学位。主要研究领域为：发展经济学、公司金融、国际经济学、中国经济。长期从事中国宏观经济运行、经济发展模式及制度变迁研究，在财政、金融、公共住房建设等方面提供了重要决策参考。

负责的学术研究项目包括：教育部社会科学司的中国高校哲学社会科学发展报告子课题——"经济学"部分；清华大学文科建设处的"清华大学中国与世界经济"；清华大学科研院的"中国经济与大国发展战略研究""清华大学中国与世界经济论坛（系列）"；国家自然科学基金委的"加入 WTO 后的经济发展战略：跨国经济计量比较研究"等。目前正在从事的项目为"人民币国际化道路研究"。

各位同学、各位老师、各位来宾，大家晚上好！

这张照片是经管学院校史纪念馆里必须要有的，是经管第一届本科生即1980年班的合影。照相我从来都喜欢站在最边上，所以编辑人员经常把我那边给切掉，因为实在是不好看，右侧最边上就是我。

我特别感激清华，我的人生是被清华改变的。37年前我是跌跌撞撞进的清华，再考一遍肯定进不来了，清华现在的名气比37年前可大多了。我读高中时，四川是人口最多的省，有一亿人，我们那个专业一共招两人，我们同一所高中就有一个分数比我高的同学报了同一个专业，清华肯定先录取他，顶多就留下一个名额给我。我到现在有时候还做噩梦，我觉得清华怎么会录取我？！当年入校以后，为了了解大家的数学水平，举行了一个数学摸底考试，我特忐忑，是不是清华要把一些考试不太好的同学给踢出去啊？我很怕会被踢出去。所以我非常感激清华，当时读清华的时候照相站在边上，从来没想到能够来新清华学堂跟大家交流。反过来想，我觉得清华当时录取我恐怕也不亏，为什么不亏呢？没让老师们操心啊，也不用什么重点培养，没占用学校的宝贵资源。

今天跟大家交流的这个话题大家可能比较关注，就是新时代的中国经济有什么特点、有什么挑战、需要怎样的新思维，这是我们十九大刚刚闭幕之后大家特别关心的一个重大话题。

中国经济新时代三大特点

中国已经进入到中国特色社会主义建设的新时代，这个新时代我总结了三个比较有意思的新特点。

 1. 超大规模的实体经济

1）产品量巨大

第一个特点看这张图，这么多共享单车几乎是一夜之间蹦出来，它反映了中国人生产自行车的能力是很强的，甚至过剩。事实上咱们国家自行车的生产量在全球至少占了一半，而且生产能力还用不完，**所以中国经济的第一大特点，我总结是：超大规模的实体经济。**

实体经济已全球领先

中美日国内生产总值变化（刨除服务业）　　单位：万亿美元（现值）

这张图画的是中国、美国、日本这三个经济体，刨除服务业，包括刨除金融业、律师服务业等之后，非常实在的、看得见、摸得着的实体产品的产量。最高点的线是中国经济，实体经济规模 5.5 万亿，远远超过美国。2001 年，21世纪初时，美国的实体经济是咱们的 3.7 倍，日本的实体经济比咱们还高一点。但现在，咱们实体经济的规模是美国的 1.3 倍，不是多一点儿，而是比它多了30%；而日本整个经济的规模，自从 2010 年被中国超过之后，现在只剩下不到中国的一半。这是非常值得我们关注的一点。事实上与"一带一路"类似的想法，美国当年的国务卿希拉里早就提出来了，比咱们习主席还早几年提出。但是，假如美国人搞一个新丝绸之路，他怎么玩呢？肯定给不出产品，给不出水泥、钢铁，他们也肯定不到哈萨克斯坦修铁路，他们也许会说："我给你点钱，你拿我们的钱买哈佛大学的咨询吧！"他的实体产品产量远远低于中国。

2）储蓄过剩带来管理挑战

第二个特点，咱们的储蓄非常多。

我们经济管理学院团队花了 13 年时间，研究了北宋、明朝、清朝的经济结构、经济规模，发现从北宋到明朝、到清朝，增长速度每年也就是 0.3% 左右，当时储蓄好的年份是 3%，经常是负储蓄，为什么？打仗了，遇上灾年了，为了保命得把耕牛杀掉吃，那就是负储蓄。而今天中国经济储蓄非常多，储蓄非常重要，它是经济增长之源。

日本人当年怎么崛起的，1868 年才开始搞明治维新，1894 年就开始和中国打仗了，1895 年签署《马关条约》，割走了台湾。当时我们《马关条约》赔给日本的银两，相当于日本年财政收入的 6.8 倍，的确对日本当年的工业化起到了极大的作用。日本经济学家仔细分析，他们得出的结论是，当年日本经济快速增长，很大程度上得益于对外扩张。

但中国不是这个情况，中国靠的是储蓄。谁在储蓄？相当一部分是老百姓。

这张图上是江苏的一个公交车司机，收入不算高，公交车司机也不可能去贪腐。但人家有宝马梦，有了钱不吃、不喝、不去卡拉 OK、不去网购，就是攒了存银行，然后买了宝马车。整个买宝马车的过程就是一个储蓄过程。中国的储蓄一大部分是百姓辛辛苦苦攒出来的，我们没有对外扩张，我们并没有抢别人的东西，不像当年的日本。

另外股民朋友也是中国储蓄的重要贡献者。从 21 世纪初到现在，股市高高低低，这 17 年，平均每年 3% 左右的回报率，不算高。为什么股市起不来呢？原因非常多，其中一个不可忽视的原因是，上市公司挣了钱不分红，我们的分红率在全世界几乎是最低的。上市公司事实上挣了很多钱，用行话说是企业未分配利润。还有其他没上市的公司，它挣了钱不分配利润，也是中国经济的重大储蓄来源。这称为企业储蓄。事实上企业储蓄的比重比百姓的储蓄还多一点，中国整个国民储蓄的一半以上是企业储蓄。

我们不仅储蓄高，而且这个储蓄在国内还没有用完。尽管现在中国经济的固定资产投资的比率非常高，增长速度一般都超过整个 GDP 的增长速度，比如 2016 年，经济增长速度不算快，但是我们的固定资产增长速度也超过 8%。尽管很多人批判中国经济投资过度了，但还是没有用完我们的储蓄。怎么办呢？资金出国了，一部分借给我们的"穷兄弟们"，比如我们去埃塞俄比亚修铁路，并暂时获得它的经营权，这资金也是来源于整个中国人民的储蓄，是对外的、未来的现金流的索取权。

此外，中国的百姓，一年 1.2 亿人次出国旅游，接近咱们人口的 1/11。中国百姓有相当一部分出国去买房子，这个本质上也是中国储蓄的外流。

储蓄在经济学里有一个简单的统计方法。过剩的储蓄通过什么形式消化？一定是我们自己的产品老百姓不愿意消费了，出国去卖了。所以每年我们都有大量账户的顺差，这基本上可以理解为贸易顺差。比如说美国人买我们的外贸产品，我们并不是白给，通过交易我们获得了美元。这个美元就是我们对美国人的房子、企业、他的其他金融产品的未来索取权。**所以我们过去十几年都在不断累积对美国的、对其他国家的索取权，这个总额在过去这十七八年累计达到 2.8 万亿美元。2.8 万亿美元可以买两个澳大利亚的股票市场，英国的股市基本上可以买下来 85%，美国的纽交所股票能买 15%。人类历史上从未出现过这么庞大的经济体，这也是很大的挑战。**这笔钱，2.8 万亿美元之巨，对我们国家的经济决策者，不管是企业家还是政府而言，都是巨大的压力。如果管不好，如果投资失败了，就等于浪费了人家的血汗钱，那我想我们的后人一定会骂我们的，所以要正视这个挑战。

2. 要素相对成本的大逆转

新时代的第二个特点，是要素相对成本的大逆转。

1）劳动力价格上涨，但资本和资金相对充足

现在一些重要的电器生产商已经开始用无人车间，见不到人，全是机器。再比如现在方兴未艾的快递业，20年前送快递，一定是蹬着三轮车，现在是汽车、厢式火车，不比美国的UPS差。无人车间的使用说明中国的资本量现在大幅度上升了，每一个工人的背后跟着机器或者设备，跟着劳动力的工具大幅度上升了。

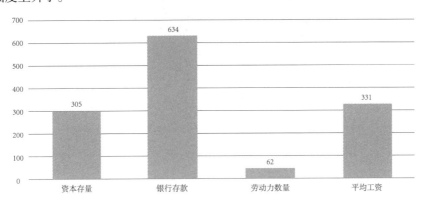

2001—2012年资本与劳动的增长率 (%)

中国经济过去十几年，劳动力几乎没有增长。但是，资本存量，即设备，是300%以上的增长。可以发放贷款的银行资金，即存款，涨得更快。当然现在国家管控金融风险，不许乱贷款，但是原则上这是可以用来贷款的量。如果算上贷款，那就是七倍以上的增长。这说明劳动力贵了，但资本已经不贵了，这就是中国经济新时代的一个重大特点，**我们已经不是一个资本和资金短缺的国家，相反我们是资金和资本相对充足的国家。**

同样的，土地价格在过去十几年翻了一番，土地价格上去了，资本的相对成本下降了。此外，环保的成本也上涨了。我小时候喜欢汽车，就喜欢闻汽油味，看到烟囱冒烟，觉得社会主义建设欣欣向荣。现在情况不同了，我们更需要蓝天、白云，所以环保的标准上去了，大量高污染的工厂要被关闭。

2）获得技术已经不难，资本不再短缺

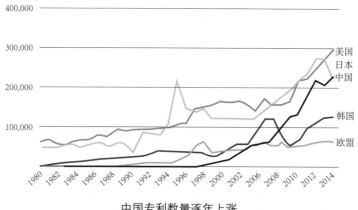

中国专利数量逐年上涨

还有什么有意思的变化呢？现在京东已经在试验用无人机送货，这个简单的例子说明中国经济的技术获得能力已经很强，技术不再那么昂贵。这张图反映的是中国现在的专利量，中国现在发明专利的量已经是世界第一。中国现在获得技术已经不难，资本也不再短缺，这给许多投资人带来了难题，以前拿着钱，一个技术买下后可以垄断若干年，现在资金不缺，相对而言技术成本也降低了，所以投资人的日子现在不好过。

 ### 3. 国民的需求高端化、多元化

中国经济目前的第三个特点是，进入新时代，国民的需求变得高端化、多元化。我们小时候都是像养猪似的被养大的，现在一个孩子得好几个大人加月嫂看着，高端需求明显多了。

高端需求在国内满足不了就出国去消费。美国有个"黑色星期五"，11月第三个星期四，过完感恩节，早上买东西，门一开，中国的旅游者排在第一个，争着往里冲，保安拿着对讲机喊："不得了了，注意安全啊！"这就是中国消费者的冲击，也是高端需求在国内没有被满足、留不住消费者的一个挑战。

挤满国外商店的中国游客

现在宝马汽车全球最大市场在中国，超过了美国的使用量，它们在中国市场上热卖的车型是中高端车型，而在美国反而是低端车型。这反映出中国的消费在升级，中国的消费已经占到了 GDP 的 47%，每年能够上升 0.7% 至 0.8%，这几年消费是拉动经济增长的力量。

怎么能够满足高端需求，从而让经济升级，而不是把它们推给国外？怎么能够让产业升级，把这些不断升级的需求留在国内，让中国经济不断成长？这是对我们中国的挑战。

中国经济新愿景：2020，2035 和 2050

中国经济的未来怎么样？十九大给我们描绘了一幅非常宏伟的、非常值得期待的蓝图，我们把它翻译成经济学的语言描绘一下。

1. 2020 年收入水平提高

1）人均收入达到一万美元

第一个节点，2020 年。经过我们清华团队最近的测算，按照 2016 年的美元计算，2020 年我们人均收入应该能够达到一万美元，非常接近世界银行所定义的高收入国家的门槛，即 1.2 万美元。

当然，全面建成小康社会，远不只收入水平这一项。2020 年按照购买力平价计算，我们的人均收入将会达到美国的 27% 至 30% 左右。人均一万美元是一个很有意思的坎，全球人口 70 亿左右，全球 GDP 约 70 万亿美元，所以平均每个人一万美元。因此到了 2020 年，我们中国人可以骄傲地说，我们没有拖全球经济发展平均水平的后腿，我们达到了平均水平之上。全球的发展是极其不平衡的，高收入国家的水平很高，但是有大量的地区，包括非洲的穷兄弟是很穷的，两极分化。所以 2020 年，当我们人均收入达到一万美元时，可以使全球不平衡的格局大大改善。

2）全面消灭贫困

2020 年绝对不只是收入水平提高，更重要的是全面消灭贫困，从过去非常贫瘠的农村，要转向现代化的比较富裕的新农村。2020 年还要解决老百姓的"看病难"等民生问题。

为了 2020，我们要努力。

 ## 2. 2035 年发展水平进入中大型国家 30 强

第二个节点，2035 年。2035 年，十九大描绘的蓝图是实现社会主义现代化，经济层面上而言，我们就跨入高收入国家的行列了，**发展水平进入中大型国家 30 强，而且人均 GDP 将达到美国的 50%**。这个意义很重大，按一般的发展规律，只要人均 GDP 到了美国的 50%，经济就比较稳定，而且我们人口是美国的四倍，所以经济总量就将是美国的两倍以上。

到 2035 年，我们的人均收入水平将跟西班牙差不多。老百姓收入水平高了，心态也变了，不那么着急了。所以 2035 年，国家提出现代化，绝对不仅仅是一个经济水平的提升，还有民主、法治、社会的文明程度以及百姓的心态，都要跟上，这非常值得我们期待。

 ### 3. 2050 年发展水平进入中大型国家 20 强

第三个节点，2050 年。**2050 年，发展水平进入中大型国家 20 强，人均收入和法国差不多。人均 GDP 应该至少达到美国的 70%，GDP 总量是美国的 2.8 倍，这是一个很大的发展前景。**当然 2050 的发展绝对不仅仅是经济发展水平，更重要的是社会不断进步，我们的法治、民主、文明建设得更加美丽。

2050：目标并非遥不可及 [1]

人均收入水平	未来 33 年需要的平均增速（%）
"高收入国家" 1/3 分位数（意大利、西班牙）	3.40
"高收入国家" 中位数（日本、法国）	4.10
"高收入国家" 2/3 分位数（比利时、德国）	4.60

2020、2035、2050，这些美好愿景的算法，会不会太乐观了？其实这个算法我是非常保守的。比如达到前面所说的那几个标准，只要我们在前面的 13 年按照 5.5% 去增长；然后接下来的 10 年按 4% 增长——4% 是最近金融危机爆发后韩国的发展速度，不算很高；然后再接下来最后那 10 年按 3% 增长——3% 不算什么，美国也有几年增长速度达到 3%；按 5.5%、4%、3% 这个标准区间发展，不用着急，一定能够达到这几个让我们非常期待的发展愿景。

---

[1]　数据来源：WDI 数据库，PWT 数据库，CCWE 测算。

中国经济新时代六大挑战

习总书记讲得非常好，非常重要，实现中华民族伟大复兴的中国梦绝对不是敲锣打鼓、轻轻松松就能够实现的，一定要做出艰苦付出的思想准备。哪些地方需要我们艰苦付出呢？我们未来的挑战是什么呢？我们新经济的发展需要一些新思维，有几个方面可能是需要特别关注的。

 1. 金融危机坚决不能有

1）避免拉美、东南亚式的国际收支危机

最重要的一点，金融危机坚决不能有。

国际经验告诉我们，一旦发生金融危机，经济发展可能倒退十几年。当时的韩国，金融危机爆发后砸锅卖铁，老百姓金戒指都卖了，非常牛的韩国第一国民银行也卖给了美国的私募股权公司。所以金融危机一来，整个金融体系会伤元气，好的企业也得不到融资。当年泰国也是这个情况，金融危机来了，泰国货币大幅度贬值，好的公司得不到融资。

金融危机到底会以什么形式在这些国家出现呢？有两种形式：一种形式是自己没钱，借了很多钱。别人忽悠："你经济发展情况不错，我利率很低，借给你吧。"拉丁美洲国家、当年的东南亚国家包括韩国都是这个情况，别人忽悠它们，借钱给它们。但是，之后债主们突然就变脸了："你的经济好像不太靠谱，你的企业好像竞争力量不太行，你的政治制度没搞好，我不跟你续约了。"甚至说："你把钱提前还给我吧！"拉丁美洲反反复复的金融危机就是这么产生的，这种我们称之为国际收支的危机。中国出现这种危机的可能性不太大，中国是储蓄大国，我们从外面借钱是非常谨慎的。发改委有一个外资利用和境外投资司，地方政府和企业借的每一笔大额外债都是它审批，这样的严格

管理确实有一定的必要性。

2）必须提防 2008 年美国式金融危机

但是我们必须提防第二类金融危机。第二类金融危机有点像 2008 年美国式的金融危机——金融体系自己没搞好，金融体系过分贷款、过分投资，于是产生了一大堆不值钱的金融资产。短期内你买我的、我买你的，自娱自乐，觉得还不错，突然一天金融危机就来了，大家觉得金融资产不靠谱，都去抛售。这一抛售资产价格下降，很多借了钱买资产的公司破产，一破产金融体系就开始缩水，金融体系一缩水，实体经济就跟着倒霉。

举一个例子，美国发生金融危机时，2008 年 9 月份，做实体经济而且本身经营很稳健的美国福特汽车厂发不出工资了，每次发工资手里没现金，因为 4S 店的汽车钱还没有到，必须去市场上发票据。金融市场出问题，票据发不出来，结果工资也发不出来了。当时很多人怀疑福特汽车厂也会倒闭。

金融危机的第二种情况是，金融体制出了问题，贷款不利，投资决策不利，金融从业者过分激动，自娱自乐，突然一下子泡沫就破灭了。很有意思，金融危机一般发生在秋天，1987 年 10 月 19 日，美国股市星期一跌了 22%，这次是 2008 年 9 月 15 日，雷曼兄弟破产。1998 年 9 月，美国长期资本管理公司破产，也是在秋天。它们当时认为美国国债收益率与东亚国家相比会下降，但是赌错了。有两位诺贝尔奖获得者也参赌，也都赌错了。

金融危机千万要不得，我们必须警钟长鸣，加强监管。我们国家对这个问题非常清醒，**十九大报告里面专门强调，一定要严防系统性的、区域性的金融风险。2017 年 7 月份召开的全国金融工作会议，关键词就是"稳定"，不能发生风险，这是底线，坚决不能突破。**日本的问题也是在此，20 世纪 90 年代末，资产泡沫破裂以后，到今天都没有翻过身来。

3）中国目前的主要金融风险是流动性太大

中国目前的主要金融风险是流动性太大，大量的金融资产以流动性很强

的存款和现金的形式存在，约合 23 万亿美元，而我们央行手里只有 3 万亿美元的外汇储备。按照现在的换汇制度，只要有 5% 的中国人不相信中国的金融体系，准备要出国，我们的金融就会出现问题。所以未来的 10 年、20 年，我们资金跨境的流动恐怕都需要管理，绝对不能听一些所谓的国外主流学者、经济学家的忽悠，这条线是不能碰的。如果我们把这些银行存款和现金逐步转换成老百姓持有的公司债和国债、地方债，使流动性下降，那会稍微好一点。

 2. 大国发展思路解决发展不平衡问题

第二件事情，要解决发展不平衡的问题。发展不平衡有很多表现，包括医疗、教育、公共服务等，它们和经济发展不配套。

就经济层面来讲，我们现在表现为区域发展不平衡。北京有像央视大楼这样的现代化建筑，但这些现代化的建筑被包围在雾霾之中，300 千米之外唐山的钢厂冒着烟在生产钢铁，全国 23% 的焦炭生产分布在北京方圆 500 千米范围之内，雾霾问题没有才怪！这是一种发展不平衡的表现，其解决方案必须是京津冀一体化。

夜晚灯光：安徽与江苏

这张夜晚灯光图反映了江苏和安徽用电量的差异。这两个省紧挨着，但发展情况完全不一样。江苏省是全国人均 GDP 最高的省份之一，人均 GDP 是安徽省的两倍以上；安徽省人均 GDP 全国倒数第六，这就是中国经济，不平衡。

怎么能够平衡起来呢？不要害怕这个现象，不平衡恰恰是增长的潜力，就是要让那些短期内还没有发展起来的地区发展起来。事实上安徽省正在崛起，两年前李克强总理把德国的总理默克尔请到了自己的老家安徽省，举行了两国总理的会谈，就是要给德国的领导人看一看安徽省蓬勃发展的局面。现在安徽增长速度确实是非常快，这就是我们大国发展的潜力。归根结底怎么弥补发展不平衡？经济层面上讲，资源，尤其是生产力要素，要流动起来：或者资金带着技术从江苏流到安徽，或者是人口从安徽逐步挪到江苏。我们作为大国，不像当年的韩国、日本，它们的起飞完全靠出口，我们大国就有这个流动的优势。所以发展不平衡的地方既是挑战也是增长点。

3. 提高劳动力素质

第三个挑战可能更加长远，即劳动力素质问题。现在北京快递员的平均月收入大概比清华大学本科毕业生包括金融系毕业生的起薪多一倍。但是我也挺担心他们的，他们是最应该有忧患意识的群体。因为未来社会的竞争主要是劳动力跟劳动力的竞争，同样的装配线、同样的流程，中国的劳动力能不能干得比意大利强，能不能够让工厂的生产能力留在中国，而不是去意大利或者匈牙利，这是关键。说到底，劳动力要提高生产效率，工作能力要提高，单位时间效率要上去，你不能说周末不休息了只加班，那种模式不可持续。效率上不去，还是拼不过人家，德国人从来不加班，但他们生产的汽车在全世界受欢迎，尽管成本高，但是质量好。所以未来中国要实现 2035、2050 的愿景，劳动力的技能一定要提高，一定要对标世界发达国家的水平，仅仅对标东南亚、对标印度是不行的，它们已经落在我们后面了。未来，快递小哥、在工厂里打工的这部分人能不能够操纵机器，能不能够适应未来的柔性化生产，这是关键。

　　未来还有一个竞争，就是人跟机器的竞争，会不会出现一个"科技陷阱"呢？快递小哥们以后会不会被自动送快递的机器和车取代了呢？十年内恐怕很多快递工作就被机器取代了，届时上百万的快递小哥怎么就业呢？一定是教育、教育、再教育。不能说给快递小哥一点钱，就能够让他过好日子，给钱、给补助是不行的，人不工作、不参与社会的活动，他再有钱也不舒服。所以一定要提升劳动力的素质，适应未来需要。

　　另一个前景就是提升未来的人跟人之间的服务能力。我不相信人工智能能够代替养老院的护士照顾老人：护士得跟老人交流，她得会背唐诗宋词，得会讲点国外的事，她还得负责对老人进行心理安抚。未来心理咨询师会是重要的行业，这也是人工智能取代不了的。这就是人跟机器的竞争。今天我们高等教育的毛入学率是 42.7%，至少数量上是很高了，质量也不差。清华大学的工科，连续很多年都被美国人排到第一，超过 MIT。我们清华培养的工程师，毕业就可以干活，工资还远远比美国人的低。

　　但是我们现在短板在哪里？在高中阶段的教育。现在初中毕业的一大批劳动者，包括快递小哥，收入很高，大量的学生初中毕业赶紧去就业，没有耐心读高中。他们还没有意识到自己的饭碗很快将被机器替代，还没有意识到必须转变工作方式，所以政府要做点对应的政策，要求他们在学校里多学几年，多学点软的技能，包括心理学、历史、外语等内容，这才能够适应未来中国社会发展的需求。在这个问题上也需要政府与市场同向使劲，比如说政府增加教育投入，在未来几年内迅速普及高中阶段教育，同时政府也必须给相关的家庭提供经济激励，让这些家庭和孩子有经济动力去读书，而不是在初中毕业后就进入工资日益高涨的打工大军。企业也必须有激励手段，多雇佣短期来看工作能力并没有迅速提高的高中毕业生，而不是简单的年轻的初中毕业生。

4. 合理应对老龄化

第四个挑战是如何应对老龄化。人口老龄化，这是中国特色，根据联合国 2015 年的预测，2050 年中国 65 岁以上的人口将达到 3.6 亿，约占人口的 25%。这是一个重大课题，一定要通过制度创新、政策创新来解决。最好的前景是，有工作能力还可以继续工作几年，现在我们这批"60 后"总的来讲比我们父母那一辈身体健康一点，到我们 60 多岁了还愿意工作，就别强迫我们退休，愿意干就干，这是第一种最好的情况。不愿意干，高高兴兴的也行，别给家庭和社会带来负担，可以跳广场舞去，建议专门设置老年活动区，给老年人娱乐用，这是第二种机制设计。

根据北京大学健康老龄与发展研究中心的预测，到了 2050 年有接近 1/4 的家庭只有一个人。一个人生活，如果身体健康还好办，最怕的是健康出问题，长期住院，给社会、给家庭带来包袱，所以一定要健康。清华大学高度重视体育，这很好，但体育好不等于健康。人生应该搞好三件事：第一，智商要高；第二，情商要高；第三，"健商"要高，要懂得怎么管理自己的健康。管理好自己的健康其实不容易，仅早睡早起这一件事，很多人道理都懂，但就是做不到，所以"健商"很重要。

 ## 5. 新型开放发展战略

第五个挑战来自新型开放发展战略。中国经济储蓄高，所以必然要走出去投资。投资的学问很大，不仅不能浪费我们老百姓的血汗钱，要获得好的回报，而且要对世界做出新贡献。"一带一路"的目的就是用好我们的剩余储蓄，支持周边沿线还没有发展起来的兄弟国家搞建设，让它们跟中国经济一起往上走。所以 2035、2050 不仅仅是"中国梦"，恐怕也是一个"世界梦"，这是非常重要的。

海外投资不能仅仅把储蓄配置在美国资产上，不能像当年日本一样，匆匆忙忙一窝蜂出国购置资产，那样一定会吃亏的。安邦曾斥资 19.5 亿美金购买华尔道夫酒店，有一次我问华尔道夫曾经的老板："你坦率告诉我，你有没有多赚中国人的钱？"他说："我确实多要钱了，如果不多要钱对不起我的股东啊！"多要了多少钱呢？大概是未来四五年他们赚不到的钱。总之中方多付钱了。**所以走出去投资一定要谨慎，一定不能钱多、人傻，不能被世界笑话。**进行商业谈判的时候，有时候多给人家钱，别人反而会瞧不起你，会认为你傻，认为你不精明。

 6. 从中国故事到中国理论

如何从中国故事上升到中国理论是我们的第六个挑战，这是我特别要强调的一点。

中国发展起来了，世界不理解，觉得中国人耍赖了、中国人占了西方人的便宜，特朗普甚至说："你们是非公平贸易。"面对这种情况，需要讲中国故事。**但仅有中国故事还不够，还要有中国理论，理论上不去，理论讲不圆，在国际上、在政策发展问题上永远要吃亏。**

1）欧洲经济学发展：从亚当·斯密到凯恩斯

西方这方面的成功案例值得我们借鉴。英国人 1775 年开始搞工业革命，同一年苏格兰人亚当·斯密① 出版了《国富论》，这本书被认为是经济学的《圣经》。《国富论》的基本思想是：自由市场经济是自我平衡的，只要你搞自由市场经济，人人都受益，因为自由市场经济劳动分工可以很细，每个人都发挥效率。亚当·斯密不仅创造了理论，还创造了一种思想，影响了许许多多的人。所以大家都觉得英国工业革命是世界的福音。

---

① 亚当·斯密（Adam Smith，1723—1790）：经济学的主要创立者，被后人尊称为"现代经济学之父"和"自由企业的守护神"。代表作有《国富论》《道德情操论》等。

他的继任者，大卫·李嘉图①，犹太人，炒股开始发财，后来进入英国国会，之后到英国大学当教授，也为当时英国的经济摇旗呐喊，说自由贸易最好，自由贸易人人都受益，自由贸易的各国都能发挥比较优势。英国当时是全球最大的自由贸易国家，其经济发展在学者那里找到了理论的、思想层面的根据。

卡尔·马克思②，德国人，其父母是犹太人后来皈依了基督教新教。马克思撰写《资本论》，研究当时兴起的英国资本主义市场生产方式。他在英国大英博物馆奋斗了几十年，他的结论有非常鲜明的斗争性、实践性，充满了哲学的思考。他说，资本主义制度是暂时的，不是永恒的，不论是亚当·斯密，还是李嘉图，他们认为的那个制度都不会永远存在下去，因为资本主义制度有它潜在的本质性的矛盾。马克思的理论给当时的工人运动提供了思想指导，它是一种哲学的思考，指导了这么多年各个国家工人运动和科学社会主义的发展、思想和理论。

约翰·梅纳德·凯恩斯③，英国人，看到了自由市场经济本身的冲突、矛盾。1933年经济大萧条，工人大规模失业，有人想买东西，但是工厂又不能开工，这是一个巨大的矛盾。凯恩斯作为那个时代顶尖的经济学家，提出政府必须干预，政府发债券，在地上雇工人挖个坑都可以，只要你挖坑把工人雇了，工人就有钱了，这样市场就可以运转起来。他的思想在哲学层面上实际上是继承了马克思。"一战"结束时，凯恩斯作为当时最伟大的经济学思想者，倡导英

---

① 大卫·李嘉图（David Ricardo，1772—1823）：英国古典政治经济学的主要代表之一，古典经济学理论的完成者。主要代表作是1817年完成的《政治经济学及赋税原理》。
② 卡尔·马克思（Karl Heinrich Marx，1818—1883）：德国伟大的思想家、政治家、哲学家、经济学家、革命家和社会学家，被称为全世界无产阶级和劳动人民的伟大导师、无产阶级的精神领袖、国际共产主义运动的先驱。代表作有《资本论》《共产党宣言》等。
③ 约翰·梅纳德·凯恩斯（John Maynard Keynes，1883—1946）：英国经济学家，现代经济学最有影响的经济学家之一。他创立的宏观经济学与弗洛伊德所创的精神分析法和爱因斯坦发现的相对论并称为20世纪人类知识界的三大革命。代表作有《就业、利息与货币通论》《论货币改革》《货币论》等。

国跟法国应该给战败国德国留生路，可惜决策者没有听凯恩斯的。英国、法国拼命挤压德国，把德国推向了极权主义独裁的死路。"二战"结束前夕1944年，凯恩斯带领英国的团队应邀到美国去构想1945年战后世界的经济大格局，"凯恩斯计划"[1]讲得非常好。但是可惜，英国当时已经是明日黄花，美国是世界霸主，堂堂的凯恩斯，说不过美国当时的财政部长助理亨利·怀特（Henry White），"怀特计划"[2]最后被采纳。所以实力跟理论必须匹配。

2）美国经济学走势：技术很强大，但缺乏重大的原创思想

美国经济学的走势也非常有意思。美国建国200多年来，绝大部分时间是搞贸易保护的。美国内战的结果是，搞贸易保护的北方战胜了支持自由贸易的南方，是完全背离亚当·斯密、大卫·李嘉图的基本原则的。美国从内战结束以后一直到"二战"结束，这段时间没有出经济学的大家，也没有出思想家为自己辩护。美国是大陆经济，搞贸易保护、不搞自由贸易说得过去，但是美国一直没有自己的思想家站出来为自己辩护，直到"二战"结束才改变局面。"二战"结束后，美国要主导国际秩序，蹦出来一位米尔顿·弗里德曼[3]，芝加哥大学自由经济的领军人物，继承了维也纳学派[4]。他是一个很好的传播者，作

----

① 凯恩斯计划即"国际清算同盟计划"，由英国经济学家约翰·梅纳德·凯恩斯于1944年在联合国货币金融会议上提出。其目的在于维持和延续英镑的国际地位，削弱美元的影响力，并与美国分享国际金融领导权。

② 怀特计划是1940年由美国的财政部部长助理亨利·怀特制定出来的管理未来国际金融的方案。其中已经包括了建立国际稳定基金和世界银行的问题。该计划希望构建以美元为中心的资本主义世界货币体系，反映了美国建立世界霸权的企图。

③ 米尔顿·弗里德曼（Milton Friedman，1912—2012）：美国当代经济学家、芝加哥大学教授、1976年诺贝尔经济学奖获得者。代表作有《资本主义自由》《美国货币历史》等。

④ 维也纳学派是近代边际效用学派中最主要的一个学派。它产生于19世纪70年代，流行于19世纪末20世纪初。因其创始人门格尔和继承者维塞尔、庞巴维克都是奥地利人，都是维也纳大学教授，都用边际效用的个人消费心理来建立其理论体系，所以也被称为奥地利经济学派或心理学派。

为犹太人非常会辩论，非常会利用电视媒体的传播渠道在美国到处宣传自由市场经济，这符合当时美国所主导的自由市场经济的精神。他算是成功的，但是思想上继承了维也纳学派，应该说不能算原创。

"二战"之后，哈佛大学当时最有名、最有影响的阿尔文·汉森① 教授，把凯恩斯主义引入到了美国。美国这么强大的经济体还要到英国去学凯恩斯主义，可见当时他们的经济学思想还是落后的。他的学生保罗·萨缪尔森②，犹太教授，奠定了现在很多经济学的基础，技术层面非常强大，建立了现在整个经济学的技术体系。但哈佛大学当时有一个规矩，不能雇佣犹太人，于是他跑到麻省理工学院，离哈佛大学坐地铁有两站远，在那里创办了麻省理工学院经济系。但是严格意义上来讲，萨缪尔森是一个技术上的先驱者、完美者，并不是思想的领先者，他把凯恩斯主义跟自由市场经济混在一起，称为古典综合。萨缪尔森的侄子劳伦斯·萨默斯③，清华大学的荣誉教授、哈佛大学前任校长、美国财政部前任部长，以前为自由贸易摇旗呐喊，最近一段时间开始转向，说自由贸易对美国不一定是好事。

这就是美国经济学的走势，一步一步地发展。总体而言，称得上成功，**美国搞经济学的人多，技术完善，非常强大。但是坦率地讲，思想层面有点弱，重大思想都是来自欧洲的亚当·斯密、大卫·李嘉图、卡尔·马克思，还有后**

---

① 阿尔文·汉森 (Alvin Hansen,1887—1975)：著名凯恩斯主义经济学家，美国最早的凯恩斯主义者、新古典综合派的奠基人。代表作有《凯恩斯学说指南》《货币理论与财政政策》《美国经济》等。
② 保罗·萨缪尔森（Paul A.Samuelson，1915—2009）：第一位获得诺贝尔经济学奖的美国经济学家(1970年)，其经典著作《经济学》以40多种语言在全球销售超过400万册，是全世界最畅销的经济学教科书。
③ 劳伦斯·萨默斯（Lawrence Summers，1954—）：美国著名经济学家，美国国家经济委员会主任。在克林顿时期担任第71任美国财政部部长，曾任哈佛大学校长。因为研究宏观经济的成就而获得约翰·贝茨·克拉克奖。

来的约瑟夫·熊彼特 ①。

3）日本经济学的悲情故事：没有学到西方的精髓，缺乏创新

最悲情的故事发生在日本。日本的经济衰退为什么持续了将近 30 年？我愿意分享一个观点，也许有争议——经济学没搞好。日本人非常勤奋，技术上精益求精，做一个汽车、做一个产品，几十年如一日。但是日本人的缺点是什么呢？**思想层面，没有学到西方的精髓，没有创新。所以这么多年日本的财政部、日本的央行找不出几个能够跟美国人辩论、在理论上能够讲得圆的高级学者或者是官员。**当年我在哈佛读博士的时候，班里好几位日本同学，我发现读了两年，好不容易考完资格考试了，第三年就不见了。我就问下一届的日本学生怎么回事，他说这些人回去是为了保住工作位置。原来日本财政部规定，如果离开日本超过两年的话，在财政部的职位就会被取消，所以日本财政部里面的博士非常少。因此日本这么多年一碰到汇率问题、货币政策问题、具体的体制问题，就讲不清楚。

举一个非常具体的例子，1998 年亚洲金融危机最倒霉的是日本，日本借了很多钱给东南亚国家，日本非常希望东南亚国家能够缓一口气，能够把这个钱还回来，但是日本人坚决不敢跟美国人讨价还价。国际货币基金组织钱不够，日本人建议由他们掏钱搞一个亚洲货币基金，来营救亚洲国家，希望把这些国家扶起来之后能还钱给日本，就像美国人扶持墨西哥一样。美国人说，坚决不行，一定要按照国际货币基金组织的要求统一步伐行动，日本人什么都不敢说，就这样放弃了原来的想法。

4）我们有责任把中国故事在理论上讲清楚

所以中国的同人们，年轻的朋友们，清华大学的同学们、老师们，我们

---

① 约瑟夫·熊彼特（Joseph Schumpeter，1883—1950）：美籍奥地利政治经济学家，被誉为"创新理论"的鼻祖。代表作有《经济发展理论》《资本主义、社会主义与民主》《经济分析史》等。

责任重大。中国未来的发展，在 2035、2050 不仅要解决具体问题，而且要把中国的理论讲出来。为什么我们要这么做？为什么我们要市场跟政府同时使劲？过去我们成功的经验是什么？未来我们为什么要坚持这些经验？为什么今天美国会出问题？为什么欧洲会出问题？要把这些在理论上讲清楚，讲不清楚一定会吃亏，一定会出问题，这是我们的责任。所以第六个挑战，就是要把中国故事在理论上讲清楚。

中国的经济学，乃至整个社会科学，走过了漫长的道路。

严复[①]先生，福建人，北京大学前校长，1902 年翻译《国富论》，是中国第一个翻译《国富论》的人，100 多年前能翻译这样的著作，非常不简单。

王亚南[②]先生，湖北人，厦门大学前校长，王亚南先生基本上没有去过其他国家，是自学成才，翻译了《资本论》。

孙冶方[③]先生，江苏无锡人，社科院经济所所长，在苏联留学学的《资本论》，回来倡导要运用价值规律、运用市场规律，要发展经济。

潘光旦[④]先生，清华大学的骄傲，开辟了中国现代的社会学。

[①] 严复（1854—1921）：近代著名翻译家、教育家、新法家代表人，清末极具影响的资产阶级启蒙思想家、翻译家和教育家。首倡"信、达、雅"的译文标准，代表译作有亚当·斯密的《国富论》、孟德斯鸠的《法意》、赫胥黎的《天演论》等。
[②] 王亚南（1901—1969）：现代经济学家和教育家。在大学执教三十多年，积累了丰富的教学经验和办学经验，对教育有深刻的理解。代表作有《经济科学》《社会科学》《中国官僚政治研究》等。
[③] 孙冶方（1908—1983）：著名经济学家，代表作有《资本主义工业在中国》等。以其名字命名的孙冶方经济科学奖于 1985 年开始设立和评选，每两年评选、颁发一次，是迄今为止中国经济学界的最高奖项。
[④] 潘光旦（1899—1967）：我国老一代著名的社会学家、优生学家、民族学家和教育家。代表作有《优生概论》《家谱学》《中国之家庭问题》等。

陈岱孙[①] 老先生，福建人，清华大学毕业的校友，在威斯康星大学学的本科，又到哈佛大学学了经济学博士，之后分别在清华大学、北京大学长期任教。

陈达[②] 老先生，清华大学社会学系老教授，哥伦比亚大学回来的，中国人口学的奠基者。

很有意思，在这些前辈里南方人居多，这并不是说北方人学不好经济学，而是因为中国很多市场经济的发展是从南方开始的。

清华大学在历史上有光辉的过去，我们的初衷是办好中国的教育，将中国的现代科学，包括人文社会科学发扬光大。我们的使命也是推动中国社会科学，包括经济学理论的创新，这是我们的初心，这是我们清华大学的使命。所以同学们、老师们，2035、2050，伟大的、美好的宏图在我们面前，清华的学子，尤其是社会科学方面的学子，需要有使命感，必须在这些方面勇于创新，这才能够做出我们清华人的贡献。中国的经济学、中国的社会科学的发展，我们清华人责无旁贷，必须共同努力。

谢谢各位！

---

① 陈岱孙（1900—1997）：著名经济学家、教育家，在财政学、统计学、国际金融、经济学说史等方面都有极高的研究成就。代表作有《从古典经济学派到马克思——若干主要学说发展论略》等。
② 陈达（1892—1975）：社会学家，现代中国人口学的开拓者之一。长期从事人口问题和中国劳工问题的研究和教学，注重实际调查。代表作有《华侨——关于劳动条件的专门考察》（英文版）、《中国劳工问题》、《人口问题》等。

问答

 1. 政府适当的干预有必要，但计划无法完全取代市场竞争

观众： 请教李老师的问题是，马云最近提到了信息化经济，可能有别于现在西方的市场经济，这个方法论是不是能够帮助他提升到理论和学术的高度？

李稻葵： 马云说的新市场经济，他的意思我大概能够理解，那就是未来我们的经济发展需要市场机制和具有强大计划性的政府规划及干预，二者要有机地结合，这一点我完全同意。

事实上中国经济过去近 40 年的快速发展，如果你要问我基本的经验是什么，就是这一点。我们市场的发展是由政府这只手辅助来推动的，比如说宏观调控，如果仅仅是靠市场的办法，调利率、调贷款准备金率，太慢，很多时候要强制性地退出一部分企业。再比如说，金融稳定的工作，也不能简单地靠市场的办法，也必须要依赖一些必要的行政手段。从这个道理上讲我同意政府必要的干预。

但是我不太同意的一点是：未来很多活动可以计划出来，可以从计划中找到答案。马云先生是我们清华大学经济管理学院顾问委员会的委员，我们试想问一问，请他计划一下，阿里巴巴公司未来在哪些方面搞人工智能投资可以有投资收获呢？未来哪些业务可以交给人工智能呢？这些光靠计划是做不到的，何况要计划整个宏观经济呢？市场的好处是很多的主体互相竞争，投资决策正确了，就有回报；投资决策错了，竞争输了，就退出，这些都是战场上打出来的。就像我经常讲，规则是打出来的，而不是计划出来的，也不是谈判出来的。

2. 马克思理论可以用来分析美国经济，但不能生搬硬套

观众：请问李老师，像马克思理论，是不是可以用来分析美国现代经济社会现象？

李稻葵：马克思的这套逻辑应该说是一个哲学层面的思考，他和亚当·斯密、大卫·李嘉图和凯恩斯不在一个层面，他要高出很多。他的基本逻辑是，社会的生产要发展，生产关系必须要不断前进、升级。从这个道理上讲，马克思的理论，用于分析美国也是正确的。

但是，美国现在的市场经济情况已经和一百年前完全不一样了，金融业是它的一个主要行业，服务行业也是主要行业，高科技也是主要行业，这些行业如果完全靠自由市场的机制去运行的话，肯定出问题。2008 年金融危机就是一个最新的佐证。所以马克思的推论是说，必须要有一套新的生产关系，包括政府的干预或调控，或者是监控、监管，去解决市场经济自发的一些矛盾。从这个道理上讲，马克思主义的分析方法一点都没有过时。但是你很难用《资本论》里面某一个具体的结论，解决当前现代市场经济的某些问题，这是当年法国总统萨科齐犯的错误，搬出了《资本论》，试图要解决当年金融危机之后的法国问题，但恐怕解决不了。

 3. 要发展中国经济理论，使之被外国人所使用

观众：中国的经济稳健发展，但一些境外机构对中国经济良好的基本面视而不见，仍然缺乏信心。请问李老师，为什么素来很专业的境外机构在看待中国经济发展时会犯如此错误？这里面深层次的原因是什么？

李稻葵：这个问题提到我心里去了，为什么呢？这也是我经常遇到的一个挑战。中国经济规模已经很大了，所以现在华尔街投资者比在座的更关心中国经济。最近几年，跟他们交流，他们总是说，中国经济现在不行了，信贷水平太高、债务水平太高、投资效率下降、股市不行、呆账坏账太高……他们手里

有一本标准的工具册用来衡量中国经济，中国经济不符合这本工具册里的这个流程、那个标准，因此他们认为肯定有问题。怎么办？我花费很多时间跟他们解释，今年9月下旬，我到华尔街跟他们交流，讲了半天，有一个美国人说："嗯，你说得很热闹，我还是没太懂。"另外一个来自哥伦比亚的投资者，他也非常关心中国经济，他说："你说得很好，我相信你讲的。因为你每次讲完或者你们中国人每次讲完，后来发生的事，都说明你们是对的，但是你的这个道理我还是没太听明白。"为什么会出现这种情况？就是我谈到的，我们的经济理论没上去，我们没有一套成熟完善的经济理论，换而言之，我们还没有让外国人把他们手中的工具册换掉，衡量标准没改，我们说得再多，虽然当时他听明白了，事后他就忘了，之后他又会来提这个问题。所以**中国的学者，要努力的方向就是让全世界的这些投资者们，这些学经济学的人，换掉他们手中的工具册、衡量标准，换成有中国特色的、带中国内容的、更加宽泛的、更加符合实际的办法、规矩和流程，只有这样，中国经济理论的功夫才算做到家了。**光靠我和我的中国同行们，天天跑国外去跟他们交流，收效甚微，而且也不解决根本的问题。

（本文根据2017年11月2日李稻葵教授在"人文清华"讲坛的演讲《中国经济：新时代 新思维》整理而成。）

李稻葵专访：要把中国故事在经济理论上讲清楚

儿时经历与感悟：制度是打出来的

张小琴：李老师，您的成长经历好像一开始是辗转了很多个地方？

李稻葵：是的，我的成长经历有时代特征，我在城市出生，在农村长大。因为我的父母都是"文革"期间在农村接受再教育，所以我从小在农村学到了很多东西，然后再回到城市上高中、上大学。我在农村待过七年。那时从北京下放到湖南农村，反差极其大，最大的反差是行为方式。在北京的幼儿园，老师的教育是非常正规的，孩子们一般比较守规矩。到了农村就是森林法则，尤其到了小学，同学们之间有互相欺凌的现象，挨欺负了到班主任那儿评理，班主任会说："你怎么这么笨？连自己都不能保卫，你还来找我？"那时候就告诉我人类社会的一个基本法则：**规矩或者制度，是打出来的**。在国际社会说到底也是这么一个道理。

张小琴：后来也捍卫了自己的地位是吧？

李稻葵：必须这样。在湖南的时候一开始我老受欺负，打不赢别人，只能躲避。后来有一次下课之后，老师让我留下做清洁，我躲不了，别的小孩就趁机欺负我，我被迫反抗，打了其中的一个孩子。第二天我妈妈带着我去对方家里赔礼道歉，他家里是养牛的，那个牛的味道非常难闻，但是那个味道对我而言是属于胜利的味道，每次回忆都觉得记忆犹新，一辈子都不会忘记，我知道以后他们再也不敢欺负我了。

张小琴：这个打出来的规矩，您觉得在以后也都适用？

李稻葵：当然是这样。这个打是实力比拼，商业也讲实力比拼，举个例子，如果中国移动手中没有这几亿的用户，它怎么建立国际标准呢？现在有了好几亿用户，中国移动说要设立一个全新标准，全球其他电信商、运营商必须跟着它走，这就是一个最简单的道理，实力决定一切。

张小琴：这个对您人生的影响是什么？感觉您是不服输的人，整个人的状态都是被激发的状态。

李稻葵：对，我最喜欢的状态是被人挑战，能激发我的能量和斗志。人生的仗不一定是拳头跟拳头之间的冲突，有时是一种认知的冲突。别人认知的是A，你认知的是B，你是少数派，要坚持不懈地证明自己的观点是对的，需要有不服输的精神。

很有意思，我跟很多人交流，我经常问他们一个问题，我说你小时候打过架没有？有些人说打过，有些人说没打过。

大部分的乖孩子、城里出来的没打过架，那些下过乡的、从农村出来的打过架，我就发现他们性格不一样。打过架的同行或者学者，总是有点个性，有点不服的心理，今天我不行，今天我被打了，但是不等于明天我不行。这个事是人性，我认为小时候没有打过架的，可能对人性的理解是不深刻的、不全面的。

张小琴：缺一课？这一课是什么呢？

李稻葵：这一课如果让我总结的话，就是人性是有弱点的，人都是有一点欺软怕硬的性格在里面。所以需要制度、需要文化、需要形成一些礼仪去约束他。我曾经碰到一个美国参议院的政治领袖，他讲过一句很深刻的话，他说政治是一种野蛮冲突的替代品，他说："你看，我们在美国的国会天天吵架，但至少我们不打架。如果我们不吵架的话，说不定就打起来了。我们吵架是替代了我们野蛮的冲突。"很有道理。人民生活在进步，很多制度安排是避免野蛮的冲突。

考上清华，开始走上经济研究之路

张小琴：您是1980年从四川考到清华的？

李稻葵：对。1979 年清华大学恢复了经济管理工程系，1980 年准备招收
该系第一届本科生，清华的领导把经济管理工程系唯一的本科招生专业的名字
取得很长而且有吸引力，这个名字是"数学与计算机技术在经济管理中的应
用"，所有热门词汇都囊括进去了。我本来想报理科专业的，但我父亲是一名
外交人员，他了解世界各地的情况，视野比较广，而且他非常关心政治时事、
社会经济，目光比较长远。他说，中国以后需要的重要人才应该是具有理科思
维，但是从事社会科学和社会管理工作的。他极力说服我报考这个专业。这一
看法，在当时还是非常有远见的，我也很幸运，父亲帮我选的方向在一定程度
上也符合我的个性，符合我自己未来的志趣。

张小琴：在那个年代你们学习经济管理这个专业是什么情景？

李稻葵：很有意思，我们那代人非常单纯，非常用功，求知欲非常强。坦
率地讲，我们的老师那个时候专业的准备不是特别充足，但原因不在他们，是
因为那个时代的局限性。我们有教计算机的老师，有教数学的老师，但是没有
教数学、计算机跟经济管理结合的老师。当时我们特别羡慕北大，经常去北大
蹭课，我也非常羡慕人大，印象中还专门请人大的教授给我们讲课。我们那时
候到处听课，到处听讲座，自学很多教材。

张小琴：您对经济学有比较清晰的概念是在什么时候？

李稻葵：到了大学三四年级才开始逐步建立起对经济学这个体系的认知。
大学五年级，我去人大听课，当时教我们的是约翰·泰勒①，这个人后来变得
非常有名，那时候他刚博士毕业七八年。多年以后我在美国大学当老师时，有
一天收到一个很厚的包裹，是出版社给我送的稿件，说是泰勒教授写的经济学
教科书的书稿，请我审一下，我看了以后非常高兴。后来我到斯坦福大学访问
时专门拜访了他，我说，您看我是您的学生，现在您的教科书我帮您审稿了，

---

① 约翰·泰勒（John Brian Taylor, 1946—　）：美国斯坦福大学教授，胡佛研究所高
级研究员；当代最知名的经济学家之一，《宏观经济手册》的主编。

这多有意思。这几年相关部门请他来做经济学的讨论，我又有机会跟他同台讨论。这个缘分很有意思。

朱镕基与清华经济管理学院

张小琴：1984年清华经济管理学院成立，当时朱镕基任第一任院长，为什么请朱镕基来当院长？

李稻葵：当年清华大学非常有远见，把经济工程系升格为清华大学经济管理学院，这在全国各个高校里面应该说是最早的。

20世纪80年代初我们入校以后，朱总理当时还不是总理，那时他在国家经委工作，最早是一个副处长。我们经常请他来做讲座，大概每学期都来谈经济形势，每次会场都爆满。他谈经济的运行如数家珍，而且能够把第一线经济运行的问题和我们经济学的一些思想结合在一块。

有一次朱总理来办讲座，当时他是经委的一个局长，讲到化纤纺织品过剩，仓库积压，出现问题。我写了一个条子提问，我说请问朱司长，为什么不降价呢？按市场价值规律，降了价之后这些积压的产品不就可以被消化了吗？他还抽了我的条子回答，说降价不行，还不如从根子上解决问题，不许企业生产了。如果降价的话，这些产品可能短期内有人买，但是就形成了亏损，这个亏损最后还会落在企业身上。这些企业亏损了之后不见得会减产，它还会生产，因为当时的国有企业对价格信号不太敏感，还会坚持生产，所以本质上讲就得要限产。这件事我印象很深刻。

到了1984年，他已经是国家经委的副主任了，又是清华校友，受到我们的欢迎，他对清华也极其有感情，所以顺理成章，学校领导就请他来做经管学院的首任院长。

张小琴：朱镕基做了院长之后，除了讲座，实际参与学院的管理吗？

李稻葵：非常细致地参与学院的管理工作，每学期都来好几趟，还亲自带博士，而且他不管去哪里，不管是在国家经委工作，还是去上海市工作，时时刻刻都想到经管学院的学生。

张小琴：确立了一些对学院来说很重要的思路、宗旨或战略吗？

李稻葵：比如说他强调一定要国际化，一定要睁眼看世界，一定要集世界上经典的经济思想、经济理论为一体，一定要在方法上跟上国际发展的最新形势。还比如说他要求很多专业课必须用英语来教学。而且他也非常强调理论要跟实际结合。他经常恨铁不成钢，批评我们一些学生和教师，说你们应该长袖善舞，应该充分利用好各种社会资源，要把经管学院办成一流的经济管理学院。他的要求是非常高的，对学生也是充满了希望。在国外访问碰到他教过的学生，经常会问："你为什么不早点回国呀？你什么时候回国呀？"

在哈佛当过厨师、保安，开过警车

张小琴：您在清华还没毕业就直接申请去哈佛了，是吗？

李稻葵：那时候清华读五年，我 1980 年入校，还没毕业，1984 年 10 月，经管学院刚刚成立，适逢国家要大规模地推进我们的教育改革，国家教委发起了"经济学和管理学出国留学计划"，清华和北大各给了八个名额。我非常兴奋，努力准备，很幸运地考了全国第二，而不是第一，为什么考第二比考第一更幸运呢？因为组织这个考试的是邹志庄教授，他在普林斯顿大学，他把考第一的同学推荐去了普林斯顿大学，把考第二的推荐去了哈佛大学，所以我很幸运被推荐到了哈佛。

国家当时没有资金，希望通过这个考试帮助这部分学生获得国外的奖学金，但是国外的大学对中国经济学博士的兴趣远远低于学生物的中国学生。我1984 年 12 月底申请去哈佛，但哈佛已经结束了那一年申请的过程，所以我先去当访问学者，第二年再申请读博士。

1985 年 9 月 13 日，印象很深刻，星期五上了飞机，去哈佛大学做了最年轻的访问学者。人家都是四五十岁的，我 21 岁。年轻敢闯，初生牛犊不怕虎。访问学者怕什么，我先上课，再申请读博。当然上课也很苦，资助几乎没有，波士顿房子非常贵，租不起，跟别人挤一间没暖气的房子，还是非法出租的，但是很便宜，才 100 多美元。晚上睡觉身上披着电热毯，每次睡到半夜十一二点钟，隔壁有一个小伙子，他是在哈佛大学读力学的，他一进门要把那个电热器接上，于是整个楼的电就停了，每天晚上 12 点我那个楼就没电了，需要赶紧下楼换电阻。那个时候就是熬，一边听课，一边熬过痛苦的阶段。

同时，想办法打工，因为确实太穷了。访问学者不允许打工，我打了一个擦边球，给哈佛商学院的一个教授做中国菜，我其实不会做菜，但心想做饭有什么难的，不会做饭就多放一些佐料。经过慢慢学习，到后来我做饭做得很好了，他就隔三岔五地请一帮经济系的朋友来吃饭。当时受我们传统文化的影响，一想到别人问，你这个人前天还在我班上上课，怎么现在给我做饭了？就觉得做他的佣人不好，所以我就不干了，多年以后和他失去联系了。他后来离开哈佛商学院去搞长期资本管理公司 CLCM，这个公司 1989 年出了大事，引发了当时的国际金融危机，这件事还上了《纽约时报》头条。我一看报纸，原来是他。哈佛大学真的集聚了很多风云人物，当年我给他做饭的那个家伙都出名了。

张小琴：他可能也会想，当年给我做饭的那小子现在是中国著名的经济学家了。

李稻葵：很有意思，那时候有很多故事，后来我就到哈佛大学的警察局当保安，一般是晚上去上班，值一夜班。那时哈佛各个楼我都非常熟悉，定期巡逻，拿着表到各个点摁一下，事后可以查。干了一段时间，觉得不好玩，就不做了。

后来在哈佛开警车，校园很大，每天晚上 7 点到凌晨 3 点，校园里面从 A 楼到 B 楼之间没有校车了，有的女孩子半夜不敢独自走路，拿对讲机叫我，我就负责开车接送，相当于校园内部的摆渡车。那个车原来是警车，八缸的，极其威武。

中国经济学的未来翘楚云集哈佛，当时没有想到中国有今天的成就

张小琴： 后来中国经济学界的风云人物当时很多都在哈佛？

李稻葵： 在经济系读博士时，最多的时候是十位都在一块，其中四位是清华出去的。那个时候还有很多的访问学者，比如说茅于轼老先生跟我住在一个没有暖气的房间里，他也很痛苦。钱颖一老师比我早去三年，他是清华数学系毕业之后去的哥伦比亚大学，然后又到了哈佛经济学系。我们当时在国外读书的十位经济学家交往非常多，这些人里有胡祖六、王一江，还有樊纲。樊纲是访问学者，他很认真，每次跟我们一块讨论。每天都在讨论，为什么美国人讨论这个话题，为什么中国人不讨论这个话题，为什么中国的重要话题他们美国人不讨论。那个时候我们对中国的现实问题非常关心。

张小琴： 你们当时怎么看待中美之间的差距？你们对中国的未来有什么想法？

李稻葵： 当时我们大家讨论，说中国可能永远赶不上美国。比如说高速公路，当时美国的高速公路这么方便，投资量极其大，中国怎么搞得起高速公路呢？如果中国的老百姓每个家庭都有汽车的话，那不是灾难吗？美国资源真丰富，美国的电这么便宜，高速公路如此普及，汽车如此普及，我第一辆汽车50 美元买的，福特小牛，50 美元能买下来，在中国不可思议。

当时我们的想法是说如果搞市场经济的话，中国的资源量不够，中国怎

么可能修高速公路呢？怎么可能有这么多汽车呢？

张小琴： 就算你们这么有远见的经济学家都没有想到？

李稻葵： 没有想到，当时跟我们一起读书的樊纲，他说他回国不要紧，一件事能搞定就行了——"我能买到咖啡就行了，我在国外请朋友定期给我带咖啡我就满足了"。你想想看，那个时代，一个学者对生活的要求就是能喝上咖啡。

张小琴： 你们这些人都是当时中国最聪明的大脑，你们的想象也还是跟不上发展？

李稻葵： 跟不上形势，这个观察非常重要。那时候出国的思想上最活跃的一批学者、青年学子，都没有想到中国的经济有今天，这件事情告诉我们什么呢？告诉我们**实践永远是跑在理论前面的**。实践出真知，**我们中国经济过去 40 年的改革开放，实践远远走在了理论的前面**。

张小琴： 作为一个学者、作为一个理论家说这句话是什么心态？

李稻葵： 非常正常，坦率地讲，亚当·斯密写《国富论》的时候，英国经济已经相当发达了，亚当·斯密也好、凯恩斯也好，都是总结当时经济的运行情况才上升为理论的，没有人能够真正地跑在现实的前面。

张小琴： 那研究理论有什么用呢？

李稻葵： 我们研究理论的目的是把现实生活中的经济实践上升成普世的、一般性的经济理论。再从经济理论里面去推导和演绎出我们的经济实践、经济政策应该改进的地方，这是我们经济学学者的使命。

中国的改革开放已经将近 40 年，经济实践取得了举世瞩目的成就，对于中国的经济学学者而言，**我们责任重大，要把中国的理论讲出来**。为什么我们要这么做？为什么我们要市场跟政府同时使劲？过去我们成功的经验是什么？未来我们为什么要坚持这些经验？为什么今天美国会出问题？为什么欧洲会出问题？一定要把这些问题在经济学理论上讲清楚。

哈佛在方法论和思想上塑造了我

张小琴：在哈佛的这段时间对您的学术生涯是不是非常重要？

李稻葵：非常重要，我是 1985 年 9 月份到的哈佛，一直到 1992 年才毕业，但是我一点都不后悔花了七年。我建议很多同学读博士的时候稍微慢一点，利用读博士，或者广义地讲求学这段时间，心无旁骛地多接触一些不同领域的、不同思想派别的大学者。现在回想起来在哈佛这段时间，无意之中碰到了一代又一代、大量的来自世界各地的学者，其中包括一些大师。现在这些得经济学大奖的，很多都是当时年轻的学者。所以读书慢一点不是坏事，读书的过程就是研究的过程。

张小琴：这段时间主要是解决哪些问题？您主要做了哪些方面的学术积累？

李稻葵：哈佛这七年对我而言最重要的是两点，一个是方法论上的。我的导师埃里克·马斯金①，他跟我讲没有问题是太简单的问题。马斯金 2007 年获得了诺贝尔经济学奖。他要求非常严格，我们每隔两个星期要见一次面，见面前他要求我先把要谈的内容写下来，那时候我经常写到半夜三四点钟。他跟你谈的时候一定是准备好的，最紧张的一点是他不讲话，他在思考，然后他就蹦出一句话，他说你为什么会有第二个结论，第二个结论和第一条的假设能推出来吗？你为什么这么说？他发问的时候往往是我回答不出来的时候，他想不通的地方一定也是我想不通的地方。经常是我写了 12 页的稿子，到了第二页他就说你回家吧，重新弄。这是一个非常严谨的过程，对我方法论上的提升非常重要。**每句话一定要讲清楚，第一句话和第二句话之间的逻辑关系是什么，就**

---

① 埃里克·马斯金（Eric Maskin，1950— ）：美国当代著名经济学家，2007 年诺贝尔经济学奖获得者，在现代经济学最为基础的领域里做出了卓越的贡献。代表作有《经济研究评论》等。

算文章写好了，结论部分的那几个总结是不是真正从文章里出来的？能不能站得住脚？对不对？是不是过多地陈述了？**如果推导、数据只能支撑说法 A，但是又在说法 A 后面加了说法 B，那么那个 B 坚决不能要。**这是方法论的一个训练，非常非常重要。

还有一个训练是思想方面的，在哈佛七年，接触到了方方面面的理论家、思想家。

比如说我读博士二年级的时候，当时阿马蒂亚·森[①]教授刚刚从剑桥来到哈佛，是经济学和哲学的双重教授。我第一个去选他的课，他那个班上三四十人去听课，但选他课的只有两个人。他非常有才，讲课从来不用稿子，我课题的结题报告，他给我一遍一遍改。通过他，我才知道经济学还有这么一个分支——社会选择理论，他后来也得了诺贝尔奖。

当时还有雅诺什·科尔奈[②]，反复讲基本经济制度有几类，各个经济制度是怎么样解决基本问题的，每个经济制度都有它的缺陷，就好像每一个机体都可能带病运行，带病是正常的。他是用一个哲学层面的宽阔的思想视角来告诉我们经济学的。

再比如说我们读一年级的时候，宏观经济学第二个部分一定要请当时所谓的激进分子、非主流经济学家来给我们讲课。当时是哈佛大学的新马克思主义经济学家斯蒂夫·马格林 (Steve Marglin) 教授，我印象很深刻，他反复讲，为什么会有企业家？一般认为企业家是一个企业资源的分配者，他说不对，企业家的目的就是把流程分得细而又细，从而自己有权指挥，因为每个人只知道

---

① 阿马蒂亚·森 (Amartya Sen, 1933—)：印度经济学家、哲学家，1998 年诺贝尔经济学奖获得者，曾执教于伦敦经济学院、牛津大学、哈佛大学等著名学府。代表作有《贫困与饥荒》《理性与自由》《正义的理念》等。

② 雅诺什·科尔奈 (Janos Kornai, 1928—)：匈牙利著名经济学家，哈佛大学经济学教授，布达佩斯高级研究所终身研究员，曾多次提名诺贝尔经济学奖。代表作有《短缺经济学》《通向自由经济之路》《社会主义体制——共产主义政治经济学》等。

一个细节，只有他知道全局，这个思想也很有意思。

当时我最喜欢的一门课是马斯·克莱尔（Mas-Collel)讲的，他是坎特隆人。这个老师研究的是极其深奥的数理经济学，用微分拓扑的方法解释无穷人、无穷产品产生的一般均衡，极其抽象。他讲课板书非常乱，一般人认不出来，情绪非常激动，讲到高兴的时候跟唱歌剧似的，一会儿高音一会儿低音。他讲的我非常喜欢，他把复杂的经济学理论提纲挈领梳理得非常清晰，就好像他带我们登山一样，带着我们登上一座座山峰。这位教授是自学成才当上哈佛的经济学教授的，在我们毕业后不久就辞职不搞经济学了，回到西班牙做了坎特隆这个省的教育局局长，从政了。

所以这么多年回过头来看，哈佛的经济学老师是比较综合的，既有最保守的经济学家，认为市场经济可以自我修复；也有比较极端的，认为这个制度是不合理的、那个制度是有问题的。

我博士毕业论文研究的是如果一个政府或者国家要把一个企业卖掉，比如说把国有企业卖掉，卖这个国有企业的最终目的是什么？最终目的并不是为了挣钱，最终目的是要使这个企业的所有权或者控制权落在最适合于提升这个企业未来运行效率的人手里。要设计一个机制来甄别人选，找到适合于这个企业未来的实际控制者。我们设计机制就是说在一定情况下不一定要选最高的出价者，最高的出价者也许买了这个企业之后，会把这个企业给关了，这样子他和自己的企业不形成竞争关系，这样的企业家不能选。比如说菲亚特想并购俄罗斯的企业，他的目的并不是说要把俄罗斯企业做大，而是把俄罗斯企业关了，把自己的 4S 店开到俄罗斯去。我的毕业论文部分地研究了这个问题。

另一部分，是研究金融市场上企业和企业之间的控制权的争斗，比如说 A

企业想取得 B 企业的控制权，根据 2016 年诺贝尔经济学奖获得者哈特[①]的理论，在企业拍卖的控制权市场上很难形成一个高效统一的市场。我的解释是因为在这个市场里面有很多兴风作浪者，有很多比较大的公司或者个人。他事先会悄悄地买股票，市场上有这么多投机的投资者，使得很多之前认为不可能的公司交易能够完成，这对前面的模型提出了一个挑战。我们说实践走在了理论前面，这方面实践的代表人物是谁呢？是罗伯特·鲁宾（Robert Rubin），他从前是高盛的一把手，后来做了美国财政部部长。鲁宾当年在高盛做一把手之前，就是在不断判断市场上有哪些企业会被别人接管。他事先布局，打提前战，抓住企业波动量混战的时机买一大堆股票，然后把股票卖给想改变企业控制权的新东家，赚一笔钱，这叫风险套利。风险套利是鲁宾的成名之作。

张小琴： 您为什么会对这个领域感兴趣？

李稻葵： 那个时候金融成了美国经济的最大问题，像美国这种市场经济，到了 20 世纪 80 年代末之后，金融的作用越来越大了。金融市场的运作对企业效率的提高或者是降低直接发挥了影响。当时我的想法是，要比较中国跟美国，必须要比较中美企业，模模糊糊的想法是认为中美消费者的差别不是很大，但中美企业差别很大。而中美企业之间的差别在于什么呢？在于美国有资本市场，而美国资本市场当时对美国企业的运行发挥了直接作用。

张小琴： 这是在 1992 年的时候，您研究的这些问题跟中国当时的社会现实看上去距离好像还有点远吧？

李稻葵： 对，这个事情是看个大背景，整个经济学和自然科学可能有点不一样，它是紧紧地围绕着当前的经济运行，或者是当今世界运行的重大问题来展开的。所以美国的经济学学者们，他们最关心的是他自己的社会运行的问题。

---

① 奥利弗·哈特（Oliver Hart，1948— ）：哈佛大学经济学教授，美国人文与科学院院士，英国科学院院士，不完全合约理论的开创者之一。其代表作《企业、合约与财务结构》（1995）已是企业理论的经典教科书。

那时候完全按照中国的课题去做的话，是找不到导师的。

放弃纽约大学高薪，一定要研究中国经济问题

张小琴：这段时间您对国内的经济现象关注吗？

李稻葵：关注很多，我们在哈佛，经常有来自国内的学者进行交流。钱颖一他们比我们年长一点，来哈佛早一点，他们负责联系学者，我就做点具体事。我们定一个场地，大家各自准备一点饭一块聚餐，那时候是穷学生，去餐馆吃饭也付不起钱。每学期好几次，不断保持跟国内经济的联系。

张小琴：那时候中美差距很大，你们是想着将来回国研究中国经济，还是先在美国做研究？

李稻葵：那个时候非常明确的想法，就是**一定要研究跟中国相关的问题**。

我们那时看《纽约时报》《华尔街日报》，翻得很快，只要跟中国无关的话题一翻就过去了，但看到跟中国有关的话题不管这个观点多么粗浅、歪曲，都要看一看。我们那一代留学生不可磨灭的一个痕迹就是关心改革开放，我们始终关心中国改革开放的进程和重大的经济问题。

张小琴：目的非常明确？

李稻葵：非常明确。我印象很深刻，我们当时出国前就在清华主楼，八位学生，我们经济系老系主任把我们叫过来，说你们来分分工好不好，你们到美国各个大学读书了，你负责研究宏观，你负责研究微观，以后都得回国来服务，都得回到清华来服务。当时的想法是非常简单、可能也很天真，都觉得这些可以计划出来。回过头来看，很多同学并没有进入到经济学研究的领域，但是大方向都是做中国问题的研究。

张小琴：你们到美国之后，也会受到很多影响吧？

李稻葵：至少在哈佛读书的那十位同学互相影响很多。大部分同学都有一

个非常明确的想法，虽然语言表达不见得很清晰，就是以后不管做什么研究，不管做什么工作，必须跟中国的社会、经济紧密结合。我们不可能进入到美国的主流社会，美国的主流社会很成熟了，它经济学的研究已形成体系了。跟我们一块儿读书的哈佛同学，我们不认为他们很强，好多同学并不是我们心目中的天才，怎么去普林斯顿、去芝加哥大学当教授了？后来我明白了，人家从中学到大学就是在考虑美国社会的这些问题，做了多年准备，我们怎么行呢？我们对美国的社会不可能有这么深入的了解，反过来中国的问题是我们无法割舍的。所以我们放弃研究中国的问题，去研究美国的问题，让美国人研究中国的问题，这显然是不现实、不合理的一个安排。

张小琴： 您博士毕业之后，密歇根大学给您提供了位置，您为什么会选择那里？

李稻葵： 密歇根大学给我提供的这个位置是经济系的。一开始是纽约大学金融系找我，工资是经济学系的两倍，但是要求我必须心无旁骛地研究金融，不许研究经济信息，负责人是我一个同班同学的爸爸。我一听他的要求心里打鼓，我到你这儿来纯研究金融，跟中国的事没关系，这个不是我想做的事，所以就不去了。

张小琴： 纽约大学的高薪对您没有吸引力吗？

李稻葵： 应该说没有吸引力，我们这批人，小的时候没受经济之苦，不会说父母天天为了缺钱发愁，当然也绝对不是奢侈生活。当时对于一个穷学生而言，能去大学经济系，一年四万美元左右的工资，已经足够了。我唯一爱好就是喜欢汽车，我买的全是旧车，旧车便宜，还好玩，可以随便换。更重要的原因是研究的自由度，而且很有意思的是，密歇根大学经济系本来有一个位置是研究苏联经济、研究比较经济制度的，虽然我一个俄文字母都不认识但也把我调过去了，能有研究的自由度非常重要。

所以我去了密歇根大学之后，很快跟他们的中国经济研究中心取得了很多联系，密歇根大学中国经济研究中心在美国成立时间很早，而且非常有影响力。后来它的很多教授都到美国的白宫做高参、做顾问。

张小琴：您在密歇根期间重点研究方向是什么？

李稻葵：重点研究方向是中国的改革，一个是国有企业改革，第二个当时叫乡镇企业，现在叫民营经济。当时我经常回国，发现很多民营企业不敢叫民营经济，反而模模糊糊地叫集体经济，而且它的股权确实有一部分是集体股。

张小琴：这个对它是有利的？

李稻葵：有利的，是一个有效的过渡性的制度安排，叫模糊产权。模糊产权领域里边我们又引出一个更大的道理，即整个改革的过程是市场机制逐步完善的过程，在这个过程中必须要有一些过渡性的制度安排，不可能一步到位。比如说联想，都知道它是大集团、上市公司，但是中国科学院对联想集团过去在很长时间之内是有一定控制权的。

张小琴：您的关注点就转移到了中国经济？

李稻葵：对。后来一步一步更加关注中国经济的运行，以及一些制度安排和改革。

密歇根大学之后又去了斯坦福大学的胡佛研究所，它把一些年轻的学者请过来研究一些重大问题。斯坦福大学我待了一年半，然后从那里再进一步地朝中国这边搬。当时香港科技大学刚成立，经济系刚刚办，召集吸引了一批比较年轻的学者，我就在香港科技大学待了五年。当然这个过程中间又不断地回到清华，包括在清华担任了一部分教学工作，从 2002 年开始我就在清华上课了。

张小琴：您这个路线是怎么想的？从哈佛到密歇根，从密歇根到香港科技大学，然后到清华，收入应该不是上升的吧？

李稻葵：跟收入没有关系，主要是能够更加关注我们中国经济的话题。每一个选择现在回过头来看都是有风险的，但是我有这么一个体会，**越是重大的**

问题越是简单，人生越小的问题越复杂。**我认为决定大事的因素不可能很多，恐怕就一两个因素**。第一个最主要的是自己要什么？比如说当时决定去密歇根，而不是纽约大学，最大的原因就是研究自由度，钱的事倒是次要的。

第二个，风险能不能控制住？ 如果去了，最坏的结果是什么？如果做了一个新选择，到了那儿一塌糊涂，所有的事情都跟想象的相反，能不能坚持下来？能不能生存下来？就这么两条，每次我都是按这个去考量。

张小琴： 您在香港科技大学期间主要研究方向是什么？

李稻葵： 一个大的方向还是经济民营化过程中碰到的一系列问题，比如说当时我们做了一个研究，发现亏损越多的国有企业越容易改制，民营化的主要动力不是获得收入，而是甩包袱。

中国未来工资收入会继续上升，占比至少 65%

张小琴： 2004 年您回到清华，离开清华 19 年，再回来的时候是什么感觉？

李稻葵： 第一大感觉，清华在国际和国内的地位大大提高了，坦率地讲，今天如果我再考，不一定能考上清华。而且我觉得清华大学有一个很好的传统，就是老师对学生非常关爱，学生跟学生，尤其是毕业之后感情很深，我觉得在全世界的大学里，校友跟母校之间的关系清华算是最紧密的。

张小琴： 您回到清华以后主要研究的问题是什么？

李稻葵： 主要紧密围绕中国经济运行的重大问题来进行研究，比如说最早的一个研究，是研究中国城镇化未来的发展道路。2005 年我写了一篇文章，当时就发现中国的城镇化速度会加快，我们把全球基本的规律总结成一个 U 形的规律，慢、快、慢，中间加快，最后稳定下来，我们认为中国将进入一个城镇化加速发展的阶段。

第二个研究方向是分配问题。大概在 2005 年我们开始研究中国的工资收入，中国工资收入占 GDP 的比重，行话叫初次分配，当时很低，是 42% 左右，国际上是 65%~70% 之间，我们研究未来会怎么样。如果经济体里大量的收入都给了政府和资本所有者，留给劳动者很少的话，今后的消费会上不去的。

首先要分析未来会怎么样，怎么分析呢？因为中国的数据只有历史数据，没有未来的数据，我们对英国的、美国的，尤其是英国工业革命之后那段时间的劳动收入占 GDP 的比重进行分析，发现有一个 U 形规律，先降后升。先是降的，为什么？因为最开始劳动力的工资是以农村剩余劳动力的农村收入为基准的，所以上不去。而经济增长之后，它的这些好处就转给了资本所有者，比如你开了一个店，雇了工人，你那个工资可以很低，只要比这些农村劳动力在老家的收入高一点，他们就来了。工人进来之后，资本开始积累，这些好处就归了政府或者资本所有者、企业主了。但是这个状况会发生变化，之后会上升。英国经历过这个规律，我们根据这个规律算出大概什么时候中国会出现拐点。我们当时预测是四五年之后就会出现拐点，果真到了 2009 年我们的劳动收入占 GDP 的比重开始上升了，到今天为止一直在上升。

我非常高兴的是这个研究有一定的预见性，而且这个研究是全局的，不是研究某一个产业，而是把整个经济拿来研究，作为市场经济发展过程中的一个基本规律来研究。

劳动收入占 GDP 的比重提高，会产生一系列结果，比如说消费率会因此上去，消费大军主要是工薪阶层。这个发现改变了过去一个错误的认识，过去认为中国人不爱消费是中国人存钱多，但其实根本原因是整个经济结构不对——经济结构里面初次分配的劳动收入比重太低，因此，想消费的人没有收入，消费上不去。

张小琴： 您预计这个转型还会持续吗？

李稻葵： 还会持续，而且我们还做了一个比较有前瞻性的研究，由于中国改革开放将近 40 年，能够加入到制造业生产的这部分劳动力的数量跟美国、跟欧洲的劳动力存量差不多。因此，过去 30 多年，美国、欧洲的劳动收入比重在下降，换句话来讲，中国有一大帮非常贫穷的农民工进城了，生产了比较廉价的产品，把美国、欧洲相关企业给冲垮了。美国、欧洲那部分在生产跟中国竞争产品的企业的劳动就业人口就下降了。

所以美国跟欧洲当前出现的重大社会问题，包括特朗普上台都跟这个有关系。我们预测未来 30 年这个过程会逆转，因为未来 30 年中国劳动力成本将不断提高，农村转移人口越来越少，几乎转移殆尽，中国低端就业的机会越来越少，所以中国这部分产业不一定能够完全转移到印度、非洲，相当一部分会回到美国和欧洲。所以我们预测，美国、欧洲的收入分配情况，未来 30 年可能会出现逆转，跟过去 30 年不一样，这个是一环扣一环的研究。

张小琴：未来您觉得中国的工资收入占比会发展到什么情况？

李稻葵：我想未来工资收入占比可能能达到**至少 65% 这个水平**，现在是 50% 多一点，还有很大的空间可以调整，所以**中国经济未来至少十几年一个重要的增长点就是消费**。因为这部分百姓收入水平提高了，销售收入肯定提高。

张小琴：普通民众还会得到更多的收入？

李稻葵：对，这件事情正在逐步改善，劳动收入占比每年大概以 1% 的速度在上升。

张小琴：这样企业经营者的负担会加重吗？

李稻葵：企业经营者要提高每一个劳动者单位时间的生产效率，这就是为什么提出要搞创新型国家，要靠创新解决问题。

在制造业领域，很多企业家已经看到这个趋势了，已经大规模地用机器代替工人了，服务业未来可能也会有这个趋势。

张小琴：如果将来人工智能大量发展，机器人取代人工的话，我们所说的曲线会不会被改变呢？

李稻葵：这是一个非常大的争论，我个人的观点认为不会的。因为机器人代替劳动者只有在特定环境下能够实现，机器人代替厨师做饭、代替记者采访非常难，这个路要很长才能走到。未来大量劳动力会进入到在我们看来很简单的服务领域，如照顾老人、点菜、照顾病人等，这部分服务将会产生很多就业需求。

张小琴：所以您觉得工资收入上升的趋势是不会逆转的？

李稻葵：不会逆转的，只不过**就业的结构会改变**。从生产者和经营者的角度来说都要提前布局。

人民币国际化不要操之过急

李稻葵：我们还对人民币国际化进程进行了研究。2005 年我和我的研究生们在国际金融危机爆发之前写了一篇文章，我们预测到 2020 年人民币能够成为全球前三大国际货币之一，这个图景现在基本上实现了。现在三大货币是美元、欧元、人民币，如果按资产的持有量和贸易结算量来说的话，基本上是前三。

人民币国际化对我们有利，不过人民币成了国际货币，要抢人家美元的饭碗，美国一定会通过各种方式来反对，可能是军事的，可能是国际外交渠道的，也可能是金融手段的，一定会有冲突。人民币国际化当然要，但人民币国际化的基础是什么呢？是实力，不是谈判出来的，不是加入特别提款权（SDR）[①]、搞一个货币清算的制度那么简单，这些是表面的功夫。功夫在下面，功夫在于金融体系是不是稳定，能不能经得起外资的出逃，能不能在国际上有号召力，出现金融危机的时候，一出手人民币人家就要。没有实力光喊人民币

---

① 特别提款权（Special Drawing Right，简称 SDR），亦称"纸黄金"（Paper Gold），最早发行于 1969 年，是国际货币基金组织根据会员国认缴的份额分配的，可用于偿还国际货币基金组织债务、弥补会员国政府之间国际收支逆差的一种账面资产。

国际化是没用的。

张小琴： 人民币在国际上的影响力和使用程度能达到前三吗？

李稻葵： 还有很长的路要走，比如说黄金的交易传统是在伦敦做的，使用英镑更佳，要改变这个还要慢慢经营，形成一套基础设施，这个需要时间。

张小琴： 人民币国际化，中国会有什么收益？

李稻葵： 收益是有，但不是很多人想象的马上能看到。**人民币国际化最大的好处是未来的国际政策，加息不加息，降准不降准，我们可以独立做出，不需要看别人的脸色，**像美联储一样，加息不加息完全是看自己的情况，不用看其他国家的经济情况。人民币如果是国际货币，假如出现 2008 年金融危机的话，我们自个儿印钞票就可以了。但如果不是国际货币，钞票印多了，势必会引起通货膨胀、货币贬值。这些好处是比较长远的，所以不能操之过急，我们的基础研究得出了一个基本的推论，就是**人民币国际化，必须水到渠成。不能够让人民币国际化变成主导我们现有的金融改革的一个重要因素。**

张小琴： 您觉得国际化是需要推进的，还是让它自己发展？

李稻葵： 现在必须坦率地、客观地看到我们的金融体制还有重大缺陷，甚至蕴藏着重大风险，比如说我们现在的存款量相当于 20 多万亿美元，这么多存款随时都可能跑。如果人民币是国际货币了，一有风吹草动，很多人民币都要换成美元，这势必带来我们金融系统的危机，短期内一定要谨慎。所以需要先解决金融体制的缺陷。这就是为什么我反复讲人民币国际化绝对不能操之过急，因为我们有硬伤，我们一条腿还有硬伤，膝盖、肌肉都有伤，硬蹦，要蹦两米跳不上去，我们就是一米六的水平，慢慢把伤养好了，再去冲击高度。

张小琴： 人民币现在的趋势呢？比如说兑美元、兑欧元大的趋势是什么？

李稻葵： 人民币的走势说到底还是一个政策互动的结果，是中国的货币政策跟美国货币政策广义上的互动——不光是利率、货币发行量，还有很多监管的政策——的结果。我的一个基本判断是，中国政府在中国的货币政策乃至于整个金融政策方面会相当谨慎。整体来讲，五年、十年对于世界主要货币基本上是稳定的，甚至还略有一点升值的趋势。这需要有一个精心管理的过程，取决于决策。

北宋人均经济水平全球领先

李稻葵： 2004 年我回国以后就一直在想，中国的经济学必须要有自己独特的研究话题和独特的研究视角。一个基本问题，历史上中国经济的发展情况是怎样的？宋朝、明朝、清朝的经济发展水平到底是怎样？不能只靠文学作品或者一些政治书籍的记载，必须严格地、系统地来测算。所以从 2004 年开始，我就逐步组织团队，系统地测算北宋的、明朝的和清代的总体经济发展的大图像。总量的产出是什么？服务业是什么？我们政府的支出是多少？政府的收入是多少？大概财政赤字是多少？

我们自己可能都意识不到，老祖宗给我们留下了一个多么重大的宝藏，就是我们的历史资料。古代的中央政府都有比较详尽的经济数据的记载：亩产、人口总量、粮食上缴的量、大概的种植面积、每年的税收、每年的支出……当然不可能像今天这么详尽，但是远远比同时代的欧洲国家和其他国家要好得多。

张小琴： 有什么发现呢？

李稻葵： 我们的发现是在北宋，经济人均发展水平就达到了全世界领先的水平。到了明朝，人均发展水平基本上没提高，还略有下降。到了清朝，尽管人口增加了很多，但是人均发展水平是逐步下降的。英国经济学家安格斯·麦迪森曾提出，清朝时中国的 GDP 世界排名第一，他去世前告诉我们，他的结论是通过假设得出的，而我们的结论是一点点算出来的。根据我们的测算，清朝的人均发展水平比大家经常引用的麦迪森的结论要低很多。

所以我们的发现是整个中国早年是领先，但是到了 1300 年左右，就落后于当时的意大利了，到了 1400 年就落后于英国了。中国和欧洲的经济收入水平的分流比想象的要早一点，一般认为是 500 年前开始的，我们这个推算往前推了一点。这个推论是我们的经济实际上比想象的更加早熟，但也比较早开始衰落。

从这个发现总结出一个道理，就是必须开放。中国近代的发展是被迫开放的，1840 年被别人欺负之后我们被迫开放。后来是我们主动地开放学习。

张小琴：那就是说一种通行的观点，认为清朝的时候，我们是经济比较强，只是军事比较弱，这个观点其实不成立？

李稻葵：这个观点应该说不完全对，清朝时期尽管经济总量还是比较大，因为人口多，但是经济发展水平是非常落后的，远远落后于西方。这一点应该是没有争议的。用今天的话来讲核心技术、核心产业都没有竞争力，打仗靠的不仅是规模，还得靠经济发展水平来支撑，鸦片战争之后清政府节节败退，从经济上解释是有一定理由的。

中国的个人所得税设计"弱智"

张小琴：外界普遍了解，您对个税设计有一些看法？

李稻葵：过去十几年以来，我们国家税制方面的一个重大讨论是个人所得税该怎么收。**目前的个人所得税设计真的是"弱智"。个人所得税按初衷考虑是调节个人收入的，应该是收入高的人群多交税，收入低的人群不交税或者少交税。**今天中国社会收入高和收入低最主要的差别是什么？相对而言，劳动所得的差距是不大的，资本所得的差距是最大的，影响收入高低的最主要因素是资本所得，劳动所得比重是很低的。而我们现在的个人所得税事实上是工资税，不是个人所得税。工资税可以一下子累计到 45%，全世界各地没有这样的税收。目前，我们的资本所得不交税，炒股以后得的钱不交税，企业分红交的税率也很低。这就违背了要调节收入分配的初衷。

张小琴：为什么会有这样的税制呢？

李稻葵：个人收入调节税在 1979 年出台，那时人人都一样，都没有资本收入。那个时候外企的工资高，所以定的是 800 块钱开始收税。但这么多年过去了，还沿用这个概念，还沿用这个大的框架，是不是"弱智"啊？

张小琴：您认为应该怎么设计税制呢？

李稻葵：我说三句话，很简单。第一句话，所有收入捆在一块，统一纳税，税基是宽的；第二句话，要考虑家庭负担，既然是个人所得税，既然要调节收入，得考虑家庭负担，如果一个家庭他是独生子女，一对夫妻有四位老人需要照顾，就得考虑他的家庭负担。

张小琴：刨去他花的钱？

李稻葵：对，现在每个人都有一个身份证，你算就是了。第三句话，要适当地降低税率，为什么？首先你的收入基数很宽了，你把所有的数字都搁进去了，你没必要搞这么高的税率，相对地降低。而且降低税率之后，大家就更乐意去交这个税。

张小琴：如果是一个既有资产又有工资收入的人，按照您所设计的这种方法，最后的税负是增加还是减少？

李稻葵：会适当地增加。说到这儿就说到一个问题了，所有的税收，尤其是针对个人的税收，说到底是政府跟百姓之间达成的一个契约。政府要问老百姓收这个税，得师出有名，得说出拿这个税干什么了，现在这个没有挂钩。个人所得税是一个西方的概念，因为西方是每年竞选，通过竞选就把这个税率适当地控制住了，太高的话选民要造反的。

我的理论还是少数派观点，个人所得税在咱们这个体制下，应该是一个非常边缘化的、非常谨慎使用的税率。因为个人和政府中间的沟通不直接，而企业是通畅的。政府对企业收税，当企业出现问题的时候，纳税大户可以跑到政府去提要求：你帮我解决问题。个人所得税是干收税，收了税之后，使用的结果不能直接见到，个人所得税的政治成本远远比企业税收高很多。因为纳税的这帮人都是工薪阶层、白领阶层，税一高以后，他们也许口服心不服，会通过各种渠道反映出来。我的想法是一定要考虑政治的和社会的成本。

张小琴：是不是因为按照工资来扣税是最容易操作的？

李稻葵：对，一个是历史形成的，一个是因为最容易操作，所以延续这个做法，这是不是一个很"弱智"的做法？改革应该是问题导向。我坚决认为，**绝对不能照搬西方的办法，一定要按照中国的国情、按照中国的政治逻辑来设计我们的税种。**

张小琴：按照您说的税制，您觉得将来遗产税、房产税是应该推行的税吗？

李稻葵：遗产税跟房产税可能未来会有一些探讨，但是要高度谨慎，为什么这么讲呢？说到底，任何税收都是政府跟百姓之间的契约。尽管税收是强制收的，不交税是要进监狱的，但是政府要收百姓的税，必须得给他一个理由，否则矛盾迟早会以某种形式爆发出来。

遗产税尤其敏感，中国几千年的文化形成了一个传统，有人开玩笑讲我们对子女是无限责任的，跟西方不一样，在美国社会，子女18岁以后就独立了，跟父母没关系的。在西方的体制下，征收遗产税相对容易一点，本来父母就不一定把财产留给子女。但在中国现实社会里，很多父母奋斗一辈子的目标，就是要给子女创造美好生活，他奋斗了一辈子好不容易攒点钱，来了一个遗产税，他心里的感受恐怕不太好，思想这个弯转不过来。说到底任何税收必须要考虑征收的政治成本和社会成本。

实体经济分化厉害，产业结构在调整

张小琴：有很多人认为中国的实体经济发展处在下滑阶段，从专业的角度来说是这样吗？

李稻葵：实体经济现在分化得非常厉害，一部分新兴产业、朝阳行业蓬勃发展，利润也很高；但是另一部分传统行业面临着退出，面临着调整的重大挑战。这些面临重大调整的企业呼声很高，给舆论界的印象，也许包括给国外投资者的印象，就是中国实体经济在走下坡路。我的解释是要看全面，不要只看走下坡路需要退出的，也得看新兴产业，这也是我们经济学研究者必须要甄别的一个现象。

总体而言，2017 年是一个回升向好的态势，**未来三四年，甚至于五年，中国经济增速和过去三年相比，是回升的**。主要的增长点之一是产业升级，新兴产业在不断升级。这个世界你听它的声音，很多反馈意见，大量是不满意的、抱怨的。因为结构在调整，整个经济在往前发展，结构调整中，美国有美国的问题，德国有德国的问题，中国有中国的问题。总的说来，**当今世界你让我选择，我愿意选择做中国人，中国调整的难易程度和它实际发生的速度都比美国、德国要好**。

张小琴：您对中国经济的发展前景是非常乐观的？

李稻葵：我对结构是乐观的，但一定要注意防范金融方面的风险。

中国股市法治建设有待增强

张小琴：您对中国的股市怎么看？

李稻葵：股市的问题比整个金融的问题相对而言更难一点，更加根本一点。股市是金融领域里的金字塔尖，需要一个系统的制度来支撑它，让它这个金字塔尖能坐稳了。

我们的股市最缺的是法治基础，国际经验表明，股市要做好，必须要用法律的武器来保护投资者。如果一个上市公司，它上市了以后，拿这个钱不去搞它招股书说的那个方向，股民应该去告它，而且能告赢，这是最根本的保护机制。英国、美国之所以股市搞得比德国、法国要好，就是靠这个机制，它们的法院也能够更有效地保护投资者。

我们的法院都是各个地方法院，如果一个昆明的上市公司违规的话，要去昆明告，但作为小股东能告得赢昆明的上市公司吗？告不赢的。同时昆明的中级人民法院又不懂上市公司的猫腻。一般的法官对离婚、刑事案件比较熟悉，一到金融专业领域就蒙了。我作为政协委员，连续提了两年，我给最高人民法院、最高人民检察院提，也给人大常委会提，**我提议在上海或深圳成立专业化的高级证券检察院和高级证券法院，训练一批专业人员，隔离开各个地方政府的干预，按专业的标准去判案。** 不能只靠证监会抓违规事件，证监会没有警察，证监会没有监狱，证监会能干嘛？顶多罚款。违规分子最不缺的是钱，下次再违规一遍又把那个钱找回来。光靠行政的办法，光靠监管体制是搞不定这个事的。

张小琴： 有希望吗？

李稻葵： 我相信最后一定能建成，我们现在有了知识产权法院，在杭州建了互联网法院，股市的现象比互联网的诈骗厉害多了，影响面也大多了，所以必须这么干，必须在上海或者深圳建高级证券检察院、高级证券法院。而且我还建议这类工作人员的工资和待遇要比一般的司法人员高，如果不高他辞职下海搞证券、搞投资了，这是基本的市场规律，要尊重。

张小琴： 建一个法院、一个检察院就能解决问题吗？

李稻葵： 这是一个基础工作，这个做好了股市守法就出来了，美国、英国大量违规事件是法院抓的，不是证监会抓的。

张小琴： 在没有做这些具体事情之前，您觉得中国股市有希望吗？

李稻葵： 在没有这套法律制度之前，我建议**不要贸然地搞注册制**①。现在要

---

① 股票发行注册制，主要是指发行人申请发行股票时，必须依法将公开的各种资料完全准确地向证券监管机构申报。证券监管机构的职责是对申报文件的全面性、准确性、真实性和及时性作形式审查，不对发行人的资质进行实质性审核和价值判断，而将发行公司股票的良莠留给市场来决定。

推注册制，讲了很多年，注册制是谁愿意上就上，像清华没有考试了，谁愿意上清华就上清华，可以吗？但是今天的股市做不到严格退市这一条，如果真的严格退市的话，当时买了股票那帮股民就倒霉了。所以在现在这个情况下，由于没有法治基础，只能实行审批制。

张小琴：对于普通股民来说，现在是一个相对好的时候吗？

李稻葵：由于我们缺乏最基础的约束性机制，所以总的来讲，我们的大公司，有国际声誉的，相对而言自律会多一点，它不敢轻易地违规。因此我的判断是未来一段时间大的股票公司风险比较低，小公司股票的风险则高一点。因**此大股票未来一段时间会有所上升，小股票的价格则可能会往下行，结构性调整可能会发生。**

房地产市场会发生两个根本性变化

张小琴：中国一直在强调要对房地产市场进行改革，各地也采取了很多措施，您认为未来房市会如何发展？

李稻葵：房地产市场我估计会发生两个根本性的变化，一个是区域性的、结构性的变化。全面上涨的格局已经过了，以后上涨压力比较大的可能是一些热点地区，而不是全面上涨，这是第一个判断。

第二个判断，未来热点地区，以及大城市会有各种各样的保障房机制推出来，这一点新加坡、中国香港的经验可能会被越来越多地借鉴。比如说政府持有一部分房子的产权，出租给或者共享给一部分中等收入阶层。总的来讲，我相信房地产未来五年会比过去十年的热度下降。这是一个渐进式的健康表现，**中国社会经济每一个阶段都有痛点，过去这十年的痛点之一是我们的住房、房价，我想未来五年这个痛点会有所转变，可能医疗、教育相对而言会上升成新的痛点，尤其是医疗。**

张小琴：房价的控制是靠政府的决策来改变，还是靠市场？

李稻葵：各个国家的实际经验告诉我们，房地产市场必须要有一定的政府干预，即便美国也有非常强的政府干预，目的就是要调节收入分配。

当货币委员会委员的日子

张小琴：您在 2010 年担任了国家货币委员会委员，这个委员的职能是什么？

李稻葵：帮助货币委员会的最终决策者来进行决策，主要的任务就是关于汇率、利率、存款准备金率是否要调整，关于公开市场操作的各种指标的调整。

张小琴：您在任期中做了什么？

李稻葵：我主要的工作是根据对国际国内经济的判断，不断提出我们的政策应该怎么跟进、怎么微调的具体建议。

张小琴：你们那一届主要做了哪些贡献？

李稻葵：主要是几次调整利率和准备金率，适当地降低存款准备金率和利率，因为那个时代的大背景是美国的货币政策宽松，如果我们过紧的话，会带来资金的压力。

特朗普的经济政策不能从根本上改变美国

张小琴：特朗普当选美国总统之后，美国的经济政策发生了很多变化，从您的角度来看，它们的内在联系是什么？

李稻葵：特朗普的经济政策是老套路，他不可能改变体制，在老的体制范围内微调一下，降低一点税率，这个老套路走不远，为什么呢？今天降低税率，明天就会财政赤字，怎么应对财政赤字呢？你要削减社会福利吗？如果削减社会福利的话，支持特朗普上台的人会不满意的，他这个路走不远，我不认为特朗普能从根本上改变美国。在特朗普的领导下，美国可能会从一些国际事务中逐步退出，会减少自己的供给面，减少自己的包袱。

张小琴：您认为对中国的影响会是什么？

李稻葵：短期内会有人忽悠人民币不行了，这是短期舆论的冲击，不会造成对中国经济长期的实质性影响。

未来黄金价格会不断上升

张小琴：近年来，俄罗斯、德国都加强了一些黄金方面的储备，中国现在黄金的情况是怎样的？是不是也应该考虑增加黄金储备呢？

李稻葵：现在大家对黄金的看法存在非常大的分歧，很多英国、美国经济学家认为黄金不重要了，已经跨越黄金时代了，黄金储备没有用了。但是德国、俄罗斯很多政策制定者和学者不这么认为，他们认为未来的世界金融还会出现各种各样的波动，甚至于危机。下一轮的危机过程中，很有可能黄金又会变成一个周期的储备资产，就是谁有黄金，谁腰杆子硬，谁不怕波动。我倾向于认为德国、俄罗斯这批学者的看法可能更加中肯。

我认为在未来一二十年，不能绝对说美元在国际上仍然被信任，仍然有如此之高的国际金融地位，一旦美元的国际金融地位受到怀疑，谁是第二个大家能够看得准、能够依赖的储备资产呢？我认为未来黄金的作用还会凸显。在这个大背景下，中国政府已经在逐步增加黄金储备了。

张小琴：这样的话，黄金价格有可能会上升？

李稻葵：我相信从中长期的角度来看，五年至十年会上升。毕竟美国的货币基数比2008年增加了两倍以上，日元、欧元更不用说，英镑也增加了很多。整个世界的信用货币、政府发的货币的存量和十年前比都是大规模地上升，这是全球性的，人民币也发了很多。这么多的货币，在这么一个高涨的过程中，贵金属的价格当然也会适当地上升，所以现在贵金属价格比较低恐怕是比较短期的一个现象。再把这个事反过来讲，目前发达国家通货膨胀率很低，很多人说我们是不是进入了一个新时代，在西方是不是能够保持比较高的增长，同时通货膨胀率比较低？我认为这恐怕是一个短期现象，这个结论有点过早，过于乐观了。我相信在不久的将来通胀会回到这个世界，尤其是在发达国家。

原因之一，是我们中国劳动力成本在提高，大量出口的产品成本在提高，美国的日用品很多是从中国买来的，价格以后会上去的。一旦中国劳动力成本提高的话，我们会带来全球性的至少物理产品、商品成本的上升。印度代替不了中国的作用，我不认为印度是第二个中国，发展路径、发展体制完全不一样。所以当前西方国家，包括日本，通胀水平很低的这么一个现象，我不认为会持续五年、十年。五年之内我相信会发生重大变化，当然这个判断，五年之后可以再来跟我对证，这是我的直接判断，必须有这么一个判断。如果通货膨胀回到这个世界的话，黄金价格肯定升。

经济学是一个非常复杂的学科

张小琴：作为一个经济学家，您觉得经济学是一个什么样的学科？

李稻葵：经济学是一个多层次的学科，在一个层面上它是一种哲学理念。比如亚当·斯密说市场经济有一定的自我调节功能，再比如说芝加哥大学已故的经济学家科斯[①]讲，只要你把权利划分清楚，个体之间可以重新分配他们的权利，用我们的行话说，能够重新安排产权，从而使得最终的经济的结果是最

---

① 罗纳德·哈里·科斯（Ronald H. Coase，1910—2013）：新制度经济学的鼻祖，美国芝加哥大学教授，芝加哥经济学派代表人物之一，1991年诺贝尔经济学奖获得者。代表作有《企业的性质》《美国广播业：垄断研究》《联邦通讯委员会》等。

优的，这是一种哲学层面的思考。

第二个层面是实际经济学运行规律的判断。比如说经济发展过程中劳动收入的比重是高还是低，会怎么发展，经济发展过程中城市化率的比重会怎么变化。

第三个层次是根据这些经济运行的规律提出一些政策建议。这个层次相当于工程师，工程师就是不断提出设计解决方案。

经济学是一个覆盖面非常广的学科，坦率地讲，我觉得经济学比很多学科更难学，是很难把握的一个学科，真正把握清楚，真正看得准，可能还需要多年的积累。

我读哈佛的时候，资格考试时，哈佛有一个老教授每一次都要问学生，你知不知道上个星期 IBM 的股票收盘价是多少？道琼斯的股指最近是多少？美元的利率是多少？他为什么问这些问题呢？他就看这个学生对实际的经济运行有没有一种感觉，关心不关心。这位老教授是非常受人尊敬的经济理论的先行者，今天我们用的比如说道格拉斯增长函数就是他发明的。这么一个资深的老教授，到了他职业生涯的后期，发现很多学生没有对现实的感觉。如果没有对现实的感觉，仅仅把经济学当成逻辑的话，经济学就走歪了。

"一带一路"的经济学意义

张小琴：中国现在大力推行"一带一路"，从经济学的角度怎么评价？

李稻葵："一带一路"相当于让我们中国的企业能够找到更大的舞台，更好地去发展。当然了，如果企业抓不住机会，这个舞台大了以后，竞争也激烈了，表现不好，可能被人家竞争下去了。所以"一带一路"对我们的企业而言，既是机遇，同时也是挑战。

张小琴：它会成为改变国际经济规则的一个契机吗？

李稻葵： 会的，可能需要相当长的时间。所有的规则都是打出来的，如果中国的企业到别的国家站不住场子，工程拿不下来，工程经营得不好，就退出这个舞台了。相反如果中国站得住场子，大量的贷款是我们给出来的，我们经营得很好，这个时候我们就可以规定，以后的工程项目，按中国的法律实施，按人民币结算，按照中国的标准验收，这就改变了国际规则。**规则说到底是人制定的，人和人之间的竞争，最后靠的是实力。这个实力不一定是拳头，不一定是武器，靠的是竞争力。**

经济发展应进退有据

张小琴： 您现在还喜欢车吗？

李稻葵： 北京的路况让我很难喜欢车，所以我就转向喜欢自行车和摩托车了。

张小琴： 飙车吗？

李稻葵： 我不喜欢飙车，我希望速度上有一定的储备，给我刹车的时间。**一个国家也是如此，应该留有决策的余地，该加速的时候加得上去，该减速的时候减得下来，这样经济运行才能比较平稳，游刃有余，才不会出现重大的问题。**

（本文根据 2017 年 10 月 20 日在清华大学经济管理学院对李稻葵教授的访谈内容整理而成。）

中国房子中国法

崔建远

人民共和国民法典

崔建远

教育部"长江学者"特聘教授，清华大学法学院"凯原学者"；兼任中国法学会民法学研究会副会长，全国人大常委会法制工作委员会聘任的立法专家，中国国际经济贸易仲裁委员会仲裁员、北京市仲裁委员会仲裁员。曾获第二届全国十大杰出中青年法学家、教育部高等学校优秀青年教师、霍英东教育基金会优秀青年教师、宝钢教育基金会优秀教师等荣誉称号。

曾参与制定《合同法》《物权法》等法律。所著《物权：规范与学说》入选"三个一百"原创图书出版工程奖，荣获第三届中国出版政府奖；《准物权研究》荣获司法部第二届法学教材与法学科研成果奖一等奖，首届中国优秀法学科研成果二等奖；《论争中的渔业权》荣获司法部第三届法学教材与科研成果奖一等奖，第六届吴玉章人文社会科学优秀奖；《物权法》（第二版）荣获清华大学优秀教材奖一等奖，第三届中国大学出版社图书奖一等奖；《土地上的权利群论纲》和《论归责原则与侵权责任方式的关系》分别荣获教育部人文社会科学研究优秀成果奖三等奖。

2018 年 1 月入选清华大学首批文科资深教授。

尊敬的各位领导，各位老师，各位同学，各位朋友，女士们，先生们，晚上好！

"人文清华"讲坛约我和各位交流《中国房子中国法》，我细细体会里面用意很深。因为，第一，常言说衣食住行，这个住就跟房子紧密相连，在生产中房子也常常是生产的要素，由此可见房子在我们生活、生产中的重要地位。第二，我们中国的法律对房子及其权利的规定，跟境外的规定相比确实有很多特殊之处，需要我们细细地揣摩、深入地思考。第三，房子在中国时不时地出现一些新闻故事，形成一些热点。比如前一段温州出现了房子的土地使用权期满续期交钱，人们对此议论纷纷的现象。再比如 2016 年我们出台了一份文件，说交通状况不理想，如果把小区的围墙打开，四通八达，那么会大大地改善交通的状况。

你看，房子的问题在生活中确实是要引起我们重视的。

一、历史沿革：房子和土地的关系

为了把这个话题展开，可以先看一下温州土地使用权续期交费的短片，谢谢！

《房子会过期吗》短片梗概

【画外音】房子会过期吗？

【同期声 居民】应该是不会过期的。

【同期声 居民】我想政府不会让我睡大街吧，我这么相信政府。

【同期声 学生】会呀。

【同期声 学生】会呀。

【同期声 居民】房子不会过期,房子怎么会过期呢?

【同期声 学生】按照中国现在住房这种建筑质量,在过期之前应该早就搬家了。

【同期声 学生】这个的话,我就不是很清楚了。

【同期声 居民】我感觉房子过期也得50年以后了吧。

【画外音】看来很多人并不担心房子"过期",毕竟那还很遥远。我国绝大部分住房的土地使用权都是70年,但在温州,有一批商品房建于商品房试点时期,土地使用年限较短,只有20年。

【画外音】2016年4月,温州市民王女士的房子因为20年的土地使用年限过期而卖不出去,当地的国土部门要求按照房价的1/3补缴土地出让金,王女士的房子市值约60万,也就是说,王女士要花近20万元续期!这天价续期费不仅惊呆了王女士,也在全国范围内掀起了一场"赶紧回家翻房产证"的热潮。

【画外音】实际上到2017年,温州市区将有600多套像王女士这样的房子到期,到2019年,到期的房屋将达到1700多套。那么房子到期后该怎么办?

【画外音】我国《物权法》第149条规定:"住宅建设用地使用权期间届满的,自动续期。"但怎么个自动续期法,则没有进一步说明。

【画外音】针对温州20年住房土地使用权到期风波,2016年12月,国土资源部出台了"两不一正常"的过渡性办法。

【视频资料 央视新闻 国土资源部副部长 王广华】第一个"不"就是不需要提出续期申请,第二个"不"就是不收取费用,第三就是正常办理交易和登记手续。

【画外音】不过王广华也强调,温州出现的20年土地使用年限是一个特殊情况，为此出台的办法也只是一个过渡性办法。为什么我花钱买的房子会过期？我对我的房子到底有什么权利？

无论是温州的案件涉及的人，还是我们这个短片里所提的问题，都反映了普通百姓对房子及其权利有种种想法、种种疑惑。因为古语说房子是恒产，恒就意味着长久，绝非短暂，那到期就很难说是长久，这跟我们老百姓的观念有差异。还有温州这个案件反映的问题——"房子过期"，准确地说是指房子下面的土地使用权到了期限，《物权法》叫国有建设用地使用权到期。那么，我不要这个地，光要房子，所以我也不交钱，总可以了吧？

 ## 1. 土地吸收地上物的原则

这些在普通百姓脑子里的想法，跟我们法律规定、法的理论是什么关系呢？其实我们的法律能被人们遵循，应该说是反映、固定人们的想法，跟百姓的大众理念应该是一致的，事实也确实如此。但是在某些方面，法律上的理和百姓大众的理还是有点不同。温州这个案子也反映出这个问题。

其中一位被采访的对象说："房子怎么会过期呢？"对，如果孤立地看房子这个东西确实这样。可是在法律上房子不能孤零零地看，要跟地连在一起，这跟我手里拿的遥控器、我穿的西服、我戴的手表，它的权利不一样。我戴的手表、穿的西服、拿的遥控器，它的权利可以不依赖于别的权利存在，不需要别的财产支撑就能存在。可是房子不行。原来，法律一直奉行一个原则叫土地吸收地上物，这是自罗马法以来都承认的。这是什么意思呢？它是说土地有很强大的吸纳力，地上种植的林木，只要你没有砍伐它，在土地上耕种的农作物，只要你没有收割，它们就都成为土地的组成部分，也就简称为土地的成分，它们不是独立的物。有的人把这样的原则，用非常夸张、非常极端的表述揭示出来——一只鸟儿落在地上，只要没有展翅飞翔，这个鸟儿也是土地的组成部分。

虽然这样的说法是比较极端的，但是揭示了土地吸收地上物这个原则。房子和地也要遵循这个原则。

所以，你在地上盖了房子，这个房子就成为土地的组成部分，到现在为止，德国的《民法》对于相当一部分房子仍然这样看待，说这部分房子只有土地所有权没有房子所有权。当然在另外的地方也有跟中国类似的情况，那是另外的话题。

 ## 2. 地上权

这样的制度有利有弊，它的利就表现在只要你是土地的主人就可以放心地对土地进行经营管理，无论是种植农作物、养鱼养虾、放牧，还是盖房子，你就只管放心，这些东西肯定要归属于你，别人抢不走。但是也有一个不好的表现，这个地的主人可能没有能力经营管理这个土地，可能没有资金在上面建房子，那只好闲置土地。闲置的土地不应该说是有效率的状态，可是有钱却没有地的人，一方面想做这些工作，但另一方面他又不愿意，因为他是一个理性人、一个经济人，不会把自己的财产投到别人的土地上，最后他两手空空，肥了地主。怎么解决这个矛盾？人们的智慧真是无限，于是又出现"地上权"的概念和制度设计。

你的土地不是有强大的吸纳力吗？我现在用这样一个地上权，就像一把锋利的宝剑把这个吸纳力拦腰斩断。有了这样的地上权，我在你的地上盖的房子就不归你了，而是归拿钱盖房子的人。这样子，地的主人不就吃亏了？别着急，这个地上权不能白得，得付出对价。这样地主得到了钱，用别人的地盖房子的人又得到了房子，这样，双方的利益应该说是平衡了。地上权应该是个不错的制度，这个制度在我们国家也是给借鉴过来了。那我们不愿意用这个词，所以出现了下图中间的这样一些概念。

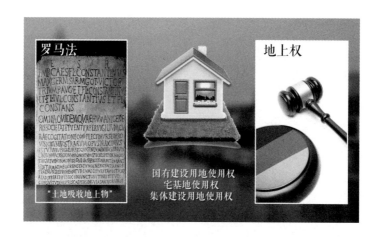

 3. 国有建设用地使用权

最上面的"国有建设用地使用权"是《物权法》的叫法。在《物权法》之前的法律，比如说《中华人民共和国城市房地产管理法》等，用的是"国有土地使用权"。温州的案子也叫国有土地使用权，这种权存在于国有的土地上。怎么国有土地上盖的房子不归国家？就得有国家建设用地使用权来解决，有了这个权以后就不归国家了。

4. 宅基地使用权

如果我不是在城里，而是在农村，并且是农户自己盖住宅，用的就是"宅基地使用权"。这个权利的取得需要农户向集体经济组织提出一个申请，我的家现在没有宅基地，需要有一块宅基地将来盖住宅，经过乡镇政府的批准，到县政府国土资源管理部门备案，这个农户就拿到了宅基地使用权，这个时候你在宅基地盖的住宅所有权归你，不归集体组织。

5. 集体建设用地使用权

如果我不是农户，而是一个乡镇企业，那就适用"集体建设用地使用权"，乡镇企业直接跟集体经济组织来谈判、洽商、签合同，拿到集体土地使用权。在这样的建设用地上建的厂房、实验楼、办公楼等，那就归这个厂家，而不归集体组织。

二、房子会过期吗

 ### 1. 居住用地使用权 70 年

关于国有建设用地使用权的问题，在我们现行法上还分门别类。

温州的案子就是第一张图上出现的，是居住用地上面的国有建设用地使用权或者叫国有土地使用权，这个权利的存续期间是 70 年。所以如果我们买

的房子刚好是拿到了地就有了房子，它是 70 年，我们的房子至少也要存续 70 年。

 ### 2. 使用权为 40 年至 50 年的土地

由我们《中华人民共和国城镇国有土地使用权出让和转让的暂行条例》第 12 条规定的，工业用地、科教文卫用地、综合用地，这个用地的国有建设用地使用权是 50 年。如果是建商铺、商店呢？还是《中华人民共和国城镇国有土地使用权出让和转让的暂行条例》第 12 条规定的，商业用地的使用权是 40 年的期限。

我们买房子一定要注意这样的期限的长短，因为这个期限长短直接涉及房价的高低，70 年的房价可能就要高一些，50 年的可能房价就低一些，所以一定要注意这个差别。

三、农村建房的制度安排

 ### 1. 什么是"小产权房"

有了这样的权利我就可以盖房了，盖房要经过一些手续。在农村，农户要盖住宅可以得到宅基地使用权，乡镇企业要建厂房可以得到集体建设用地使用权。现在这两者都不是，我是一个开发商，要在农村的土地上建商品房；我是一个国家机关，要在农村土地上建办公楼；我是一家学校，要在农村的土地上办学校。在这样的时候，我们是跟集体经济组织直接洽商签合同，拿到集体建设用地使用权后就盖商品房、机关办公用房、学校的校舍行不行呢？如果你这样自盖了一个房子，就是"小产权房"。

为什么这样？因为我们国家的现行法规定，如果是要进行商品房的开发建设，要进行国家机关办公场所的建设等，不能直接跟集体经济组织来签合同，取得集体建设用地使用权。怎么办呢？用征收制度，就是国家动用国家的权力，将集体所有的土地变为国有，国有以后由国土资源管理部门再出让国有建设用地使用权给用地的人。这个时候你再在上面建学校、商品房、机关的办公用房，那才是受法律保护的房屋所有权。那个不动产证上盖的是有国徽的章，而不是小产权房。你通过跟集体经济组织直接谈判形成的这个小产权房，即使有证，也不是有国徽的那个证。这样说来，小产权房在我们现行法上还是不被认可的。

2. 建议通过交补偿金让某些小产权房合法化

不被认可怎么办？有多种解决方案。一种办法，可能是比较干脆利落的，就是把它拆除、炸了。但是这样处理不符合效益原则，能不能我们分门别类，做出一些不同的处理？其实是可以的。经过这么多年的思索讨论，形成了一些共识。有些地方是部委试点，部委鼓励直接在农村土地上建房子。据我所知，安徽就有些这样的房子，是住建部搞试点盖的。大家的意见是，这类房子最好通过补办手续、完善程序，让它合法化，让它保存下来。所谓合法化无非是两个方面，一是经过县级以上人民政府的批准，二是补交土地使用权出让金，这样就由原来集体土地上的房子变成国有土地上的房子。

跟这个类似，虽然不见得是部委试点的，但是在社会主义新农村建设过程中形成的房子。这些房子本来都是要给农户的，农户入住新农村建设中的房子，相当于他原来拿一块宅基地使用权建的住宅。但是他们用了这个房子以后还有一些剩余，这样集体经济组织就把剩余的房子卖给了像我们这样的人，就是这个组织之外的人，我们买的建在集体土地上的房子，就变成了小产权房。集体组织建设给农户的房子不叫小产权房，法律保护它，卖给外人的房子就是小产权房，像这类房子的处理应该也要跟部委试点的一样。

还有，即使没有经过这样高级别的机关的试点，或者社会主义新农村建设这样的运动，但是也经过了相当级别的行政机关的批准，在农村土地上建的房子，也卖给了城里人，像**这类的小产权房是不是也要按照那个精神处理？我赞同通过合法化的途径解决，而不是炸毁、拆除。**

但是下面两种恐怕不行。一种是村集体组织为了弄到钱自作主张建了房子卖给城里人，这类小产权房难以合法化，恐怕保不住。再有一种是打着宅基地使用权这样的旗号建的房子，不是给农户，而是卖给农户以外的人，这就违反了宅基地使用权制度了，我认为也不能受到法律保护。

通过这样一些介绍，对农村房子的状况我们基本上有了了解。

四、我对我的房子到底有什么权利

 1.《物权法》第 30 条：合法建造须五证齐全

那么城里呢？我们一定要注意《物权法》的第 30 条："因合法建造、拆除房屋等事实行为设立或者消灭物权的，自事实行为成就时发生效力。"这个"合法建造"的"合法"两个字是什么意思呢？**在具体操作上，就得有下面的五证：**

第一个是国有土地使用证。这个证对应的权利就是国有土地使用权，或者叫国有建设用地使用权。也就是说，你盖的房子要想在用地的根据上合法，就必须先拿到国有土地使用权。

第二个是建设用地规划许可证。随便开工建设是不行的，每个城市都有规划，说这是工业园区、这是教育园区、这是商业集中区等，你得符合这个规划，得拿到这样的证，即建设用地规划许可证。

第三个是建筑规划许可证。有了土地方面的规划，不见得这个房子就符合要求，比如说两栋房子紧紧连在一起也不行，不符合通风、采光的要求。要想在这方面合法，还得拿到建筑规划许可证。

第四个是建设工程施工许可证。有了前三个证，我们自己找到施工队也不行，还得拿到一个建设工程施工许可证。有这四个证就可以盖房子了，盖了房子自己用没有问题。

具备上述"四证"，就符合"合法建造"的要求。这样的建造，只要一封顶，房子就有所有权，没到不动产登记机构登记也有所有权。早些年有个误区：凡是房子非得登记才有所有权。《物权法》第一次说，新建的房子，不登记只要一封顶也享有了所有权。

可是要卖建的这个房子，还得有个证。这就是**第五个证，商品房预售许可证**。

2.《物权法》第 31 条：房子不办理登记有风险

可是有一点，虽然一封顶就有所有权，但你不登记就会有风险，这个风险可以表现在方方面面。其中一个就是《物权法》第 31 条提到的内容。你享有了不动产物权，但是要处分该物权的话，"依照法律规定需要办理登记的，未经登记，不发生物权效力"。

先说一个案件。有一年，宋鱼水法官任北京市海淀区人民法院副院长的时候，邀请了中国人民大学的王轶教授还有我去讨论案子。这个案子大概的案情是：张老三买了一个房子，付清了全部房款，装修入住近十年，有一天一个人拿着房产证说，这是我的房子，你走吧。原来是卖房的人使坏，将张老三买的房子又卖给了李老四，李老四办理过户登记拿到了房产证。这样，在法律上张老三就对抗不了李老四，尽管他早就交了房款，入住了近十年，但是他是个债权人，没有所有权。这样就有风险。

还有，根据《物权法》第 31 条，你前面建好的房子，如果你想赠给别人，想卖给别人，想到银行按揭贷款，你光有第 30 条那个权利不行，非得按第 31

条的规定，盖房的人先办一个登记，原来没有登记现在补办，我们称之为初始登记，这次我们国家《不动产登记暂行条例》及其实施细则把它叫作首次登记。先办这个，办完这个以后，买房人和卖房人配合办过户登记，这是我们通常的说法，《物权法》的词叫变更登记，《不动产登记暂行条例》第 11 条则叫转移登记。办理了过户，房子被登记到买受人或受赠人名下，买受人或受赠人才能有这个房子的所有权，你才能进行一些交易活动，心里比较踏实。

如果这方面你稍微一松懈，比如说，该办理抵押登记没有办理，到打官司的时候就没有抵押权，尽管有抵押合同，但是没有登记也没有抵押权，所以这点也是我们要注意的。

3.《物权法》第 142 条：房地权属变动时是一体的

现在麻烦来了，一栋房子甲公司说归他，乙公司说归他，到底归谁？怎么办？有的人出招，说我们国家早就有谁出资谁收益的原则——谁出资盖的房子就归谁。我觉得这个说法，是把一个局部的真理扩张全面化，这样越了界限，真理就变成谬误了，这个不行。《物权法》第 142 条规定："建设用地使用权人建造的建筑物、构筑物及其附属设施的所有权属于建设用地使用权人，但有相反证据证明的除外。"也就是说，**房子所有权由房子下面的地的权利人决定，国有土地使用权是谁的，房子就是谁的，房地权属变动的时候是一体的，如果做不到这一点风险就很大。**

下面这个案子充分说明了这一点。有一个部委拿到一宗行政划拨的建设用地，国务院机关事务管理局说，给你这宗地是建工作人员的停车位、停车库、公共食堂的。可是你想想，建这些东西不会创收，只会让你往里搭钱。怎么能创收呢？机会来了，刚好有人想在北京一个理想地段找一栋房子，认为这宗用地很理想，双方各取所需，定了合作建房的合同。这个合同约定：这个人出全部的资金，这个部委出地的使用权，建好房子是酒楼，一方一半所有权。双方知道这样不符合法律要求，所以第四条里做了一个约定，由这个部委负责手续的合法化。搞法律的人就知道这个地方的手续合法化，指的是要把**行政划拨的**国有建设用地使用权，变性为**出让的**国有建设用地使用权。要实现这个性质的变化，一是要经过县级以上人民政府批准，第二要补交土地使用权出让金，两点都做到了，手续就合法化了，建的房子就受到法律的保护，合同执行就不会有障碍，这样两家各取所需。

问题是这个案子双方闹掰了，那个部委说合同无效请你走人，但是房子别想带走，你不是出钱了吗，本金给你，利息也给你，这个利息不是按存款的利率，而是按人民银行贷款的利率。如果这样处理，在货币保持一个恒定的状态，房价一直下跌的时候还行。可是这个案子的背景是北京的房价不断往上飙升，那出钱的就吃了大亏了！那不能按约定分一半了，按什么？就是按《物权法》第 142 条规定，这个房子下的地是部委的，所以这个楼也是部委的，你这个出钱的只能拿钱走人。

这个案子给我们一个警钟，**我们出钱的人跟别人合作建房的时候怎么最大化地保护自己的利益呢？那就是在合同里约定出地的人先变更登记，把国有建设用地使用权由原来登记在一家名下变成登记在两家名下，这个时候就不怕闹掰了。**即使分手了，也是地上的房子跟下面的建设用地使用权一同处理，建设用地使用权是共有，房子也是共有。

我们要通过这样的事例不断地积累经验，避免损失，保护自己的利益。

五、我对我的房子外有哪些权利

 1. 拆小区围墙谁说了算

我们在一个大楼里买一套房子，这个房子的权利是由三部分组成的：专有部分的所有权，共有部分的共有权、共同管理权。天花板、地板和四周围墙的中心线以里形成的空间叫作专有部分，我们买房人对专有部分享有的权利叫专有权，是房子所有权的组成部分。

《拆小区围墙》短片梗概

【画外音】如果拆小区围墙，你觉得谁说了算？

【同期声 居民】我感觉还是政府吧。

【同期声 居民】应该是政府。

【同期声 学生】应该还是得小区居民来做出这样一个决定吧。

【同期声 居民】拆这个围墙应该是政府吧。

【同期声 居民】需要拆就拆。

【同期声 学生】我觉得应该是物业或者开发商吧。

【同期声 学生】业主吧。

【同期声 学生】肯定是住在那个小区的人。

【同期声 居民】这个围墙归谁就应该谁有权吧。

【同期声 学生】你强行把人家围墙拆了，那多难看呀。

【画外音】不要以为这是个无聊的问题，没准儿要不了多久你就会面对这个问题。

【画外音】2016年2月，中共中央、国务院发布了《关于进一步加强城市规划建设管理工作的若干意见》。《意见》指出："要加强街区的规划和建设，原则上不再建设封闭住宅小区，已建成的住宅小区和单位大院要逐步打开，实现内部道路公共化，解决交通路网布局问题，促进土地节约利用。"

【画外音】《意见》一经报道，便引起民众热议，不少人点赞，说拆除小区围墙可以破除交通拥堵难题，增强社区活力；但也有人表示这侵犯了小区业主的权利，更有人担心拆除小区围墙会增加安全隐患。拆与不拆，这是个问题。那究竟谁有权决定小区围墙的命运呢？

我们对房子外到底有什么权利，外面的围墙到底是不是我们房子权利的组成部分呢？短片里面有一位女士，她说得特别好，这围墙拆还是不拆由谁说了算？她说要看归谁。我对我的房子外有哪些权利？这是从物理的概念、空间的概念提的。我走出我的房门，外面那些，比如走廊、电梯、储物间、外墙、屋顶、绿地、会所、围墙等，这是物理的空间概念。而在法律上不是这样区分的，**即使在我这个大门的外面，你那个电梯的一部分、走廊的一部分、储物间的一部分，等等，那也是我这个房子所有权的组成部分，这些部分的名字叫共有部分，我对共有部分享有的权利叫共有权利。**

这个短片里说的围墙是我共有部分里的组成部分吗？要回答这个问题，第一你得看我们买房时的合同，或者叫商品房预售合同，或者叫商品房销售合同等。那个合同里怎么约定的，是否有约定围墙公摊到房子的共有部分？如果约定公摊到房子的共有部分，那么这个围墙就是小区业主们共有的，扒围墙不经过全体业主同意是不行的。如果买房的合同没有写，怎么办？我们买房子的时候合同后面有个附图，看那个附图里外墙公摊到房子的共有部分里有没有，如果公摊到里面，要拆围墙也要全体业主同意才能拆。如果没有，从《民法》的角度来讲，业主说了不算，就得看《行政法》。如果《行政法》说没有问题，人家给扒了，我们业主就没有办法了。

如果配图上也看不出来，还有没有其他办法？恐怕就得找其他证据了，比如规划设计等，这个得根据个案来分析。所以，对中共中央国务院关于加强城市管理小区围墙打开不打开的规定我们要正确地解读，也不是说一股脑地统统都拆，也不是反过来统统都不能拆，要看权利到底归谁所有。

 2. 小区建的幼儿园，归谁所有

还有小区建的幼儿园，归谁所有？第一看合同，幼儿园是不是公摊到业主房子面积里来了。如果没有，第二就要看配图。如果这些统统都没有，幼儿园就不属于我们小区业主所有。其实按我自己的看法，我们最好不要这个幼儿园，因为幼儿园有很大的负担，里面小孩子吵架、发生伤害，可能要赔钱，我们小区业主是主人的话也要负责任啊！这种问题你操什么心，莫不如算了。这样来解决这个问题可能更好。

六、我的房子到期了，还要交钱吗

我们的房子本来是个恒产，那为什么还闹出一个续期交费的问题？

 1. 新思路：土地借用权

第一，房子的所有权绝不是孤零零存在的，必须跟土地的权利结合在一起。这个土地的权利有种种表现，从我们现在这个常见的表现来讲，在城市里那就是国有建设用地使用权。还能不能用其他的方式来表现？这个不同的人有不同的看法，像我居住的蓝旗营小区，这个房子成本当时由三部分构成：第一部分是国家无偿划拨建设用地使用权给我们，也就是我们小区买房的人没有花土地使用权的钱；第二部分是我们买房人拿 1/3 的钱；第三部分的钱都由清华大学负担。这样，由于我们没有花钱买那个国有建设用地使用权，我们房子的权利里面就不好说同时拥有房子下面的国有土地使用权。这就违反了房子要有土地的权利作为正当根据这个原则，怎么办呢？人们想出了很多的办法，其中一个办法，就是房子的所有权人对这个土地享有租赁权或者享有借用权，享受这样的权利也能够使你的房子所有权有法律上的依据。蓝旗营小区的房子在我看来，就是我们这些房子所有权人对房子下面的土地拥有借用权。这样的理念树立起来以后，对有些案件的处理可能解决结果就不一样。

几年前，有一个北京画家村房屋买卖合同被判无效的案子，这个房子是宅基地使用权上的房子，是一处住宅。我们国家的现行法不允许农村宅基地使用权流转给农村集体组织以外的人，这个画家不是那个村里的人，用《合同法》第52条第5项规定，画家买房子的合同无效，房子要退回，原房主收的房款要退给画家，画家受的损失再想办法解决。应该说这个判决是不违反我们现行法内容的，与多数人的观点也是契合的。

可是按照我方才说的理念重新梳理一下，房子不一定只能以国有土地使用权、集体建设用地、宅基地使用权作为依据，也可以以借用权作为依据。用借用权这样的思路去判画家村的案子，结果可能是不一样的。也就是说，画家买房子要的是房子下面的宅基地借用权，房子的所有权和宅基地的借用权转到画家手里，宅基地使用权并未转移给画家，并没有违法，这样这个合同就有效了，画家就能拿到房子所有权了。你看，理念不一样，案件的结果也不同。

 ## 2. 房子所有权自动续期，还要交费吗

我们现在正面地、直接地回答温州的案子。从短片中看这些房子的土地使用权已经期满了，如果不想要这个房子，期满就可以走人。但是我估计人们还是想要这个房子，况且我们《物权法》第149条第1款说："住宅建设用地使用权期间届满的，自动续期。"自动续期，房子所有权就延长了，就能受到保护。现在争论点在于，为延续房子所有权而对建设用地使用权续期时，要不要再交费，对这个问题的解决，观点不一样。

方案一：通过纳税解决

据我了解的情况，现在第一种观点就是通过纳税的方式来解决，不要再交土地使用权出让金。这样的方案好处是，平衡了20年土地期限和70年土地期限买房人之间的利益，平衡了买了房子的人和没买房子的人之间的关系，这是优点。缺点是纳税得有交易额才有税额的计算基准，这里没有交易额，这个税用什么做基点计算呢？

方案二：地方政府决定

第二种方案是由地方政府决定。地方政府想吸纳四面八方的人才来我这儿工作、买房子，那么建设用地使用权续期就别再要钱。如果这个地方人口太多，巴不得你们赶紧走，那就要再交钱，逼着你走，减弱他人来此买房的积极性。这个方案的好处是根据各地发展不平衡来决定各自的事。可是它也有弱点，这样等于同样一件事情在全国的处理就没有一个标准了，法治的统一性会受到动摇。

方案三：自动续期不交费

第三种方案，也是《物权法》草案讨论过程中的方案。在《物权法》草案讨论的过程中，每次我都在场。与会的专家学者都说，住宅的建设用地使用权期满不用申请自动续期，续期时不用再交费。专家学者反复地说，最后在法律委员会讨论的时候，接受了自动续期不交费的意见。但是很有意思的是，我们《物权法》出台的时候，第149条第1款只有"自动续期"没有"不再交费"的字样。于是地方政府就利用这样的规定来行使自己的主张。对这个问题，我个人是一直赞成不要再收费。因为第一，在我们的理念中，买了这个房子我是花了全款，我没有想到只是买了一个阶段。第二，房子既然是所有权，所有权的本性是永续存在的，那你怎么还要打断我的所有权期限？那跟租赁有点接近了，这样也不合适。所以能不能坚持这样的意见也涉及我们后面要讲的一个问题。

"安得广厦千万间，大庇天下寒士俱欢颜"，我在这里特意引了伟大诗人杜甫的一段话，这是一个美好的愿景，是一个渴望，这样的渴望和梦想今天正在逐步地变成现实。习近平总书记在中国共产党第十九次全国代表大会报告中有一段话，他说："房子是用来住的不是炒的。"**所以在使用权续期收费的问题上，是不是我们的房子用来住就不再收费？**如果是用来炒的话再考虑收费不收费的问题？

3.建立多主体供给、多渠道保障、租购并举的住房制度

更重要的是，总书记在十九大报告中提出的解决方案是建立多主体供给、多渠道保障、租购并举的住房制度，这样一来，多主体、多渠道就可以有很多的表现形式。

第一个我们可以自建自住。

第二个是《物权法》没有的，未来的《民法典》物权编能不能写上，"合资建房"。现在大家凑钱拿建设用地建房拿不到，地只给开发商，其实《物权法》没有禁止我们这样的行为，所以应该是合法的，只不过《物权法》没有明说，希望《民法典》物权编能将这点给明确下来。

第三个是购买商品房，但这对于刚工作的人来说还是有难度。

第四个是共有产权房，这是政府为我们着想的，我们不用花买商品房那么多的钱，花一部分钱也能拿到有不动产权证的房子。当然，这个主人不光有你，还有政府。

第五个就是总书记说的"租"，即租房住。这样来多渠道保障住房供给。

有的问题需要在我们最后的《民法典》物权编里固定体现。现行的《物权法》中没有居住权，我认为将来的《民法典》物权编可以规定居住权，这样我们就可以拿一部分钱，跟别人一起合作建房，最后能拿到居住权。虽然不是所有权，但是也能很长时间使用，也等于达到居者有其屋这样的目的。

最后，让我把下面一段话说出来。我认为"人文清华"讲坛崇高而神圣，能站在这个地方对于我来讲是一个殊荣。有了今晚这样一个过程和这么一个结果，是"人文清华"讲坛的工作人员他们策划、编导、采访、录像、拍照、宣传的成果，对于他们卓有成效的工作，我也要发自内心地感谢。也感谢今天到场的各位。

谢谢！

问答

 1. 农村人拥有城镇户口后，如何继承家中的宅基地？

观众： 越来越多的农村人口走到城市，拥有了城镇户口，请问他们家中的宅基地如何继承？谢谢。

崔建远： 如果从农村来到城镇变成了城镇居民，有了城镇的户口，按照我们现行法，他就没有资格享有农村那个宅基地使用权了。这样的话，如果他继承只能继承地上的房子，不能继承宅基地使用权。如果他虽然到了城里，但户口还在当地，就既有资格继承房子，也有资格继承宅基地使用权。

观众： 请问将来立法上会有什么改进的方案没有？因为毕竟中国也是在走城镇化的道路，将来肯定是城市人口越来越多，农村人口越来越少。

崔建远： 正因为趋势是越来越多的农村人到城里变成城镇户口，因此就越使得你不需要农村那个住宅。不需要就可以腾出来，尤其是在新农村建设过程中，把它变成耕地，不是更有价值吗？所以你不应该还占着宅基地。从利益分配角度来讲，我个人觉得也不合适。因为我就是农村人，我知道像河南等一些地区，他的观念还是，你考上大学走出来，即使你的户口离开了，也还给你保留着宅基地，甚至保留着你的承包地。但是按照法律，只要你不是那个集体组织的成员了，这两个权利就都不应该再给你保留了，再给你保留是那个村庄对你的特殊厚爱，你得感谢。

 2. 小产权房的历史原因和解决办法是什么？

观众： 崔老师您好，请问小产权房这么多，在历史上是什么原因导致的，明明知道不合法还要建，把它们合法化是不是对当年守法的人不公平？

崔建远： 你这个问题也是不少人脑海里一直想的。小产权房形成的原因是这样的，本来集体组织对它的地有所有权，按照所有权本性，是收益、处分等都由它决定。比如说一个开发商跟它谈"把这个地的使用权给我"，这样一是体现了这个集体组织的意志，二是它从开发商那拿到的钱，比国家征收它的地给的补偿款应该说多一些。所以，对于土地所有权人来讲，它的好处很明显。对于拿地的开发商来讲，也有好处。我跟你集体组织谈判拿到的地付给你的对价，要比我从国土资源管理部门拿到的国有建设用地使用权给的对价款要少。这样的话，地主这边也得了利益，用地的人也得了利益，利益少拿的就是国家。

这样一个现象到底是要改变还是维持？非得由国家征收国有，然后由国土资源管理部门出让吗？那就看我们国家的政策。如果要让我谈我的看法，我觉得国家在这个地方先征收再出让，如果是为了公共利益，当仁不让，但是如果为了商业利益我觉得道理不那么充足，因为你少给人家集体组织钱，然后出让建设用地使用权又多要钱，这个剪刀差不合理。不合理的表现在于，土地所有权的价值低于土地所有权组成部分建设用地使用权的价值，这是违反事物本来规律的。

第二，这样是国家权力把农村集体组织本来的利益拿走了。我很注重学习，我学习了《中共中央国务院关于完善产权保护制度依法保护产权的意见》，那里特别强调权利平等、机会平等。另外的文件里说，土地的权利同权同价。所以要按改革方向，国有土地那样高的价格，为什么集体土地的价格那么低呢？从未来的方向要往那边看。至于说哪天能实现这个目标，还得再观察。

（本文根据 2017 年 12 月 11 日崔建远教授在"人文清华"讲坛的演讲《中国房子中国法》整理而成。）

崔建远专访：民法里面有真善美

误打误撞上了吉林大学法律系

张小琴：崔老师，您是 1977 级的大学生，上大学是 1978 年？

崔建远：1978 年 3 月。我是河北唐山地区滦南县人，是地地道道的农村人。小学二年级就经历"文革"，念不了书。后来虽然"复课闹革命"，但所学甚微，读到了小学五年级才开始学三位数的乘法。幸运的是在初中和高一赶上"回潮"，认真且有收获地学习了三年。但到高中二年级赶上"张铁生白卷事件"，在全国范围批判"回潮"，就又学不了了。回到村里务农，之后又做了村里的小学教师，教了两年，算术、语文，各门课都要教。后来把我从村小学调到了中学，我以为让我去教数学，没想到宣布的时候让我教语文，当时就目瞪口呆了，中学毕业生去教高中的语文，这怎么教啊？硬着头皮上，我也不去玩，除了上课就是看书、备课，教了两年。

这时候就来了通知说要考大学，离考试只有一个月的时间，因为我所在的这个学校就是我的母校，我的数学老师、语文老师都来帮我，跟我一个寝室住的，也是我的老师，教外语的，把他"文革"以前考大学的地理、历史书都拿出来给我看。

张小琴：集全校之力把您送上大学？

崔建远：对，是各位老师帮我。

张小琴：怎么上了法律系？

崔建远：很有意思，我第一志愿全是中文系，因为传言民办教师报考师范院校能被优先录取。当时以为大学都一个样子，也不知道各所大学之间原来差异这么大。当年在全国范围招法律专业的学校只有两所，北京大学法律系和吉林大学法律系。吉林大学要从河北招五个考生学法律，报法律志愿合格的只有

223

两个，还缺三个。我的第一志愿是河北师大中文系，属于第二批录取的院系，吉林大学属于第一批录取的院校，所以吉林大学就从第二批录取的考生中把我录取走了。

张小琴：也就是说您进到法学研究这个领域，从一开始就是误打误撞？

崔建远：对，纯属偶然。

张小琴：您接到通知时，是什么心情？

崔建远：当时的情景现在还历历在目。我当时正上语文课，还没下课，校园就沸腾了，有的老师来敲门，说："建远你别上课了，你的大学录取通知书来了！"一打开——吉林大学法律系法律专业，又高兴又恐惧。这个法律是什么呀？不管怎么说，要念大学了，还是蛮高兴的，不懂再说吧。

张小琴：那时对法律其实没有太多概念？

崔建远：上大学之前，对法律都退避三舍，当时觉得法律就是和枪毙有关，不知道原来买房子、买地还都是法律要管的事。

我在农村的时候，有一个人犯罪，判刑要交给老百姓讨论，讨论这个人是枪毙还是判几年徒刑，把他的案情发到每个村庄，生产队组织老百姓来讨论，有的人说这个人要枪毙，有的人说这个人要判十年。最后出了一个布告，说他依法判处死刑，立即执行。当时就知道有"法"，这是一个印象。

第二个，我念初中时，正赶上全国学习1954年《宪法》，这是新中国成立后的第一部宪法。讲政治课的老师被要求一定要讲这个1954年《宪法》，后来想那个老师其实也不懂，他虽然在念条文，但也不知道宪法究竟是什么。

在入法律专业之前，对"法"有这么两个感性的印象。

读法律一开始很痛苦，差点休学

张小琴：那对法律建立一些基本的概念是在上学以后？

崔建远：这个过程实际上挺痛苦的，我都差点要休学回家了。刚开始不学我们今天见到的这些法律，都是政治课，像《起源》《国家与革命》等，读原著。汉字都认识，可是每个句子的意思不懂。和法理有关的一门课，今天叫作法理学或者法的理论，我们当时的名字很长，叫"马克思主义国家与法的理论"，基本上也是政治，法律占的比重很少。这些理论对我来讲完全是陌生的。我很用功，吃完饭连午觉也不睡就去看书了，一页书从第一行看到第五行，第一行写的什么，脑子里完全不知道，再回头看第一行，一页书可能看半天也看不下来，脑子记不住。

上课就想睡觉，怎么掐这个手阻止瞌睡也都无效，还是瞌睡，可是到了晚上又睡不着，担心。这样晚上失眠，上课睡觉，身体很快就承受不了了。觉得好不容易考出来了，还读不下去，很苦恼。我奶奶的妹妹家在长春，他们帮了我很大的忙，做我的思想工作，没有他们一家，我说不定就真休学回家了。就这样坚持再坚持，总算熬过去了。

今天，法学院的新生来了，仍然很苦恼，抱怨这个法律学不懂，怎么办？我说你只要熬，就像把你扔到一个染缸里一样，让你浸泡到一定时间，有一天突然像捅窗户纸似的，一捅就透亮了，你一定要坚持住。

张小琴：您在大学豁然开朗那一天是怎么到来的？

崔建远：是刑法，进入了刑法课，哦，原来这么美。我念书的时候只有两部法律，一个是1954年《宪法》，其实也是弃之不用的，一个是《婚姻法》，这个是在用的，其他的法律都没有。

张小琴：咱们国家第一部《刑法》是1979年7月才颁布的，所以你们上大学的时候还没有刑法。

崔建远：当时老师讲课主要讲刑事政策、党的政策。我们自己看书主要是看苏联的。咱们国家在20世纪50年代的法律课程不是学中国的法律，是学苏联的法律。

张小琴：刑法不是充满杀伐之气吗，怎么能感觉到美呢？

崔建远：当时在法律所有的学科里面，刑法有完整的犯罪构成理论，且一以贯之，内部自洽。我们念书的时候犯罪构成是四个要件：主体、客体、主观方面、客观方面。比如犯罪构成里面讲罪过，就涉及心理学、伦理学等好多学科的内容，它就活生生的了，不像起初学的"国家与法的理论"那么抽象，而且有不同的流派。它这四个要件从刑法的开始到结尾，就像一个纲一样，统领整个的刑法。在法学的学科里，刑法的理论是最精巧的，确实让人觉得美。所以就是从学刑法开始爱上它了，这样也愿意下功夫。

张小琴：那时候法律还不太多，是不是比现在的学生背的东西要少一些？阅读的东西会少一些？

崔建远：阅读的很少，当时能看到一本书就很不容易，不像现在汗牛充栋，现在文献太多了，学生苦恼的是怎么能挑选到更有价值的东西。我们当时的苦恼是没书可读，能看到一本书，那都爱不释手。老师也是刚恢复教学，有的从监狱里刚出来，有的从牛棚里刚回来，他们也都荒废了很多年，所以学习条件跟今天的学生是没办法比的。

张小琴：课程体系是不是也支离破碎？

崔建远：课程体系是参考境外的，倒有体系，只不过这个体系的每个环节比较空。

张小琴：这个阶段，对您影响特别大的著作或者一些思想是什么？

崔建远：理论方面，当时把吴江先生政治学方面的著作读了很多遍，觉得他很有理论。另外，当时也读苏联学者布拉杜西的著作。中央政法干校有一本《中华人民共和国民法》，比较薄，也认真读。

张小琴：那时候民法还没有，但是有研究的书？

崔建远：有教科书，但当时不是谁都能借出来的。我们法律专业的学生，有资格读这些书，这些书是民国时候的，比如胡长清^①先生写的《中国民法总论》《中国民法债篇总论》。图书馆管理员说这个书借出来不是让你汲取其中的营养，是让你读了以后要批判它，这样交给我们读，这些书里面有理论。

张小琴：所以在您读书时，法律系还是带有很强的政治性？

崔建远：对，我入学的时候法律还是保密专业，家庭成分、政治方面有问题是进不来的。

老三届法律学生人才辈出，为中国法律拓荒

张小琴：你们入学时，全国只有两个大学有法律系，而你们又是第一批法律系学生，中国当时的状况又是一片荒芜，所以，你们是拓荒的一批人。

崔建远：确实。我念吉林大学时，校长是唐敖庆^②老师，唐老师在化学领域做出了很杰出的贡献，他是清华的校友。开学典礼上，他讲话很有激情，说要保证教学楼里灯火通明。台下顿时掌声雷动，每一个新生都觉得这个天下就是我们的了，一定要学好，干出一番事业来，所以很珍惜每一点时间。

张小琴：后来你们这一届应该也在中国法治的历史进程中产生了很大作用？

崔建远：李克强总理是北大法律 77 级的，现在最高人民法院的院长周强是西南政法 78 级的，77、78、79 这三届是一组。这三届出了很多的人才，高级干部、学者有很多。这一批人遇到了非常特殊的情况，就是断代，1960 年以前他们那一代，到我们这批人中间，这么长的时间几乎没有人才。1977、

---

① 胡长清（1900—1988）：中国近现代著名法学家，字次咸，四川省万县人。代表作有《中国民法总论》《中国民法亲属论》《中国刑法总论》等。

② 唐敖庆（1915—2008）：中国现代理论化学的开拓者和奠基人，被誉为"中国量子化学之父"。代表作有《量子化学》《高分子反应统计理论》等。

1978、1979 这三届毕业以后，无论是在政治觉悟还是业务水平上，都明显地让人放心，很踏实肯干，专业技能和以往的人员比，都很突出，一开始就受重用，所以我们成长得快与时代背景有关。

全国只有 22 个民法教师的年代

张小琴：您是怎么确定了在民法这个领域来发展自己？

崔建远：这个说出来可能都让人见笑。我父亲是教师，我也教过四年书，我们父子两个都不喜欢当教师了。尤其是农村有光宗耀祖的理念，教书是不怎么光宗耀祖的，当大官才能光宗耀祖。一入法律专业，当初的志向就是到机关去做行政管理，但是有一个情况改变了我。我们当时去公安局实习，实习时我从开始立案到最后破案全程参与。实习做总结报告，我的发言很好，给系领导留下了深刻印象，他们就悄悄决定要让我留校。但是我不知道，还一门心思想着毕业要去机关。所有的同学都说："你不能去，你什么都不懂，你去了怎么发展啊？你能坐得住板凳，你继续念书得了。"这样我就回家去跟父亲商量，我父亲平常很"独裁"，没想到这个事却很"民主"，这样我就念了民法专业的研究生。

考上研究生还是不想教书，但系领导已经想好了，一定要让我留下。当时所有的毕业去向里，留校是最不好的职业，到机关是最好的，我很不愿意留校。但系领导说这是命令，不服从分配就发回原籍，我不想回农村，就服从了分配。其实现在想想，系领导肯定是吓唬我，当时比较傻，信以为真，但是今天看，这是一个最好的毕业去向。

张小琴：您在读研期间已经选了民法？

崔建远：研究生就已经是民法专业的了，这个选择也是偶然的。当时读法律先上刑法课，我喜欢上刑法后，就想以后研究刑法了。可是上民法课的时候，教民法的苏贵祥老师说全国只有 22 个民法教师，而刑法阵容强大。咱们国家历来刑法是最受重视的，因为是民主专政的工具。民法原来的阵容也强大，但因为国家大形势不太重视，所以渐渐都改行了。教我公安业务的那个老师原来就是教民法的老师。我想我智商跟常人一样，在刑法强大的阵容里日子不好过，教民法的全国就 22 个，我说不定就是第四个、第五个，这个日子好过，这是一个影响因素。当然，重要的是，民法跟咱们日常生活息息相关，吃饭、睡觉、穿衣等，都是民法领域的事，这是一个核心原因。

20 世纪 80 年代初民法差点"死亡"，改革开放带来生机

张小琴：您是 1984 年硕士毕业，在这之前咱们国家的民法几乎什么都没有。婚姻法算民法当中的一个吗？

崔建远：当时不是。当时认为，民法是调整市场经济的，讲价值几何；婚姻法的结婚制度强调爱情是男女结婚的条件，这个感情怎么能用货币计算呢？感情是无价的，不能用金钱来衡量。

张小琴：不能用钱来衡量感情，所以婚姻法就不属于民法，这么一个逻辑？

崔建远：很多年一直这样，前不久才改变了这个说法。应当说我读研究生这个阶段，民法几乎要"死亡"了。因为"民法"这个名字不好，"民法"这个"民"被一般人认为是老百姓。不是学法的人一看到"民法"这两个字，就以为它反映的是关乎老百姓的法。而老百姓就婚丧嫁娶这些事，于是很多人以为民法跟咱们改革开放发展的关系很远。但实际上民法反映更多的是市场经济的内容，同时对老百姓的一些事情也不全管，如纳税等就不是由民法规制。与此相反，经济法这个名字太豁亮了，所以改革开放一开始搞的是经济法。有一

个领导他是坚定的经济法派，这样我们民法几乎就要死亡。但中国人民大学的佟柔老师、中国政法大学的史越老师等一批民法前辈就坚决捍卫民法阵地，史越老师甚至发出呐喊——"我与民法共存亡"！

后来发生了改变，这要感谢邓小平、彭真等领导人。邓小平同志去日本访问时，对日本人说你们得支持我们中国改革开放。索尼公司马上就响应了，但另有一家公司却一直按兵不动，很多年都不来投资。他们这些商界的人提出来说，我们去投资，权益怎么保证？他们认为得有法律保障。咱们国家领导人就问这个法律是什么，他们说是民法，原来民法对他们的权益保障这么重要，这样才开始重视。领导人就说既然人家外商要求保障他们的权益，我们就要制定民法。

所以1986年有了《民法通则》，本来不应该是《民法通则》，应该是《民法典》或者叫《中华人民共和国民法》，应该是全套成体系逻辑自洽的一个东西。可是这样一个东西在当时受制于好几个条件，其中一个条件是定型的经济制度，可是我国当时经济改革没定型。所以制定内容全面、体系完整的民法典存在很多难题，制定精简版的《民法通则》倒是智慧的体现。

张小琴：当时社会现象里面没有的东西，没办法写进法律。

崔建远：对，写也是瞎写，不解决问题。第二，假如条件具备了，还得研究，搞懂才行。当时写那么一部洋洋洒洒的《民法典》，学术条件也不具备。《民法通则》相当于《民法典》的缩减版，它的出台对经济社会发展起到了巨大的作用，尤其是挽救了民法，没有它，民法就死掉了。

我们自从新中国成立就要立《民法典》，但前后四稿都夭折了。四位先生参加了《民法通则》的起草、讨论、修改，他们分别是中国人民大学的佟柔老师、中国政法大学的江平老师、中国社科院法学所的王家福老师以及北京大学的魏振瀛老师，这四人被称为民法界"四大名旦"。

编撰中国民法教材，成为民法四小龙之一

张小琴：好像您也有一个花名，"民法四小龙"之一对吗？什么时候得到这个名头的？

崔建远：在参与编写《中国民法》这部教材时叫响的。在我们这代人之前，人才荒芜得太久了，我们一毕业工作就能写，所以1990年开始佟柔老师带领我们几个年轻人写《中国民法》的统编教材。我们这些毛头小子，有王利明、马俊驹、郭明瑞、王卫国、闽峰，还有我，几个人组成了编写小组。

张小琴：这个是在《民法通则》出台之后，使命就不一样了？

崔建远：它就是宣传《民法通则》，解释《民法通则》是什么意思、怎么理解、怎么执行。

张小琴：在这个教材编写工作中您负责什么？

崔建远：我写债法总论这一篇。

张小琴：这奠定了您在民法学界的地位？

崔建远：对，毕竟写的是统编教材，地位一下子就起来了。

在这个阶段，就说民法学科有四个小字辈是"四小龙"，领头的就是中国人民大学的王利明教授，还有郭明瑞，原来在北大，后来到烟台大学当了校长，一个是我，另一个有不同的说法。当时干的时候也没有想到日后怎么样，很朴素。原来在农村觉得前途渺茫，给了一个上大学的机会，一定要抓住。从广义角度来讲，我们有使命感、责任感，当时很流行苏联的小说《钢铁是怎样炼成的》，讲人活着不能默默无闻，其实还原成真实的想法，就是**我一定不能白白地活着，一定要做事**。

成为合同法专家，
参与《中华人民共和国合同法》起草工作

张小琴：法学界公认您主要的贡献是什么？

崔建远：贡献这个词有点大了，人们认为我做得好的是合同，合同是人们生活、生产时常用的法律手段。我在中国年轻学者中是最早做这个的，也被认可。后来出台的《中华人民共和国合同法》中有一些规定跟我的观点是一致的。

张小琴：合同法制定时您参与了起草？

崔建远：对。全国人大决定立这个合同法，先找的是老先生们。老先生们情操特别高尚，说"让那些年富力强的人来干，我们当顾问"。老先生们不保举我们，轮不到我们登台的，这些民法的老前辈们很值得我们这些后辈敬仰学习。于是由中国政法大学的江平老师挂帅，任合同法起草组组长，由中国社科院法学研究所的梁慧星老师做副组长，中国人民大学的王利明教授、郭明瑞教授，还有当时《法学研究》的社长张广新教授这几位学者也加入。另外还有两个法官：最高人民法院当时民一庭的副庭长李凡法官，北京高院研究室主任何忻法官。两个法官和几位学者组成合同法立法方案的草拟小组。《中华人民共和国合同法（建议草案）》分配草拟任务的时候，全国人大定下来，发给 14 个单位分工草拟，包括北京大学法律系、吉林大学法律系等。我是吉林大学的，就参与草拟合同解除、合同终止两章。梁慧星教授、张广新教授他们不但有草拟某些章节的任务，还负责汇总整理。这样写出来的叫学者建议草案，交给全国人大参考。全国人大法工委在这个基础上进行增减，最后定稿的才算全国人大的立法草案。

当时分给我的任务是写"合同的解除"和"合同的终止"。我有两个学生，一个是后来去了人民大学法学院的王轶教授，还有一个是后来去了中国进出口保险公司一个分公司当老总的杨明刚博士，我们三个一起写的这些内容，前后写了一年多。当时感到这是一件无上荣光的事情。

张小琴：当时起草合同法的时候，您已经研究合同法很长时间了？

崔建远：对，当时在中国法律界的小字辈里我是研究合同法时间最长的，从念研究生起就开始了。此前，我的本科论文《论合同的成立与合同的生效》在学生论文比赛中获得了一等奖。

张小琴：那时候合同还是人们比较陌生的概念？

崔建远：合同不陌生，合同法陌生。只要搞法律，尤其是搞民法，必然要研究合同。

张小琴：您这么早就进入到这个领域，是有导师吗？

崔建远：是上民法课的苏贵祥老师影响了我。他喜欢经济合同法，他看我挺踏实肯干，有关合同的问题就经常让我跟他一起讨论、写东西，这样慢慢就越研究越深。

张小琴：起草合同法的时候依据是什么？

崔建远：它要求几个方面：第一，看我们国家过去有没有这方面的规定，包括最高人民法院的判决、司法解释等；第二，几个主要国家和地区，比如说德国、日本、我国台湾地区，有没有我们可以借鉴的；第三，咱们国家的现实需要什么样的条文。整个过程中，几乎每一稿的讨论我都参加了。讨论时，每个人都据理力争，在这个场合没有谦虚的，都要把自己最有把握的表达出来，当然态度要好。那些老先生还是很有修养，即使意见跟我们年轻人针锋相对，也不吹胡子瞪眼。领导也是，我们怎么争，怎么批评，他都不生气也不反驳你，就坐那儿听。这些领导、老先生们真是很可敬。

张小琴：您记得有哪些条文您曾经据理力争过，最后成功？

崔建远：比如像《合同法》的第58条，合同没了以后有什么结果？因为我念书的时候，包括到工商局实习，都说合同没了，就是你走你的，我走我的。实际上不应该是这样的，没了也得要算算账，怎么没了就扬长而去呢？这个《合同法》的第 58 条就是解决合同没了，到底哪些可以没有，哪些还要有。

张小琴：最后能争出一个所以然吗？

崔建远：能，但是还是要由全国人大拍板，你说服不了人家，还是不采纳你的意见，他们更多地要折中吧。其实这个法律不光我们中国，境外的也是，法律没有美的，都是有矛盾的，原因在于它都是妥协的产物。个人学术工作只要逻辑不出问题，可以很美，但是法律不是这样的，都是博弈的结果。

张小琴：合同法的准确定义是什么？

崔建远：合同法是调整财产流转以及有关服务的法律，财产从你到我，管这个要靠合同来连接。

在中国，合同法的前世今生

张小琴：改革开放以后出台的第一部法律叫《中华人民共和国经济合同法》，后来出台了《合同法》，废止《经济合同法》等法律。为什么有这个变化？

崔建远：1984 年先有《经济合同法》，是管国企之间的财产流转关系的；后来跟境外的人做生意，觉得《经济合同法》是管国企的，境外的公司不是国企，用这个法管不合适，于是出了一部《中华人民共和国涉外经济合同法》；后来又强调技术在国民经济发展中的重要性，又出了一部《中华人民共和国技术合同法》，三部合同法三足鼎立。再后来觉得哪一部法律都有点落伍，一定要让它跟上现实的发展。起初是要修改《经济合同法》，我还参加过这个修改，但怎么修也难修好。这时候才下决心要另起炉灶，把三部合同法都统合到一个里面，该扔的扔，该吸收的吸收，这样就出来一部《合同法》。《合同法》生效之日就是这三部法律被废除之时。

张小琴：这算一个进步？

崔建远：很大的进步，《合同法》的理念和前面三个合同法的指导思想不一样，它特别强调社会主义市场经济，前面都强调计划管理，它更强调根据市场主体的意愿来发生流转。还有就是它不区分经济合同与非经济合同，也不区分民事合同和商事合同，兼顾经济效率与社会公正、交易便捷与交易安全，以及强调补偿性，等等。这些理念很重要，因为这个时候咱们的研究已经到一定程度了，这样就搞出来了。

民法地位日益凸显

张小琴：从法学的意义上来说，中国的民法包括哪些法律？

崔建远：具体的就是物权法、合同法、侵权责任法、继承法、婚姻法，将它们里面的共性抽出来单独成为一部法律的，就叫《民法总则》。

张小琴：民法所规范的是什么？

崔建远：用我们的术语说是平等主体（平等的人或法人）之间发生的人身关系和财产关系。这样说可能还是抽象，就是财产归谁和怎么用，民法要管这个。

张小琴：民法的发展在中国也是经历了几死几生的过程。在目前看来，民法是什么地位？

崔建远：从《民法通则》以后，领导们也认识到民法跟市场经济才是最匹配的，《合同法》尤其《物权法》出台后，老百姓更切实感到民法有用，房子、地各种需要都离不开民法保驾护航，所以民法渐渐成为主角。现在中央决定编纂《民法典》，民法现在还处在高峰的阶段。一般只要国家建立，就应该有《民法典》，咱们中国特殊，新中国成立这么多年才开始有。

张小琴：像您刚才讲的这个过程，法律完全是随着经济发展，随着社会的变化而变化，咱们的法律变化很快，这种情况是中国改革开放特有的现象，还是世界上很多地方也都有？

崔建远： 如果要相对于法国、德国、美国、日本来讲，咱们可以说是变得快的。但像越南、老挝、柬埔寨这些国家，它们变化更快，尤其越南，它的法律比咱们变得更快，有的就请外国人直接写，跟咱们国家不太一样。

张小琴： 按我们理解，立法是一个非常严肃的事情，一个法律出来应该管很长的时间。可是改革开放以后法律变化频繁，这个从你们法学界的理解来说，它是好还是不好？

崔建远： 这就回到马克思的原理，经济基础决定上层建筑。**法律是上层建筑的一部分，它要受经济基础的决定、制约。经济基础变化了，法律如果不变就过时了**，就是在阻碍进步，破坏社会经济的成长，所以一定要改。

张小琴： 现在要制定《民法典》，是不是因为已经发展到一定程度，可以有一个更稳定的法律出现？

崔建远：《民法典》它是一个形式，就相当于一个筐，其实筐里装的这些咱们国家有没有呢？有。那为什么还要搞它呢？就在于筐里装的这些，它是不同时期出来的，出现早的可能在今天不怎么符合需要了。通过编这个《民法典》，可以消除过时的东西。还有筐里装的这些组成部分，有的是重复的，从美学的角度讲，就不美了。法律是科学，也是艺术。通过《民法典》的变化，删除重复的，消除冲突抵触的，补上法律漏洞，所以编《民法典》是必要的。

物权法出台一波三折

张小琴： 物权又是一个特别重要的法律关系，您对物权感兴趣是在什么时候？

崔建远： 实际上我对物权介入得晚。后来发生了几件事，影响了我。我有一个师弟，当时他在国务院法制局，负责主导《中华人民共和国城市房地产管理法》的制定。这个时候正好申报国家社科课题，我和他还有我的一个学生三人组成了课题组申报相关课题，结果中了，就开始研究。

另外一件事，也是一个契机，我当时在石油部工作的同班同学搞石油、天然气的矿，和国外合作，要研究物权方面的东西，提供给我一大堆材料，请我帮忙研究。

第三件事是关于立物权法的争论，其中一个争论是我们的物权法要不要规定探矿权、采矿权、取水权、养殖权、捕捞权、狩猎权？我当时想要不要规定这些权利，不能拍脑袋，要把它们搞清楚了才能决定。

这些都促使我写作《准物权研究》这本书，这本书后来获得了司法部一等奖。

张小琴：物权法是中国老百姓非常关心的法律，从起草到修改的过程，时间也特别长，是不是？

崔建远：《物权法》自 1993 年就开始起草，历经多方征求意见，草案几经修改，由全国人大常委会审议了七次，从而创下我国立法史上的纪录，2007 年正式出台。物权法所有范围组织的研讨会，我都在场。

物权法和合同法很不同，合同法的意识形态相对要淡，物权法的意识形态特别浓厚，涉及国家所有权、集体所有权，涉及咱们国家的根本制度。宪法是我国根本大法，规定了我们国家的根本制度，但是它高度概括抽象，尤其是我们国家又不让用宪法判案子，真正运转的时候，必须要由部门法来具体化，才能够运作。所以宪法规定的国家所有制和集体所有制，要由物权法变成国家所有权、集体所有权，才能够真正运转起来。**物权法对国家利益来讲相当重要，是每一个社会的决策层最重视的。另外它跟每个老百姓的切身利益都相关，**比如婚前财产离婚时能否处置这一条就很受关注。大家对物权法都关注，都发表意见，意见多，就比较费思量。

张小琴：主要争论点在什么地方？

崔建远：分两大情况，学者之间主要的争论在技术方面，设计怎样的规则最合理。比如买汽车，到底是钥匙一交，车就归买的人，还是说要到交通部门登记完了才归买的人呢？学者主要是争论类似这样的问题。另外一个是政治方面的争论，反对的人扣的帽子太厉害了，说这是搞私有制、反对宪法，这种争论几乎都要使物权法流产了。

张小琴：据说《物权法》颁布之前有人写信说物权法开历史的倒车，有很多的大帽子，您记得吗？

崔建远：有啊，印象太深刻了。

物权法和今天中央的决定都是讲平等保护，国家、集体、个人的物权平等，一样对待，均受法律保护。但在《物权法》之前不是这样，《宪法》使用的表达是全民所有制财产神圣不可侵犯，自然人的财产、公司的财产不受侵犯，但没有"神圣"字样。可见《物权法》与《宪法》的规定不完全一样。这是他们的攻击点之一，《物权法》说国家、集体、个人的物权平等，这不是降低了国有财产的地位了吗？于是有人给中央写信，提出《物权法草案》赞同私有化、反宪法、百分之八九十是抄西方的等罪状，写了九次信，全国人大压力很大，就停下来了，重新审视《物权法草案》。

张小琴：这些信还是起了很大的作用？

崔建远：他们是通过正常的组织程序往中央递交的，给政治局写的。所以全国人大就让工作人员对《物权法草案》一条一条地检查，到底哪一条是抄的哪一个国家或地区的法律，哪一条是我们自己拟的。工作人员一条一条核对，最后的结论是只有两章借鉴境外的多，一章是抵押权，一章是质权，剩下的几乎是我们中国特色的，很少跟境外重复。

张小琴：经过核查之后，做了修改还是说维持了原来的样子？

崔建远：比原来保守了。比如，原来的设想，在宅基地使用权这里要有所突破，要放开些；另外承包经营权也有几点要放开。后来这么一闹都退回去了。

张小琴：这次《民法典》会弥补当时的遗憾吗？

崔建远：对，在这个方面，我们会有一些建议。

张小琴：当时你们斟酌法条的时候，保护私有财产这种表述是怎么样出台的？

崔建远：大家觉得国家所有权、集体所有权，社会重视，这不能有疑问，但是老百姓个人财产也不能任意被侵夺，也应该受保护，应该说都是一样的。这是在立法说明里面说的，当然立法说明也是经过一次一次讨论，经过大家的酝酿和总结，被全国人大常委会认可后，才形成的。《物权法》要经过全国人大表决，由副委员长代表全国人大常委会给代表们做立法说明。

张小琴：所以我们的私有财产和国家财产、集体财产处在同样的地位是经过一番斗争的结果。

崔建远：很不容易。

张小琴：那么物权法的主要法律精神是什么？为什么要有一个物权法，它是干什么用的？

崔建远：**一个国家除了宪法以外，真正能够实际运作，首先就得有部门法，其中就包括物权法，它使社会、经济的运行有保障。其次它是我们生产、生活的法律基础。**比如生产方面，你这个工厂要烧煤，如果煤都没法确认是你的，你刚要往炉子里放，人家就来找你了，你怎么能生产啊？是否归你所有，这就是物权法来规定的。你生产的产品要卖，也要首先确认是你的才行，你卖我的东西，我要找你算账的。生活方面，早上吃的饭，如果不是我的，我怎么敢吃呢？所以，生活、生产要靠物权法来调整、来保障。

物权法的进步：从"拆迁"到"征收"

张小琴：近些年来，拆迁发生的纠纷特别多，您作为物权法专家怎么看？

崔建远：这是很有意思的现象，这个东西在境外，只有在一种情况下能够这样做，也就是说公权力剥夺私权利，只有出于公共利益的需要才能拆迁，但是不让所有者白牺牲物权，要充分补偿。

咱们是两种：一种是在国有土地上建设，为了公共利益要牺牲你；第二个是在集体土地上进行建设，要牺牲你。但是无论哪一种，它都要强调是为了社会公共利益的需要。《物权法》有关拆迁的立法内容采纳了我的一些意见，之前全国人大、各个机关的文件里都有"拆迁"的提法，我说不能叫"拆迁"，"拆迁"就跟侵权责任法的侵权一样的，这个正当性就受到怀疑。我说它不是"拆迁"，应该是"征收"，把属于个人的、他人的、法人的及公司的财产的所有权消灭掉，变成归国家所有，这是征收制度。消灭掉所有权以后进行新的建设，拆的就不是你的了，拆的是已经归国家所有的东西了，这是《物权法》第 42 条中提到的。后来国务院出台了一个《国有土地上房屋征收与补偿条例》，都按照这个征收制度来解决。

张小琴：拆迁改成征收以后对老百姓有利还是对政府有利呢？

崔建远：从结果看，依法行政的话，叫哪一个都一样，但是在法律体系上和理论上很不一样，拆迁是在拆别人的房子，缺少合法性。其实老百姓实际关心的是补偿到不到位。我觉得如果真的是为了社会公共利益来做，在这一点上，老百姓只能服从，但补偿一定要合理、充分。这个地方立法时争论很激烈，江平老师主张"充分补偿"这样的概念，政府这边最希望写的是"怎么补偿，另行规定"，"另行规定"是行政机关规定，这是学者们坚决反对的，无论写什么也不能写这个。后来博弈的结果，是"合理补偿"。多数老百姓不是不讲理，只是给的补偿不够，所以只好抗争。

张小琴：长期以来不是按照市场价补偿的。

崔建远：对，给得少。

张小琴：现在的补偿标准是慢慢提高了吗？

崔建远：慢慢在提高，但是还是有距离，做得比较好的是找一个第三方的评估机构，既不要由房子的主人说了算，也不要由政府说了算，找一个第三方评估拆的时候该给多少钱。

张小琴：我们说到为了公共利益这个界定，那么到底什么是公共利益？比如开发商要建一个新小区，把我们原来的房子拆掉，这算公共利益吗？

崔建远：区分公共利益与商业利益，为了公共利益可以征收，但仅为商业利益则不得利用征收手段，这些都是亟待解决的，也是物权法草案讨论过、想解决的、很棘手的问题。开发商为了建小区拆房，绝对不是公共利益，老百姓有权抗争，可以在两个地方发表意见：一个是我不同意你这个征收灭掉我的所有权；第二个是即使我同意了，你得给我多少钱，少一分钱我也不同意。这至少在理论上是毫无问题的，看实际掌握了。

农村土地三权分置

张小琴：中央曾经发布《关于完善农村土地所有权承包权经营权分置办法的意见》，十九大报告也明确提出深化农村改革。这三权，跟你们讲的那个法律上的权利是一致的吗？

崔建远：法律认为现在只有两权，一个是集体土地所有权，一个是农户的土地承包经营权。没有第三权。这两权，法律有规定，不让依民事程序流转，土地承包经营权不能够转让给这个村庄集体组织成员以外的人，不能到银行进行融资贷款。但是财产的权利只有让它流转起来，具有让与性，价值才能变高。不能流转的话，价值没法实现。现在想的办法是一方面让你流转，另外一个方面让你保本，有命根子，把两权变成三权，把土地承包经营权这个权利一分为二，留给农户一种权利，不再叫作土地承包经营权了，叫作土地承包权，少了"经营"两个字，"经营"两个字跑到第三权了——土地经营权，这就成了三权。农户永久地享有土地承包权，目的是让他总有吃饭的来源，有了这个权利，他就有生活来源了。那么这个来源从哪来？从让出去的土地经营权获得对价，这个对价可以有种种表现形式，比如说转让给我了，我就要给他一笔钱，这个地我来经营，这是他获得对价的表现；也可以把它放在一个公司里，成立一个类似合作社的公司，土地承包权是一个股份，公司经营，赚的钱分股息红利，能够细水长流。这样一来，就通过各种各样的办法来保证农户的利益。

张小琴：这个在法律上的逻辑是什么？

崔建远：简单说，只有所有权才能够生出另外一个物权，别的权利不能。所以土地所有权能生出土地承包经营权，土地承包经营权不是所有权，就不能生出别的权。但是，如果把土地承包经营权看成物就有所有权了。

张小琴：您认为承包经营权也可被看成是一个物？

崔建远：可以。一个物上可以有所有权，这个所有权里面分出一个东西来，就可以生成另外的权了，通过这个方式来解决。这样三权分置就有理论基础，不是异想天开了。孔子说："名不正则言不顺，言不顺则事不成。"

张小琴：您对土地比较关心？

崔建远：我是从地地道道的农村出来的人。**土地制度怎么样，对农民的影响非常大。**同样是这些人，同样是那些地，法律制度一变，一承包，地三五天就不荒了，就干干净净了，有了收入和粮食，家家户户都能过得很好。

张小琴：你认为农村理想的状况是什么样的？

崔建远：起初我们实行农村土地承包的时候，土地承包权不是商品，它要管农民的很多事。就业、农民生老病死的福利，都要靠承包地来解决。我认为农民的后顾之忧，应该用另外的制度来解决，然后这个地完全市场化。

张小琴：您希望社会保障解决基本的生存问题，土地变成商品？

崔建远：对，可以这么说。

张小琴：如果说您认为它还应该继续再往前推进的话，应该推进到什么程度？

崔建远：现在还没有完全市场化，商品的属性还有限制。社会保障的部分配套没有跟上，这与国家的财力有关。

来到清华，开启事业新篇章

张小琴：您是 1996 年到清华来的，您来的时候，清华的法律学系还比较弱吧？

崔建远：我是第七个教师，当时办公场所只有中央主楼十层两个屋子，电梯都不到十层，还要走上去。后来发展得很好，出乎意料，与当时不可同日而语。

张小琴：来清华对您的影响是什么？

崔建远：紧迫感强了，在吉林大学的时候，思考的问题除了我的老师以外，找不出人来商量，到北京来不一样了，高人多得很，压力就很大，逼着自己努力，不能偷懒，再有就是眼界不一样了。

张小琴：听说现在清华大学法学院、南京大学法学院、吉林大学法学院和人大法学院四个法学院的院长都是您的研究生？这有什么必然性吗？您对学生的要求特别高吗？

崔建远：我觉得这个肯定是人家自己努力发展的结果，而且他们的老师也不只我一个，如果说老师对他们有影响，那也是很多人的影响。

张小琴：您学生说您每天晚上工作到半夜，现在还是吗？

崔建远：对，我觉得我的智商和普通人一样的，主要是靠勤奋，别人玩乐的时候，我在看民法、想民法。

法学的魅力

张小琴： 对您来说法学的魅力在哪儿？

崔建远： 我觉得**民法里面有真善美**。因为民法一定要讲法律关系，发生权利、义务、责任来处理，如果说脱离这个自己幻想，肯定不行，这是真。民法追求善，今天的诚信原则在民法里有很多体现。刑法很美，但它那个美有些单调，只用一个犯罪构成从开始贯穿到最后。民法的方法要比其他的多、丰富，这个地方用这个方法，那个地方用另外一个方法。它也有一个贯穿，但不是犯罪构成，而是民事法律关系。这是我首先提出来的，我主张民事法律关系像一条红线贯彻民法的始终，表面上看是杂乱无章，但是要抓到了民事法律关系，仍然是逻辑排列的。

张小琴： 作为一个法学家，您觉得法律的最终目的是什么？

崔建远：法律的最终目的，应该是公平正义。 大家都接受的是，一个真正的法律人，要胸怀公平正义，目光不断地巡回在案件发生事实和法律之间，找到一个公正合理的解决方法来判案。

张小琴： 如果说您的前半生有一个目标的话，在法律上面，是什么？

崔建远： 我的目标一点儿都不高大上，不能白活，不能虚度光阴，一定要做事。做的时候没有想要达到一个多高的地位、有什么样的学术贡献，就是要做。我和很多人一样，有法感情。

张小琴： 还有这么一种感情是法感情？

崔建远： 对，这个是搞法律的人都知道的术语，老百姓有老百姓的感情，我们搞法律的也有这个法感情。它的含义是对法律要热爱，要崇拜，把它看成是神圣的，这样你才会信它，会执行它。

张小琴： 这种感情要求崇拜法律，为它奋斗，可是您也讲到在立法工作中有很多遗憾，法律在执行过程中也有时候不尽如人意，看到这些状况您怎么对待呢？

崔建远：肯定受冲击啊。但是如果一个社会的法律统统都是悲观的，这个社会肯定是国将不国、社会不社会、人不人了，那活着干什么啊？之所以还要活，还是正能量的占主流，法律还是好的方面多，我的认识也很朴素，我就这么想的。

张小琴：可能也有无力的时候？

崔建远：无力的时候挺多的。立法的时候，明明知道我这个是最合适的，那样写不对，他还是那样写，很无助。也不光我，我熟悉的专家也是这样，我们该尽的责任会努力尽。看到不说，那是我失职，我看到了，我就说，最后怎么拍的板，我左右不了，但我努力了。争的时候据理力争，结果怎么样，那是拍板者的权力。

张小琴：你怎么评价最后的结果呢？

崔建远：**法律是妥协的产物，不光中国如此。另外，学者们也有弱点，他对实际的了解不见得那么透彻，容易理想化。**总体来说，立法难免遗憾。

现代人应该掌握的法律精神

张小琴：法律对于个体和社会来说最重要的作用是什么？

崔建远：社会由很多的因素组成，像人、团体、房子、军队、警察等。这些组成一定要有一个程序把它们串进来，才能有序地运转。曾经有老师打比方，把警察、军队、房子、人等这些东西比作电脑硬件，光有硬件，没有软件的话用不起来，这个软件就是法律。没有法律把你的位置、我的位置、他的作用固定下来，那就是杂乱无章、无序的。只有法律在理想情况下把它们安排得恰到好处，才能够有序运转。

张小琴：法律对于我们每个个体来说，作用是什么，法律是限制人的，还是解放或者是促进人的？

崔建远：是对立统一。如果说不限制你，你无法无天，别人就遭殃了；同时也是解放的，因为法律不给我们这样的地位，不给我们这样的权利，就什么都干不了。

张小琴：法律在人类历史上已经存在很多年了，从历史的发展来看，法律最终的方向是什么？

崔建远：最终方向还是不断解放人的自由，挖掘人的潜能，让社会越来越和谐、进步，应该是正面的。

张小琴：在人类的知识体系中，法学学科的重要性是什么？

崔建远：独立存在，但是靠别的学科来供养，脱离了别的学科，就是苍白的一张纸。同时，它虽然用了别的学科，但是其他学科的威力不见得有它大，它有国家权力来保证运行。比如说道德，道德是让人们学好，可是一个人不学好，道德能把他怎样？最多只能是别人戳戳他的脊梁骨批评他。法律就不一样了，如果这个人的行为非常恶劣，可以把他抓到监狱里面去，所以它有力量。这个社会如果没有经济学，无论是经济体制还是资源配置，怎么进行啊？可是你的资源配置如果没有用法律固定下来，别人不听你的，你说要这样配置，要这个市场要素，我就不这样，你能怎么办？但法律规定了，你不这样不行。所以法律吸收各学科的营养，武装自己，然后强制性地发挥作用。

张小琴：法律特别强调人的权利，那么这个权利，是一种天赋呢，还是一种契约，抑或是一种利益权衡的结果？

崔建远：这个就看是哪一个学派了。马克思主义的看法，权利不是天赋的，是通过上升为法律的国家意志赋予你的。当然了，**一部善法，不能不讲理**，不能想怎么赋予就怎么赋予，必须符合社会发展、经济发展的规律。

张小琴：作为一个现代公民，应该基本掌握的法律精神和原则，您能简单地列举一下吗？

崔建远：像平等、自由、公平、正义这些，需要掌握；像民法的原则，也是百姓应该掌握的。**一部善法和百姓大众的日常感受和理解应该是一致的，**这样你自觉不自觉地就在行使权利、享受自由。绝大多数的情况下，法律人的理念和观点，跟老百姓是一样的。如果不一样就坏了，这个法就是个怪物了。可是在少数的问题上，还是有不一样的，所以我们还要去普及法律知识。作为现代公民，也应该有意识地去了解法律、运用法律。

（本文根据 2017 年 11 月 14 日在清华大学法学院模拟法庭对崔建远教授的访谈内容整理而成。）

谢维和

大学之道拾遗

谢维和

著名教育社会学家，第十届全国政协委员、第十一届全国人大代表、第十一届全国人大教育科学文化卫生委员会委员；中国教育学会副会长、国务院参事室特约研究员、教育部教育学类本科教学指导委员会主任、教育部教育专业研究生教学指导委员会副主任、教育部教育科学规划高等教育评审组组长、中国高等教育学会学术委员会副主任；1998 年成为享受国务院特殊津贴专家。

1982 年获厦门大学哲学学士学位，1985 年获南京大学哲学硕士学位，1988 年获中国社会科学院哲学博士学位。曾先后在北京青年政治学院和北京青少年研究所工作，曾任北京师范大学校长助理、副校长，首都师范大学党委书记，清华大学副校长、校党委常委。现为清华大学教育研究院院长。

主要研究方向为教育学原理、教育社会学、高等教育等。先后主持并完成国家、教育部、北京市以及世界银行等各种研究项目十余项，在《教育研究》《社会学研究》等学术刊物发表论文百余篇，在教育科学出版社、人民教育出版社等出版单位出版学术著作十余本。其中《教育活动的社会学分析》的版权被台湾五南出版公司购买，并作为大学教材《教育社会学》在台湾出版；《中国高等教育大众化过程中的结构分析》的版权也由台湾高等教育出版公司购买在台湾出版。2014 年出版《教育的道理》（教育科学出版社），2016 年作为"中国当代教育家文库"之一，出版《我的教育觉悟》（人民教育出版社）。先后两次获教育部高等学校科学研究优秀成果奖（人文社会科学）二等奖、北京市哲学社会科学研究成果一等奖、中国社会科学院《社会学研究》1985—1995 学术论文一等奖，等等。

2018 年 1 月入选清华大学首批文科资深教授。

尊敬的各位老师、各位同学，大家晚上好！

非常高兴也很荣幸有这样一个机会来和大家交流。我今天要跟大家一块儿来讨论的题目叫《大学之道拾遗》。"拾遗"，顾名思义就是把那些你自己遗失的东西捡回来，当然我在这里讲的并不是我们丢了一个钱包，或者丢了一个手机，或者丢了一个什么物件，你把它捡回来。我要讲的是在中华民族优秀的传统文化里面，有没有一些可能我们不自觉遗失的东西？我们必须要把它捡回来。

优秀传统文化中被不小心丢掉的东西

我为什么选择这样一个话题跟大家交流呢？现在大家都很关心中国优秀传统文化的传承，但是，在现实中，人们在学习和了解优秀的传统文化时，往往有那么一点丢三落四。丢掉一两个字无关紧要，可是要丢掉一段话，或者有些句子弄得不完整，那可就出麻烦了。

我给大家举两个例子。第一个例子，我们现在满大街都能看到"和为贵"，这是《论语》里很重要的一句话，中国人讲究和谐，遵从这样一种和谐。但是请大家注意，"和为贵"这句话可不是孤立地讲的，它前面还有一句话叫"礼之用"。"礼之用，和为贵"讲的是规矩、规章制度实施效果好不好，关键要看能不能让大家更加和谐。所以**"和为贵"的前提是"礼之用"，是我们怎么去贯彻落实规章制度**。

如果说我们大大小小都去讲和谐，而不讲规矩、不讲制度、不用道理来节制和引领的话，其实想"和"也"和"不到哪儿去。所以把前面的"礼之用"

丢掉以后，这句话的意思就完全变了。这是一个很典型的案例。

还有一个例子，有的时候你挖苦别人，会说："怎么这么蠢，真是愚不可及！"可你不知道，其实这还真不是挖苦他，是在表扬他。为什么这么说呢？实际上在"愚不可及"前面还有一句话，叫"智可及"。这是曹操在评价他的大臣荀攸时说的："公达外愚内智，外怯内勇，外弱内强，不伐善，无施劳，智可及，愚不可及，虽颜子、宁武不能过也。"意思是一个人的聪明、才干也许我们可以通过学习、锻炼去比肩，但是一个人的大智慧，即大智若愚的这样一种愚，可学不会，因为那是做人有品位的境界。但如果你要是忘了"智可及"，只说"愚不可及"，这种不完整的表达，就容易闹笑话。

所以大家可以想象，对思想文化的内涵理解得不完整，丢三落四，对中国传统文化不仅是不理解，而且是一种曲解。

大学之道中被遗忘的究竟是什么

当然，我今天更多地是讲大学的文化里有没有遗失一些非常重要的而且需要我们捡起来的东西。

我给大家郑重推荐《大学》这篇经典文章，如果说儒家传统是中国优秀传统文化中最重要的一部分，那么《大学》可谓是儒家学说的首要之作。朱熹曾说，如果一个人想了解儒学的话，要"先读《大学》，以定其规模"，然后在这个基础上读《论语》，了解儒学的根本精神、主要观念，之后再去学《孟子》，而如果要研究里面很精深的东西，就要学《中庸》了。但是开头的部分一定要读《大学》。在《大学》中我又推荐大家一定要看第一章，首章为什么那么重要呢？20世纪三四十年代的国学大师熊十力先生，在《十力语要》中曾经说过："《大学》首章，三纲领，八条目，其间处处有无穷义蕴，世儒只是忽悠过去……

此篇确是圣学提纲，于此不通，六经未许讲也。"所以《大学》重要，其第一章更重要。

但是我发现在很多场合，对《大学》首章，很多人只背到"大学之道，在明明德，在亲民，在止于至善"，后面还有一段很重要的话，却没有记住。这段话就是"知止而后有定，定而后能静，静而后能安，安而后能虑，虑而后能得，物有本末，事有终始，知所先后，则近道矣"。这段很重要的话却经常被忘记，所以我们还真得去想一想，这些被遗忘的东西究竟是什么？**实际上我们丢掉的是为学之本的修身**。在中国传统文化里，人们常常说"物有本末"。什么叫"本"？修身是为学之本。《大学》说"壹是皆以修身为本"，就是所有的东西都是以修身为本。所谓的三纲八目，三纲是指"明德、亲民、至善"。"明德"包含"格物、致知、诚意、正心"，这都属于内修的境界和内涵。"亲民"是讲外治，包括"齐家、治国、平天下"。连接内修和外治的是什么呢？就是修身。习近平总书记在讲到"三严三实"的时候，第一个就是"严以修身"，所以修身是很重要的一件事情。

不要忘记学习的初心是"学以为己"

第二个问题，为什么会出现这种遗忘呢？这里很关键的原因之一就是**忘记了教育或者学习的初心，即"学以为己"**。《论语》说："古之学者为己，今之学者为人。"在古人看来，**"为己"的含义是讲你学东西首先要去修养自身、陶冶自己的品格和德性，而不是去追求外在的名利**。荀子说"君子之学也，以美其身"，意思是君子通过学到的东西让自己本身的格调、品位能够显得高一点；他又说"小人之学也，以为禽犊"，意思是小人学东西是为了跟别人做交易。

《太平御览》说："古之学者得一善言以附其身，今之学者得一善言务以悦人。"意思是，古代学者学到一个好的东西，首先考虑怎么身体力行，而现在有些学者得到好的东西是想着怎么取悦别人，追求功利。《颜氏家训》说："古之学者为己，以补不足也，今之学者为人，但能说之也。"这些话似乎就是针对我们今天的现状说的，非常值得我们反思——什么是为学之本？修身就是为学之本。

我们现在强调要扎根中国大地办世界一流大学，但有些人总是讲西方的这个好、西方的那个好。实事求是地说，西方有优点，但是中国有很多东西不一定比西方差，甚至我觉得比西方还要强一些。古希腊学者苏格拉底，通过不断追问，让别人认识这个世界，认识他自己，这样一种教育观、学习观叫作"学以知己"。清华老校长梅贻琦先生在一篇很重要的文章《大学一解》里专门将中国"古之学者为己"的学习观点，与苏格拉底的观点进行比较，他说："孔子于《论语·宪问》曰'古之学者为己'，而病今之学者舍己以从人……此则较之希腊人之人生哲学又若更进一步，不仅以一己智理方面之修明为己足也。"意思是"学以为己"不仅仅是以意识上的满足为目的，而且要强调自身的实践。梅贻琦先生写这篇文章时就看到了中国传统文化跟西方比较，优势在哪里。**为学之本，是中国很重要的传统，是我们的优势，也是我们的特色。**

如何将遗失的大学之道重拾起来
——定、静、安、虑、得

这些既然如此重要，我们有办法把它捡起来吗？这是第三个问题。清华的老学长，原来西南联大的教务长，社会学系的老教授潘光旦先生在帮梅贻琦先生草拟的《大学一解》（一稿）① 中有一句很经典的话："**定、静、安、虑、得，**

---

① 《大学一解》（一稿）：指梅贻琦在主持西南联大常务工作期间，熬了一夜写出要点、由清华教务长潘光旦先生代拟的文稿，后《大学一解》在正式发表时有修改，所以此稿被称为一稿。

是修身的五步功夫，而所谓修养者，固非履行此五步功夫不办也。"意思是说我们要真正回到为学之本，真正做到修身或者学以为己，就得按这五步功夫来做。

 1. 定——始终如一地做一件事

什么是"定"？按照朱熹的说法，所谓的"定"就是"志有定向"，用我们通俗的话讲，就是这个人有定力。你有没有定力？会不会外面有点风吹草动就摆来摆去？换句话说，这个**"定"也就是你能不能抵御外部对你的各种诱惑而始终不渝地从事你所相信的事业**。在今天这个社会中，诱惑是很多的。我过去在清华担任主管文科工作的副校长时，好几次在全校科研工作会，包括文科院系的会上，我都跟大家说："我希望大家少做事。"大家一听就纳闷，都说多做事，你怎么让我们少做事。我后面还有一句，"你真正做几件在历史上留得下的事"。尤其是对我们清华的师生来说，在这个社会发展的过程中，外部有很多诱惑，你能在这样的一种诱惑面前有所选择，真正做几件能够对人类有价值、在历史上留得下来的事儿吗？我们千万不要去做狗熊掰棒子的事儿，不要做虎头蛇尾的事儿，要始终如一地做事。

前些日子，我在学校教育理念报告会上对全校教师做了一个报告，题目叫《清华本科教育的质量标杆》。评价清华学生的人才培养质量，不能简单地看他就业的时候有多少机会，看这个不充分。为什么呢？因为清华的学生进来的时候就是全国最好的学生，出去的时候很好，这个没什么奇怪。问题在于，你的成长幅度有多大，能不能始终如一地在某个领域中把你所学的东西学好，你跟你进来时比是不是有所提高？当时我用了一个叫"敬业"的概念，就是社会主义核心价值观里提到的，它就是这样一种定力，用中国的老话讲叫"主一无适"（《二程·粹言》）。"主一"就是对事物的敬重，而"无适"就是讲"一"，所以"主一无适"按照梁启超先生的说法就是始终如一、坚定不移地把一个事情做好，这是我们中国传统文化中非常重要的内容之一。

清华每次的毕业典礼，都有一个习惯，就是邀请一位校友给师弟师妹们介绍经验。他们也许不是什么大官、大企业家，也不是什么大商人，甚至可能也不是什么大科学家，但是他们往往有一个共同特点，就是在他们自己的工作岗位上持续、长久、坚定地工作，以至于干出自己的成绩而得到别人的认可。我请校友会的同志给我做一个调研，清华优秀的校友们跳槽的多不多？后来他们做了一个统计数据，凡是优秀的清华校友，尽管由于产业的调整、转型、市场的变化等也会有工作的调整，但是他们从毕业到第一次工作调整之前，平均是十年之久。所以从这里大家可以看到，能不能有定力，对能不能真正出成果、真正成才，至关重要啊！

《礼记·中庸》里有一句话"君子素其位而行，不愿乎其外"，意思是真正有所作为的人就是把当下的事干好，他不是心有旁骛，这山望那山高。庄子也说："虽天地之大，万物之多，而唯吾蜩翼之知。"意思是要做一件事，就把这件事情看作自己的生命，而不能用其他事情跟它做交换。一个人有没有定力，我坦率地说这是一个人修养的第一步。如果没有这种定力就是轻浮。轻浮会怎么样呢？扬雄在《法言·修身》中说："言轻则招忧，行轻则招辜，貌轻则招辱，好轻则招淫。"所以潘光旦先生说五步功夫第一步是定力。

2. 静——心不妄动

如果说定力是抵御外部诱惑的话，你怎么抵御自己内心的躁动呢？这就是第二个字"静"，"定而后能静"。

有时经常是内心的躁动使一个人难得安分。"静"如果按照朱熹的说法，是"谓心不妄动"。老子《道德经》说："为学日益，为道日损。"所谓"为学日益"，就是说我去学习各种知识而不断地积累，不断对自己有所增益，能够更多地了解这个世界。"为道日损"是指如果真正要体会这个世界的道、规律，有的时候你每天都要做减法。也就是说，**要把自己内心的一些杂念、欲望都去掉，你才能真正静下来。做人做事，不能有太多的想法。想法太多，动作就容易变形。**有些网球运动员、乒乓球运动员，打最后那几局关键比赛的时候会失手，为什么呢？往往是因为想法太多，导致失误增多。

汉代有一个很有名的思想家叫河上公，说："人君不静则不威，治身不静则身危。"就是说当君王的，你不能浮躁，不能乱动，如果要乱动的话就缺乏威信；要是自己人生缺乏这样一种静的话甚至都有生命危险。宋代范应元说："重可载轻，静可制动，故重为轻之根，静为躁之王。""静"对于人的思维、包括人的生命都很重要。

习近平总书记在讲大学建设的时候特别讲到，大学应该是使人心静下来的地方，成为消解躁气的文化空间，教师要静心从教，学生要静心学习，通过研究学问提升境界，通过读书学习升华气质，以学养人，治心养性。

3. 安——踏踏实实地做事

修身的第三步就是"安"。朱熹"谓所处而安"，意思就是有了"定"和"静"以后，才能真正安下心来做事。对此，熊十力先生有个特别好的解释，所谓"安"即"收摄精神，不令驰散，此时心地炯然，不起虚妄分别"（《十力语要》）。你能不能"安"，能不能把自己的精力集中在这里，不要让它心猿意马，这对于修身来说特别重要。有的学校的个别教授，一年1/3的时间在外面讲课、开会、评审、出席各种活动，这样还能有多少心思放在学校里做研究、教书？我在这里再冒昧地说一句，在座的各位，你们能不能计算一下每次看手机的间隔时间有多长？能不能每次把这个间隔时间拉长一点，让自己收摄精神的时间长一点？**"安"的关键就是能够真正踏踏实实地做事。**

梁漱溟先生在《欲望与志气》中说："在这个时代的青年，能够把自己安排对了的很少。在这时代，有一个大的欺骗他，或耽误他，容易让他误会，或让他不留心的一件事，就是把欲望当志气……越聪明的人，越容易有欲望，越不知应在哪个地方搁下那个心。心实在应该搁在当下的。可是聪明的人，老是搁不在当下，老往远处跑，烦躁而不宁。所以没有志气的固不用说，就是自以为有志气的，往往不是志气而是欲望。仿佛他期望自己能有成就，要成功怎么个样子，这样不很好吗？无奈在这里常藏着不合适的地方，自己不知道。自己越不宽松，越不能耐，病就越大。所以前人讲学，志气欲望之辨很严，必须不是从自己躯壳动念，而念头真切，才是真志气。"这段话讲得真是好，越聪明的人往往欲望就越大。

4. 虑——有长远的思考

"安"之后我们就要进入另外一种境界"虑"。"虑"按朱熹的说法就是"处事精详"，要能够深思熟虑。《黄帝内经》有一句话讲这个讲得最透彻也最到位，说："所以任物者谓之心，心有所忆谓之意，意之所存谓之志，因志而存变谓之思，因思而远慕谓之虑，因虑而处物谓之智。"什么是慕？就是你要对事物有个前瞻性的考虑，能够把握事物发展的趋势，叫远慕，不是说想到一件事情就很冲动地去做，而是有长远的思考。《论语》说："**君子有九思，视思明，听思聪，色思温，貌思恭，言思忠，事思敬，疑思问，忿思难，见得思义。**"

5. 得——做人得体，做事得当

"虑"之后就是"得"。这个"得"不是说你得到了什么样的收获，得到了什么物质上的东西。根据郑玄的解释，这个"得"是指"得事之宜"，就是能够得到待人处事的道理。

"得"最恰当的方式，如果用两个词概括，第一个叫"得体"，第二个叫"得当"。**做人很得体，做事很得当，这是一个人的最高境界**。别人说你这个人聪明其实没有什么，说你这个人做事很得体，那就是非常高的评价。正如《大学》

里所说的那样，"物有本末，事有终始，知所先后，则近道矣"。这就是"得"。

乾隆皇帝的寝宫养心殿里挂着一幅《是一是二图》，乾隆皇帝在上面题写着："是一是二，不即不离，儒可墨可，何虑何思。""是一是二"什么意思呢？是说你看世界上的事物要知道它可能是这个样子，也可能变成另外一个样子，所以不要绝对、武断，要很客观、很全面地去看，用马克思主义的话说，就是要用发展、变化的观点看问题。第二句叫"不即不离"，就是不要靠得太近也不要离得太远，要有距离感，这叫度，中国人讲的"中庸"这个度，把握好这个度事情才能做好。所谓"儒可墨可"，意思就是儒家学说要参照，墨子的学说也要参照，因为墨子强调的理念跟儒家的理念有所差别，但是我能够兼容并包结合起来使用，如果能够做到这样，还有什么可忧虑的，还有什么可担心的呢？这就叫"得体"，这就叫"得当"。

潘光旦先生讲的五个字，"定、静、安、虑、得"，确实是非常重要的修养的五步功夫。

团体的明智需要其传统的延续

大学之道的遗忘确实值得我们进一步反思！一个国家的传统、文化是不能中断的，我们要想一想我们还丢掉了其他什么东西。

威尔·杜兰特[①]在《历史的教训》中有一句很著名的话："**个人的明智来自于他记忆的连续性，团体的明智则需要其传统的延续**。"如果一个民族的传统中断了，意味着这个民族、这个国家将失去它的明智。如果一个人没有了这样

---

① 威尔·杜兰特（Will Durant，1885—1981）：美国著名学者，哲学教授，普利策奖（1968 年）和自由勋章（1977 年）获得者。代表作有《哲学的故事》《世界文明史》等。杜兰特终其一生致力于将哲学和知识从学术的象牙塔中解放出来。

一种记忆的连续性，说明这个人本身也就缺乏了明智。

通过今天晚上跟大家简短的交流，我非常希望，我们再去思考，在我们的文化中还丢掉了什么？还有什么东西需要我们把它捡回来？换句话说，我们的教育自信，我们的文化自信，我们中华民族的伟大复兴还真是要通过继承、创新我们优秀的传统文化来实现。

这也就是我今天要给大家讲的《大学之道拾遗》的初衷，谢谢大家！

问答

 教育实现代际流动，促进社会公平

观众：您在《教育的道理》系列文集中，曾提出"在社会秩序的建设中，教育在社会分层中的作用与功能不可小觑，并且具有了越来越重要的意义"，社会的差别与分层是通过什么路径形成的？教育在其中应该扮演什么角色呢？

谢维和：这是很专业的问题，这是教育社会分层的功能，也就是说，不同的大学、大学不同的专业，在招生时，实际上某种程度上就可能为未来这个人在社会上的位置做了预先的安排。比如学物理的将来可能从事和声光电热有关的工作，学文学的将来可能从事跟文学有关的工作，所以这样的教育具有对不同的人进行分层和选拔的功能。

但是这里还有另外一层含义，教育有促进社会流动的功能。也就是说，原来处在社会低一点阶层的人可以通过教育实现代际流动，可能他父母亲在农村，但是通过教育他可以到大学里工作，或者到政府部门工作，实现代际流动。

所以我觉得教育的分层和选拔功能是教育十分重要的社会功能。大学通过公平的考试方式，让不同的人可以实现这样一种流动，尤其是代际之间的流动，来促进社会的公平。

媒体采访

 1. 高考改革的重点不仅仅是考试，更要协调好利益相关者的关系

记者：近年来高考评价体系和大学的招生体系在发生变化，包括新高考改革等，也包括清华做的大类招生的改革，在您看来高考改革或者大学招生改革体制的关键是什么？

谢维和：现在高考改革中重要的问题之一，就是把高考改革简单地等同于考试改革，这是一个很重要的问题。实际上高考是一个社会系统，涉及各种不同的利益相关者，因此高考改革的实质和最重要的一件工作是去调整高考中各方面利益相关者之间的关系，包括大学、高中、老师、家长、考生、社会评价等，而不仅仅是改革考试本身。

高考整体来说在我们国家是比较公平、比较成功的人才选拔形式，当然人们对高考的期望越来越高，所以需要进一步完善，这点也是毋庸置疑的。但问题是我们要把握住关键，认准其中具有高度关联性的战略点在哪儿，这样才能真正把高考改革好。

 2. 大学的意义与功能

记者：关于大学教育的意义有很多不同的说法，曾任耶鲁大学校长的理查德·莱文（Richard Charles Levin）说如果学生从大学毕业后拥有了某种专业的知识和技能，这将是耶鲁教育最大的失败！但是在现实中，中国每年有 700 多万大学毕业生，面临着很大的就业压力。在您看来，大学教育的意义是什么？大学的功能是什么？

谢维和：理查德·莱文先生作为耶鲁校长提出这个观点，我们要注意他说

这句话的语境。换句话说，如果理查德·莱文先生真的是这样说，我认为他的意思并不是要否定大学生应该学习一定的专业知识，他更多的是强调仅仅学习专业知识是不够的，作为大学要超越一些具体的专业知识，让学生学习一些整体性、宏观性的理念和思想。

艺术家吴冠中先生有一句名言也曾引起艺术界的争论，"笔墨等于零"。吴冠中先生难道不知道笔墨对于中国画的重要性吗？他这句话的意思并不是否定笔墨的重要性，而是强调仅有笔墨是不够的，更要有一种艺术的思想、观念，有一种超越具体作品的视野和理念。

就当下高等教育而言，**并不能单纯否定专业教育，而是要强调专业知识学习与通识教育相结合，我认为这才是符合中国国情的。**

3. 大学的改革：去行政化与个性化教学

记者： 中国大学最重要、最艰难的一项改革，也是中国大学的集体病灶是去行政化问题，这项改革的阻力主要来自哪些方面？

谢维和： 关于大学去行政化的现象应该客观分析。我个人觉得现在大学里有很多事情，确实需要一些行政的力量去处理，例如校园安全问题、后勤保障问题、职工看病问题等，这些都需要行政的资源、行政的力量处理。

关于大学的去行政化，更多的还是在于"教授治学"。 过去很多人提"教授治校"，但是现在如果让教授治校的话，教授会很累的，校园安全等问题交给教授解决也是很难的。所以比较适宜的方式**是在学术问题上要更多尊重教授的意见，让教授去参与、去决定，而对于行政的事务就交给行政部门去处理。**

现在大家都在讲治理体系、治理能力现代化，对学校来说就是如何把学术与行政分开，**学术的事让教授们去处理，行政的事让行政部门去处理，我认为这是大学治理中很重要的一点。**

此外，我们在谈论一件事时比较喜欢用"化"，"化"是什么含义？就是彻头彻尾、彻里彻外，所以我觉得完全用"行政化"这个词从学术上讲不太严谨。当然如何把行政事务和学术分开，这是大学治理体系中很重要的挑战。

4. 中国大学若要推行小班化教学，需要形成更好的评价体系

记者： 欧美的大学都非常注重小班讨论或者是项目式学习，但目前很多大学还是完全按照原有的教育方式进行教学。中国大学的反应为何会如此滞后？

谢维和： 其实这些年各个大学都推出了很多非常有创意的教学方法，包括小班讨论、研讨班、新生研讨课、社会实践等，甚至有很个性化、很有特色的课程。

从培养模式和文化传统来说，欧美国家确实比较注重个性化的、小型的讨论课，而且从大学规模来说欧美国家的大学也相对较小，所以在开展项目教学、小班讨论方面有些优势条件。

中国大学因为经历过扩招，所以很多大学老师的工作量非常大，很辛苦。**如果让老师把更多精力放在小班教学，坦率说还需要进一步加强师资队伍建设，形成更好的评价体系。**

（本文根据 2018 年 1 月 4 日谢维和教授在"人文清华"讲坛发表的演讲《大学之道拾遗》和其后的媒体采访整理而成。）

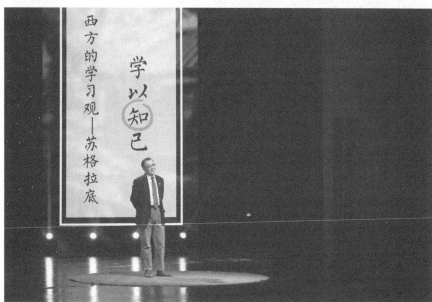

谢维和专访：我愿终身做教育，挠到学生生命的痒处

14岁半下乡劳动

张小琴：谢老师，您父母都是大学老师，这对您从事自己的职业有什么影响？

谢维和：应该说很大。我的母亲，曾经跟我说过这样一句话，她说，人们对自己老师的尊重是真正发自内心的。这句话，我记了一辈子。尽管在我过去的经历中有很多从事其他职业的机会，但我最终还是选择了教师。

张小琴：您的教龄到目前有多少年？

谢维和：我的教龄不是太长。真正的教龄是从1985年开始。我的工龄更长，工龄到现在应该是49年了。我是1968年下乡的，那时14岁半，初中毕业。

张小琴：在哪里？

谢维和：江西省武宁县石门公社庐山大队邵家村。他们看到我比较小，照顾我，经常把我安排和妇女队一起干活，每天可以拿五个工分，后来多一些。跟大家一样，种地、收割麦子、收割水稻、双抢、种水稻、种豆子、除草，这些活儿都干。

张小琴：从南昌城市来到农村，反差大吗？

谢维和：非常大。当时我和两个男同学住在九平方米的小屋里。农村的小屋是没有天花板的，就是上面有几根梁在那儿，在那个梁上放了一口棺材。你可以想象一下，我心里是什么感觉。当时还有两个比我大的同学，他们把我挤在中间，我基本上是蒙着头睡的，根本不敢看。

张小琴：害怕？

谢维和：很害怕，但后来习惯了，以至于我们到了夏天，把被子、棉衣都

放在棺材里。因为这样很好，又干燥，又很干净。

张小琴：跟这个棺材和平共处了。

谢维和：这就是一种适应，我想，其实人生有很多是需要去适应的。

张小琴：这段经历对您来说应该也有一些影响？

谢维和：最大的影响是我对现实的了解，特别是对农村的了解。生活在那种艰苦条件下，人民群众的心理、生活方式，很不一样。这种了解对我对社会的看法，包括对自己的看法，应该说是有帮助的。

张小琴：什么事情给您留下特别深的印象？

谢维和：就是你一定要尊重人，人都有很善良的一面。举个简单的例子，当时把我分在一个农民家里，我们知识青年每个人都要拜一个师傅，跟他们家一起生活。住是我们单独住。当地的生活很艰苦，平时吃饭主要是地瓜丝和地瓜干。因为里面有淀粉，晒出来都是黑的，他们烧饭的时候，一般只有大概 1/4~1/5 的大米，其他都是地瓜丝。所以饭里面都是黑的。但是，我那个师傅为了照顾我，他在放地瓜丝的时候，在把地瓜丝和米饭一块搅动的时候，专门留一块白米饭不搅动，留给我吃。当地的习惯是只有在过年的时候才能吃白米饭。我吃饭时，他的两个孩子都盯着我的碗，我怎么吃得下去。后来我发现了这个现象，就主动去盛饭，我把饭与地瓜丝全部搅和了，跟大家一起吃。我觉得人心都有很善良的一面，要尊重人。

张小琴：后来还跟他交流过吗？

谢维和：我的师傅后来去世了。后来我工作了，到他们家拜访，或者带礼物去，或者带点钱给他们。我在那个村子里待的时间不长。因为我们当时那个知青班是全省的模范班，后来就把我们这个知青班的人，调到了另外一个镇上的生产队。

张小琴：什么时候从妇女队离开？

谢维和：慢慢地自己长大了，也不服气，为什么让我跟妇女队一起干活，那个时候心里就觉得自己已经是一个成年人了，不需要被照顾。说心里话，这种下乡的代价是非常大的。

张小琴：代价是指什么？

谢维和：年轻时应该是学习的时候，却在这儿度过了。当年发生的一些事，对我后来产生了影响。因为没有公路，到我下乡的生产队不能一天走到，头一天晚上就住在了另外一个公社的粮仓里。就在那个晚上发生了我人生中非常大的变化，可以说是类似于米兰·昆德拉[①]说的生命不能承受之轻的变化。原来跟我一块分到生产队的两个男同学，他们和我后来去的那个生产队的人谈交换，把他们俩也换到我后来去的生产队，这一换，我的命运就改变了。

我们去了这个新的生产队，其中有四个高中女同学，非常正派，非常有上进心，对人非常和善。她们的家庭背景非常好，对我们非常关心，对我们要求非常严。我在那个时候就感觉到家庭般的温暖和同伴之间的关爱，那种相互支持，我一辈子也忘不了。后来她们到北京来，我请她们游玩，照顾她们，一直都很感谢她们。

我很感谢在农村的这些经历。我现在做教育研究的时候，特别重视同辈群体的作用。

张小琴：在农村期间还有机会读书吗？

谢维和：基本上扔掉了。那个时候都看毛选、马恩选集、鲁迅的书，实事求是地说那个时候书看得很少。而且白天干活很累，晚上又没有电灯，只是煤油灯。

张小琴：您是 1971 年参加工作？

谢维和：对，后来招工进工厂。

张小琴：还挺幸运的，那个时候"文革"还没有结束。

---

① 米兰·昆德拉（Milan Kundera）：当代著名小说家，1929 年出生于捷克斯洛伐克，自 1975 年起，在法国定居。代表作有《生命中不能承受之轻》《玩笑》《生活在别处》等。

谢维和：我算是比较早的。这里面也有点儿故事。当年要鼓励知识青年在当地扎根落户，也吸收一批比较好的知识青年去当干部，就让我到一个生产队去当干部。

张小琴：生产队长？

谢维和：那个时候不叫生产队长，那个时候叫革委会主任。其实我根本不懂，都是听别人的。他们觉得我做事比较踏实，就调我去当干部了。双抢的时候，早上三点多起来要拔秧，然后要收割，赶在时间内，把早稻收上来，把晚稻种下去。晚上还要清点今天进了多少谷子，晒了多少谷子，我都要去点。那个时候流鼻血流得非常多。他们可能觉得我干事比较老实，人也不算太差，招工就把我招走了。

张小琴：那个时候去工厂是很不容易的。

谢维和：是，很不容易。在我们公社里头，我算是比较早招工走的。

在工厂边干活边看书

张小琴：那您怎么能在 1978 年考上大学呢，初中的底子？

谢维和：我初中其实只读了一年。不过有几个因素影响比较大：第一个是我父母的影响，特别是我母亲，她一直希望我能够多看书；第二个，我进工厂以后有了读书的时间。我先是在武宁县水泥厂干碎石工，后来调到江西化纤厂。化纤厂是流水线的生产，如果生产正常，工人就比较轻松，坐在旁边看着机器就行了。这样我就有时间看书了，包括力学、机械、材料、电工、数学，等等，都学了一些，但也都比较粗浅。

后来还有一个重要的原因，工厂领导觉得我有点舞文弄墨的能力，就把我调到厂宣传科。在招收最后一届工农兵大学生的时候，工厂推荐了我。因为我就是普普通通的家庭出身，也没有什么后台，结果一个干部子弟去了。工厂领导觉得有点对不住我，就把我送到江西大学新闻进修班学一年新闻。这一年非常重要。我读完新闻进修班以后，当时江西大学要恢复新闻系，系里想留我。但是，学校说不能留，因为我是工人编制，这个身份不能留在大学里工作。我感到很不理解，我不能受这种歧视，我非得考一考大学不可。

考上大学，开始严格的哲学训练

张小琴：恢复高考对当时这一代人来说特别重要。

谢维和：非常重要。当时的录取比例几乎是 50∶1。我当时选的是中文、考古和图书馆专业，第一志愿报的是北师大，我就想当老师，结果没考上。第二志愿是厦门大学，招生的人征求我父母的意见，说我的高考分数很高，过去又有实践工作的经历，鼓励我报哲学系。当时哲学系的录取很不容易，还要进行挑选，因为他们觉得这是将来培养干部的专业。当时对我们来说，能够上大学已经是很幸运的事，而且又能够上一个重点大学，我就毫不犹豫地答应了。后来我非常庆幸自己答应了，因为学哲学给我的思维方式，给我的研究方法的训练打下了非常重要的基础。

张小琴：后来是哪一年读的博士？

谢维和：我是 1985 年读博士的，1988 年拿的博士学位。

张小琴：这期间，从大学到博士阶段，是很系统的哲学专业的训练。

谢维和：对。中国社科院哲学所是当时中国最高水平的哲学研究机构。我们接触的都是国内最著名的老师，读书也都是读原著：黑格尔的《小逻辑》《精神现象学》，康德、费希特[①]的书，也包括胡塞尔等人的书。

---

① 约翰·戈特利布·费希特（Johann Gottlieb Fichte，1762—1814）：德国作家、哲学家、爱国主义者，古典主义哲学的主要代表人物之一。代表作有《全部知识学的基础》《自然法权基础》等。

张小琴：您博士期间主要的研究方向是什么？

谢维和：研究费希特，费希特是德国古典哲学四个代表人物之一。他不像康德、黑格尔那么有名，但他是从康德到黑格尔中间很重要的思想家。费希特是一个非常有激情的人，他是民族主义者，很爱国，他对德意志民族的演讲非常有感染力，法国入侵的时候，他的演讲很有名。

张小琴：这段研究给您带来的影响是什么？

谢维和：可以说是非常系统和专门化的学术训练。在社科院读书时，跟大学很不一样。我们读三年书，没有规定的课程，不像大学那样上课，就是去哲学所上班，礼拜二、礼拜四去半天，完全是自己看书，跟着老师做研究。一个很基本的要求就是要读原著。这就像老子说的"贵食母"，一个人要吃母乳，不要吃太多的乳制品。坚持看德文、英文的原著，才能真正体会一些东西。在这个过程中，非常系统地把整个思想史联系起来学习，去思考一个问题。我觉得这种训练真的是很难得的，非常扎实。还有就是自己跟老师一块写论文、做翻译。当时我和现在清华国学院的刘东两个人是同学，一起翻译了《走向未来》丛书中的两本书。从那个时候开始，我真正知道了做学问应该怎么做。

张小琴：那个时代读书氛围非常浓，跟现在的气氛不太一样。

谢维和：那个时候，其实我们的诱惑也很多，有很多课题，包括政府的、社会的。但是，那一批读博士的人是真正奔着读书去的。

为家庭放弃社科院工作，到青年政治学院研究青年问题

谢维和：社科院读完书以后，哲学所领导和王玖兴老师特别希望留下我。但是当时我和太太、孩子分居两地，我想把这个问题解决了，后来很多机会都因为这个放弃了，包括放弃了到国外拿很好的奖学金的机会。其实我挺没什么上进心的，我觉得生活还是挺重要的。当时北京青年政治学院的院长和书记跟

我说，你来报到，你太太、孩子的户口同时到北京，后来我就这样去了那里。当时青年政治学院是大专层次的学校，很多同学都表示不理解。

张小琴：您怎么想的？

谢维和：我觉得一个人一定要珍惜他的生活，要热爱他的生活，要关心家里的人，这个很重要，所以我当时就选择了这个。我的导师、领导们对我的安排和期望，我都辜负了。我去了以后，在青年政治学院的青年教育系当副主任，又在北京青少年研究所当负责人。

张小琴：您在教育学领域开始贡献您的思想，是从哪个阶段开始？

谢维和：严格地说，是从青年政治学院开始的。我有时会跟年轻人说，不一定非要追求什么高层次有名的大学，其实你在一个普通的大学里，只要你踏踏实实干，同样能够干出成绩。当时我有几篇很重要的文章，在中国的社会学界与青年研究界影响很大。当时青少年研究属于社会学研究的范畴。在1990年、1991年，我写了一篇文章《年轻的正式人》，发表在中国社科院的《社会学研究》上，主要研究年轻人的社会地位与身份特征。当时经常把年轻人看作为后来做准备的"边际"人，但由于时代的发展变化，他们的地位已经有所变化，我用了"年轻的正式人"来表达这种变化，也得到了学术界的认可。

张小琴：主要观点是什么？

谢维和：指出青少年的社会地位发生变化，不再是处在边际状态的人，他们跟成年人有一个平等的，或者说对话的地位，因为社会在发展。

张小琴：是什么触发了您这样的想法？

谢维和：为什么年轻人有那么多的逆反现象？为什么年轻人跟他的长辈和老师发生矛盾？这个矛盾的原因是他们个人的问题吗？还是单纯是他们青春期的问题？过去都用青春期解释他们的问题，但其实青春期解释不了。后来我从历史发展和社会学的角度去解释，我发现老师和成年人对青年人的威信降低了，是因为社会在变化。过去老师和成年人都是在计划经济体制下成长起来的，接受的是那一套道德规范和社会准则。到市场经济以后，这些老师也不熟悉了。年轻人的生活方式、行为方式反而被成年人、老年人所仿效，比如当时流行的喇叭裤、牛仔裤就是从年轻人开始穿起的。

张小琴：这个跟后喻文化①有关吗？

谢维和：这个就是跟后喻文化、前喻文化、并喻文化有关。

张小琴：这像年轻人的宣言一样，我们要登上历史舞台了。

谢维和：后来《社会学研究》把他们从 1985 年创刊到 1995 年的 120 期文章拿出来请一些社会学家们评选，我那篇文章得了一等奖。所以，**不要以为你的工作单位层次低就干不出一流的水平**。我在《中国教育报》上曾经写过一篇文章，我说层次不等于水平，层次是服务对象的差异，**高层次也可能低水平，低层次也可以高水平。**

张小琴：除了这篇文章之外，您当时的重要学术思想还有哪些？

谢维和：教育学基本理论包括很多领域，我当时主要从事教育学基本理论中的教育社会学研究，包括青年社会学。在《教育研究》《青年研究》和《中国青年研究》等学术刊物上发表了很多文章，比如《进化与功能》等。我当时还出版了一本专著《中国当代青年社会学》。我认为对这个时代的**年轻人不能还是用俯视的居高临下的观点去看他，而是要平等地看待。在新的事物面前，他们的优势并不比我们成年人弱**。但是，他们因为有年轻的特点，需要向成年人学习，成年人也需要向他们学习。

张小琴：20 世纪 90 年代初这是刚刚开始出现的观点，现在这个趋势比较明显。

---

① 后喻文化：美国人类学家玛格丽特·米德在《文化与承诺》一书中，将时代划分为"前喻文化时代，并喻文化时代，后喻文化时代"。所谓的后喻文化，就是年轻人因为对新观念、新科技良好的接受能力使其在许多方面都要胜过他们的前辈，年长者反而要向他们的晚辈学习；前喻文化则是指晚辈主要向长辈学习；并喻文化是指晚辈和长辈的学习都发生在同辈人之间。

谢维和：对。

张小琴：这对您的教育理念也有非常大的影响？

谢维和：当然了。这是一种学生观。所以我一直在强调和推动一个思想观念，搞教育的人一定要注重对学生的研究。**当老师不是教书，当老师是教学生。**当然，这个观点也不是我的，都是我读书读来的，包括陶行知、叶圣陶先生，他们都是这样说的。在全国讨论教师专业化的时候，我认为教师专业化最基本的体现就是你必须懂学生，真正认识学生。这都是受这个观念影响。

张小琴：这个所谓懂学生、认识学生需要什么样的具体做法？

谢维和：在不同成长阶段，他有不同的规律、特点。举个简单的例子，为什么小学三四年级时，孩子特别调皮？所谓"七岁八岁狗都嫌"。因为他的自我中心主义在发生变化。为什么到初高中阶段，他会有很多的困扰？都跟他的成长阶段不一样有关。

再举个例子，你听过这样一首歌吗？歌词大意是，"我不是坏小孩，我不是你们所说的那种坏小孩。我们生活在我们的时代"。

张小琴：意思是你们不理解我？

谢维和：当然了。年轻人唱这歌，实际是说"你不要用你的眼光来看待我，来评价我"。一个好的老师，很重要的就是要懂学生，要了解学生。

张小琴：这个理念在教育体制和教育过程中去贯彻，应该是什么样的体现呢？

谢维和：这就是一种教育观。教师专业化的基本教育观念、基本理论都和这个有关。

调入北师大，提出班级应该是初级群体

张小琴：您 1992 年调到北京师范大学，这是转向教育学的明显标志吗？

谢维和：我觉得有这么几个理论是我到北师大以后有代表性的观点。一个是学校班级的社会属性。当时我和南方某师范大学的一个教授，对中小学班级的社会属性有一场辩论。中小学的班级是属于一种社会组织，还是属于一种社会初级群体？这是两种不同的定义。在社会组织中，组织运行的方式和组织中人员交往的方式跟初级群体是不一样的。如果把班级看成一个组织，在这个班级里明文的规章制度就起作用，调整学生的基本规范。在班级里有班长、组长，一层一层的层级，人和人之间都是一种次级交往。次级交往是指人们之间的交往只是一种有限的交往，我不会把我所有的都展示给你，我可以在工作上跟你很配合，但我平时不跟你一块玩儿。但如果是在初级群体里，层级就不重要了。人和人之间的交往有更多的情感因素，也更加全面。在中小学班级里，同学之间更多的是情感的因素。这就是初级交往。我只要跟你好，我什么都跟你好，交往是全方位的，不会是一个方面。我们大人就不会这样。

张小琴：您的主张是什么？

谢维和：我主张班级是初级群体，那位教授主张是社会组织。

张小琴：为什么您会关心这个问题？

谢维和：班级是教育社会学研究的基本题目，而且是最基本的儿童学习环境，这个问题当然要研究。

张小琴：认为它是初级群体和认为它是社会组织，对于我们如何对待青少年有什么不同的影响？

谢维和：如果把一个班级看成是一个社会组织，就会按照社会组织的要求，强调正式的规范，强调层级，强调孩子们守纪律，强调限制性。而当你强调初级群体的时候，你会允许或者可以给孩子们很多个性发展的机会，大家相互交流，有情感空间，就会亲密一点儿。当时我在文章中还没有认识到，其实初级群体在某种程度上是一种公域和私域的混合，它有很多私域的特点。它不是垂直互动，更多的是平行互动，这样同伴之间的影响就会更好。

张小琴: 这样一个理念听上去很应该推广,后来有产生一些影响吗?

谢维和: 现在很多地方有小班化的实验,他们也在这样做。

张小琴: 普及得还不太够?

谢维和: 因为多数人还是强调纪律,强调学生要听话。即使搞小班化也是强调老师和学生的互动比较多,没有强调学生和学生之间的互动。这一点还需要进一步去加强。

张小琴: 按照您对班级社会属性的界定,当老师的人,或者父母,或者孩子们自己,应该用什么方式来面对呢?

谢维和: 同学之间交往的影响在某种程度上不比老师对学生的影响小。有的时候孩子们回家会跟父母说,我们同学都是怎么做的,这就是同辈群体之间的影响。如果我们强调班级是一个初级群体,就是更强调同学之间这种很平行的交流。这个对孩子们的全面发展是有好处的。

张小琴: 可是不管我们如何界定,孩子们互相之间也依然会有这样的伙伴关系。我们认识到这一点和认识不到这一点,对孩子的影响有什么不同呢?

谢维和: 实际上在班级里面,经常有若干个非正式群体。这种非正式群体就是某一个孩子王,几个孩子跟他在一块交流。有时老师觉得这会影响整个班集体的团结,实际上你如果能够把这种非正式群体的力量用好,恰恰可以提升整个班级的凝聚力,提升大家对班级的认同和对学校的感情。

支持扩招,强调结构是教育质量的重要指标

谢维和: 班级是初级群体这个观点并不是我特别骄傲的一个观点。

张小琴: 更引以为荣的观点是什么?

谢维和: 大学扩招以后,很多人批评扩招,我则支持扩招。2001年,我在《教育报》写了一篇文章《超常规的发展需要超常规的思维》,我说这种超常规的

发展要反对新形势下的教条主义和经验主义。没想到这句话惹了祸，那个时候我在北师大当副校长，有人就猜测，我这样说是不是针对什么人？是不是有人授意我这么讲的？

后来我调到清华以后，写了一本书《中国高等教育大众化进程中的结构分析》，这本书获得了高校人文科学二等奖。我通过大量数据进行研究和分析，得出结论，**扩招以后，中国高等教育的结构更加优化了**。

张小琴：您说的结构优化是指什么？

谢维和：高等教育里有四个结构：第一个是学科结构，比如，工科、文科、理科；第二个是层次结构，比如，重点大学、地方大学、研究生、本科生，这些属于层次结构；第三个是分布结构，就是各省高等教育的机构和人数有多少，高校有多少；另外还有形式结构，即正规教育和非正规教育。通过高等教育的发展，这几个结构指标在一定程度上都得到了改善和优化，更趋于合理了。更重要的是，我由此提出了一个概念，**即结构是反映一个国家和一个社会，甚至是一个学校教育质量的重要指标**。

张小琴：之前认为什么是质量？

谢维和：过去认为学生就业好、发表文章多、拿的成果多、得奖多就是质量好。

张小琴：从结构的观念来看，应该是整个机体的健康程度？

谢维和：是指整个要素配置得更合理。这既是宏观问题，也是微观问题。比如一个人，五官搭配得好就漂亮了，搭配的方式不一样，就是不同的美。一个人的漂亮不是光眼睛好看，也不是光嘴巴好看，而是五官组合得好。任何整容都是结构性整容。世界上哪个国家的足球队最强？都知道是德国。德国并没有像梅西这样的大球星，没有C罗这样的足球先生，也没有内马尔这样的足球大腕，可是德国足球队结构好，三条线能够配合得非常默契。这就是结构的力量，这就是结构性优势。一个国家、一个地区、一所学校，一定要有自己的大学或者学科的结构性优势。我并不是说不要有院士，院士当然是越多越好。但是，我们能不能把人力资源等要素配置好，形成你的结构性优势呢？有了结构性优势，你同样能够干出高水平的事来。

张小琴：把结构当成一个很重要的质量，对于整个教育理念会有什么不同的影响？

谢维和：我关于"双一流"的研究，就阐述过这个道理。我曾经在《人民日报》上发表了一篇文章《"双一流"的三个关键词分析》。"双一流"里面有三个关键词：第一个是世界，第二个是一流，第三个是强国。

中国要建成高等教育强国并不在于你在世界排行榜的前100名有多少高校，而在于你的结构好不好。美国是高等教育强国。但是，我们对美国高等教育进行分析的时候，发现除了哈佛、麻省理工、耶鲁、斯坦福这些名校，很多州立大学也都有很强的学科。像亚利桑那州立大学的天体物理和地球物理就很强，美国的月球车都是它设计的，照片都是它拍的。还有罗德岛设计学院，艺术设计居全球前列，可是它没有上排行榜。关键是美国还有很多高水平的本科院校和社区学院。真正的高等教育强国要满足社会不同层次、不同类型、不同地区的需要，各种人才都能够供给，这才是具有结构性优势的高等教育强国。

"一流"不是层次的概念，是水平的概念。低层次也可以有高水平，高层次也可以有低水平。"世界"这个概念更有意思，世界并不等于欧美，中亚也是世界，非洲也是世界，东南亚也是世界，你只要在这些国家有影响，你同样是世界一流。

张小琴：从这个思路出发，等于我们的教育布局和教育发展政策都需要很多调整？

谢维和：当然了。我主张"双一流"建设中要纳入一些地方院校，甚至是一些地方学科，这样才能形成结构性优势。我在清华当副校长时，也经常提清华千万不要出现结构性落后。清华近年来大力发展人文学科，就是为了优化自己的结构。

张小琴：可是短时间内大规模扩招，师资及其他方面的条件能配备到位吗？质量不受影响吗？

谢维和：客观讲，质量在不同程度上会受一些影响。但是为什么我要做中国高等教育大众化的结构分析呢？我想从整体性的角度、结构的角度看看究竟如何历史性地评价中国高等教育的发展。数据显示的结果还是趋于合理的，包括在地区分布上都趋于合理。重点大学在一个国家高等教育体系中所占的比例，按照国际标准一般占 10%~12% 是合适的。经过优化调整，我们重点大学学生的比例跟国际指标达到差不多的水平，大概是 12%~13%。其二，省和省之间，如北京和一些省份，在校大学生占同龄人的比例，过去是很大的差距，通过扩招，都缩小了。

从整个国家经济社会发展的角度来讲，包括从人们对高等教育的需求和国家提供高等教育的机会来讲，特别是从我们中国整个劳动力中，有高等教育以上学历的人所占比例的角度来讲，我认为扩招都是利大于弊的。

张小琴：大家也认为扩招带来了大学生就业难的问题。

谢维和：就业难不能简单归结为大学扩招的问题。就业是一个很复杂的因素，它涉及整个产业结构的调整、城镇化的过程。我曾经做过一系列的关于就业的研究。大学扩招可能会在一定程度上影响高层次人才就业的市场需求。但是就业问题，整体上来说，我觉得还要做更具体的分析，不能简单地说这是大学扩招造成的。

张小琴：按照您重视结构的教育理论，将来中国的高等教育结构还应该往哪些方面发展？

谢维和：除了我们在世界一流大学排行榜上，要有像清华、北大这样的好学校之外，我觉得在地方学校里也应该有一些一流的学科。在不同的区域内，也应该有一些重点大学。在不同的层次上，本科也有很好的大学，甚至一些专业学院也有很好的大学，包括一些独立学院、职业教育也有一些一流的学科和专业。也就是说，在不同的层次、不同的类型、不同的区域里都要有很好的大学，这样就形成很协调的结构。

"清华是可以做梦的地方"

张小琴：您1997年开始在北师大任副校长，之后又到首师大当党委书记，但您在2004年辞去了所有行政职务，来到清华，成为一名普通教师。那个时候是怎么考虑的？

谢维和：我就是想做一点学问，当一个普通教师。

张小琴：中国一贯是往上容易，很难说一个人没有犯什么错误，就什么官也不当了。

谢维和：我在北师大的时候，就曾经想到清华来当老师。因为我在北师大当副校长，不好调。后来到首师大当书记以后，我觉得也不是很好调。这件事情，我要感谢咱们清华的陈希书记，当时他有一句话深深打动了我，他说："老谢，**清华是一个可以做梦的地方。**"过去也有些单位想调我去工作，但没有人跟我说这个话。有人说，我可以给你提供房子，我可以给你提供多少待遇。我没想到陈希跟我说这句话，就冲这句话，我觉得也值得来试一试，有时候人是会有点痴的。

张小琴：这句话打动您的时候，说明您那个时候也有梦。

谢维和：我那个时候还不到50岁。

张小琴：那个时候的梦想是什么呢？

谢维和：就是想当一个好老师，像我母亲那样，很多人很尊重我母亲。**能够把自己的思想传播给别人，让别人接受自己的思想，是一件多么有价值的事。**

提出高中是大学预科，推动高中教育改革

张小琴：后来您觉得这个梦做得好吗？

谢维和：我觉得做得不大好，主要是我自己的原因，但也还是有一些成绩。大概 2011 年、2012 年时，我在《中国教育报》写了几篇文章讲述高中的定位，引起了一场全国的讨论。后来有人问我一生的学术研究有哪些特别值得一说的，我说这件事就是其中之一。

张小琴：您认为高中是大学的预科，为什么会有这种想法？

谢维和：我的第一篇文章是《从基础教育到大学预科》，高中的定位在世界上都是很难的问题，但它又是不断变化的问题。实际上关于高中有两种定位：一种是终结性的高中教育，第二种是预备性的高中教育。所谓终结性的高中教育是指由于高等教育招收的名额有限，高中生大多数毕业之后要走向社会。这就叫作终结性高中教育。但是随着社会的发展，高中生在毕业以后大多数都要上大学，这个时候高中的定位就变化了，就从过去的终结性的高中教育转变为一种预备性的高中教育。这是一个很关键的指标。

张小琴：这其实也是中国高等教育扩招带来的变化。您是怎么想到这个问题的？

谢维和：我过去在北师大的时候曾经研究过高中，因为高中是承上启下的阶段，它不属于义务教育，但应试教育在高中这个阶段表现得最突出，还有很多教育的问题都跟高中有关，所以它在整个教育的学制体系中是一个承上启下的中间环节。而且对高中的研究也一直是整个教育研究中的短板。当时在研究高考、研究中国高等教育变化的时候，我发现了一个很重要的事实，即整个高考的录取率发生了很大变化，甚至像西部的边远地区，其高考录取率都能够达到 75%~80%。

张小琴：这个问题的关键点是什么？

谢维和： 关键点就是整个高中教育定位和模式的变化。如果高中教育是终结性教育，你就要为更多的孩子们将来走向社会做准备。**如果将来有更多高中的孩子要上大学，就得为他们上大学做准备。课程、教学、评价，都要不一样。**这是一个关键的问题。我写了一系列文章，第三篇文章就是《中国的高中教育正在发生转型》，我做了一个中国大众化教育的图和美国大众化教育的图进行比较，发现已经非常接近，表明这种变化确实已经发生了。当时教育部、各省教育厅的工作人员和一些大学、中学的老师对此争论不停，有些人同意，有些人不同意。

张小琴： 反对的人是怎么认为的？

谢维和： 他们认为这是不是更强调高中教育应试的合理性了。但我们说它是大学教育的预备，并不是高考的预备。在讨论的过程中，很多人都是用基础教育的大概念来谈高中，并没有看到高中这个特殊阶段的特点。

张小琴： 现在也有一种观点建议把高中变成义务教育阶段，跟您这个观点有矛盾吗？

谢维和： 这个建议是不合理的，中央明确讲了，还是坚持九年制义务教育。到了高中以后，人的心理在分化，人的意识在分化。义务教育更强调统一性，包括形式和内容的统一性。到了高中15岁以后，你再让他接受完全统一的教育和他身心发展的规律是不相符合的。所以我不赞成。可以免费教育，不能义务教育。义务教育是强迫你必须要上学，而且必须要学这些规定的东西。免费教育是你上学不花钱而已。

张小琴： 现在"高中是大学的预科"这个观点被接受了吗？

谢维和： 应该说在很大程度上已经成为高中改革的现实，但它的影响往往是潜移默化的，是逐渐渗透的。目前，已经有很多高中越来越考虑如何和大学衔接，比如，像清华附中的 AP 课程①，就是在为进入大学做准备。高中的课程体系中有了更多的选修课，教学活动也更加尊重学生的选择性，等等。因为这是社会和教育发展的现实，是时代的要求，更多的高中学生将来是要上大学的，你当然要为他们上大学做准备了。

张小琴： 这个观点的影响可能会更深远。

谢维和： 我相信是这样的。

张小琴： 如果这个观点在教育系统得到基本的公认，高中教育应该是什么走向？

谢维和： 高中在课程上，可能会有更多的选修课，能够跟大学有更多的合作，等等。

张小琴： 可能会更强调学生的自主学习？

谢维和： 对。

张小琴： 但是现在的高中恰恰相反，大部分的高中还是灌输式的比较多。

谢维和： 这个跟高考有关。

张小琴： 更多的高中需要取得更高的升学率，普遍认为题海战术是更有利于提高升学率的。可是如果我们认为它是大学预科，那就要强调自主性的学习，这跟追求升学率之间是不是有矛盾？

谢维和： 所以现在的高考改革也有 3+3 的选择。还有会考成绩和高考成绩的结合，以及综合素质评价等。

张小琴： 所以这个改变要有一系列的变化。

谢维和： 变化都不是一瞬间完成的，它是一个历史过程，但必须要有人推动这个东西。这是个历史性的变化。原来我们国家的高中教育和大学教育都是

---

① AP 课程是在高中阶段提供的标准化课程，基本等同于大学的相应课程。学生通过 AP 课程考试可以获得大学的学分，入学后能够有时间学习更高层次的课程，或选修其他专业。

精英教育。随着基础教育，特别是义务教育的普及，高中教育越来越普及了，但高等教育仍然是精英教育。这个时候只有很少量的高中毕业生能够上大学。到了 20 世纪末，我们的高等教育也走向了大众化，甚至走向普及化，高中教育和高等教育都到了大众化的时候。由于它们的关系发生了变化，它们各自的定位当然也要发生变化。所以这是历史性的变化，这是一个趋势。在国际上也是如此。

素质教育并非不要成绩，而是要注重培养自觉性

张小琴：现在教育领域有一个很大的问题，大家经常会讨论的，就是所谓的素质教育和应试教育的问题。您觉得现在的状况是怎样的？是不是堪忧的状态？

谢维和：我觉得素质教育和应试教育都不是抽象的概念，都需要做具体的分析。在 20 世纪 80 年代、90 年代，素质教育可能更多地强调课外活动，搞一些活动，来提升学生的素质。到了 21 世纪初，素质教育更多体现为一种课程改革，建立一些新的课标、新的课程，编一些新的教材。到今天，素质教育又进入新的阶段，更强调核心素养，更强调立德树人。

关于素质教育和应试教育的讨论，有各种不同的看法。我自己的态度是这样的，要把这样的一种所谓素质教育、应试教育的争论，以及它们的不同进一步具体化，这样才能更好地解决这些问题。

张小琴：怎么具体化？

谢维和：素质教育并不等于不要学习成绩，拿学习成绩作为评价和录取的重要依据也没有什么错。但是，社会上很多人往往把学习成绩和素质教育，特别是跟德育对立起来，这就有问题了。追求学习成绩好，肯定是没有错的，可是，你用什么方法来追求这个学习成绩呢？你能不能找到一种很好的方式，既

能够提高学生的道德素质，又能够让他把学习成绩提高呢？这也是我最近研究的初步成果之一。实际上这是教育界很普遍的问题，甚至是历史性问题。1926年，陶行知先生在给南京的一个教育机构讲话时，就讲到当时的德育里最不幸的事就是德育和智育分离。我通过很多调研，跟很多的校长和教师讨论、对话，让他们列举学习成绩好的孩子在道德品质和性格上的特征，列举很多很多条，其中最大的交集，按照社会科学做聚类分析的方法，就是自觉性、自律，即**凡是自觉性强的孩子，学习成绩都很好，而且各个方面都表现得很不错**。自律是自己管理自己，是道德的基本特征，他律是法律的基本特征。所以，自觉性是最基本的道德品质和性格特征。梁漱溟先生说自觉性是中国人最基本的素养。黄炎培先生说，教育的基本规律，第一是培养孩子的自觉性，第二是培养孩子的自制力。杜威在他的《教育信条》中说，**最根本的、最好的教育就是要培养孩子自己管理自己**。这都是培养自觉性。

张小琴：关键是怎么培养自觉性呢？

谢维和：更重要的是强调让每个孩子能够反思自己，形成一种元认知，就是对自己的认知进行一种再认知。中国的老话说**"人贵有自知之明"。真正聪明的人是能够懂得自己的人**。真正优秀的学生，他能够安排自己的学习，能够管住自己，知道自己的强项在哪儿、弱项在哪儿。这种自觉性恰恰就是一种道德素养，这就是立德树人的逻辑。我这样讲，很多老师都明白了，德育和学科课程也很好地结合起来了。所以，这样一种教育，既提升了学生的素质和道德品质，又能够帮助他提高学习成绩。

教育的最高水平是挠到学生生命的痒处

张小琴：现在一说到教育，大家就会想到各种各样的课外班，本来学生的课业负担已经很重，再给他各种课外班，这个负担反而更重了。

谢维和：这件事情需要辩证的分析。通过合理的校外教育，如游泳课、舞蹈课与科技活动等去拓展学生的视野，这对学生发展是有好处的。但其实根本的问题不在这儿，根本的问题是因为父母并不知道孩子真正的优势在哪儿，并不懂孩子，所以什么都让孩子学，尽量让他多学一点儿。大学者熊十力说过一句名言，"为人不易，为学实难"。他的学生牟宗三借用这句话写了一篇文章叫《为人与为学》，谈到**当老师最大的挑战并不在于怎么教书，而是你能不能认识学生。其实每个人生命里都有一个最核心的东西，你能不能抓住他这个核心，发现这个人的本质、潜力和最大的优势。如果你抓住了这个核心，来引导他、教育他，或者学生自己能够认识到这个核心，进而去学习，他的学习效率就是最高的。**你可以想象，一个人，如果身上被蚊子咬了一个包，你要挠，挠不着的时候很难受，可是挠着的时候会很舒服，每个人的生命里都有这样一个痒处。当老师的能不能挠到学生生命的痒处，在这个基础上去培养他，当学生的能不能挠到自己的痒处，主动地学习，这才是最有意义、最有境界的学习。

张小琴：作为父母，在孩子小的时候，怎么发现最适合他的东西？

谢维和：你要让他学会自己反思自己，你不可能告诉他是什么，你必须让他自己去尝试。你也不能在某一个阶段告诉他潜在优势是什么，你要引导孩子们自觉地发现自己的长处。你要告诉他这个方法。不是有一个现成的东西说这样就可以认识到他自己。一个人也许一辈子都在不断地认识自己。**聪明的人就是不断地找自己的这个痒处，不断地纠错，不断在纠错的过程中找到最适合他自己的东西。**

张小琴：您有一篇文章《做教育真难》，为什么发出这样的感慨呢？难在哪里？

谢维和：难就难在你很难找到自己生命的核心，很难挠到自己生命的痒处。

张小琴：对您来说也是难题？

谢维和：对每个人来说都是难题，也是教育最大的难题，但同时也是教育最大的魅力所在。能够挠到痒处，就是最高水平的教育。

张小琴：您找到您生命的痒处了吗？

谢维和：我不敢说找到了，但我接近了。因为当老师就是我生命的痒处，研究教育就是我生命的痒处。我研究教育，包括我现在写书、写文章、上课，我都很快乐。

学习不能只是学以致用，更应强调学以求真

张小琴：您有一篇文章《园子里需要这样的人》，提出了"学痴"这样的概念。为什么提出这个概念？

谢维和：中国文化强调学以致用，这是有道理的。但是，学以致用又是不够的，学习还应该强调学以求真。我并不去想这个东西将来对我有什么好处，而更多地去想这个东西是真的还是假的？这样就会问很多没有问过的问题。比如，地球为什么会自转？宇宙到底有多大？人是怎么形成的？等等。这些问题有用吗，没有什么用，但它们是很重要的科学问题。陶行知先生有一句名言，即"千教万教，教人求真。千学万学，学做真人"。我们培养学生时，不要仅仅培养那些学以致用的人。不是绝对不需要学以致用，但我们还要培养学以求真的人，真正是为学问而学问，为求知识而求知识。

张小琴：现在高校有各种评价体系，要发多少论文，要在什么类别的期刊上发论文。这和咱们所说的学痴，有时候会有矛盾吗？

谢维和：是的，是有矛盾的。

张小琴：痴到最后，生存不下去了。

谢维和：这恰恰就需要在政策上给他们一点空间。

教育公平问题

张小琴： 您有一个观点，认为在转型国家，教育发展在起初相当长时间内不会提高教育公平的程度，反而会加大不公平，是这样吗？

谢维和： 这也是很有意思的观点。这种现象一般出现在社会经济发展的早期，因为这个时候经济社会发展的主要任务是扩大供给。经济发展包括两个阶段。第一个阶段是增长阶段，以扩大规模和扩大总量为主要任务，社会公平问题并不成为经济发展的主要目标，或者不是优先发展目标，虽然它也要兼顾。我们国家在经济发展的早期，是使一部分人先富起来，搞一部分经济特区。但是，经济发展还有一个更高的含义就是怎么让财富更好地分配，所以经济发展到一定阶段以后，社会发展、经济发展的任务就不仅仅是扩大总量，而是更好地对总量进行更合理的分配，这个时候的经济发展就是完整的概念。早期更多只能叫经济增长，而不能叫经济发展。在经济学上有一个特殊的理论叫作库茨涅茨的倒 U 曲线。在经济起飞、经济增长的早期阶段，经济越发展，人均收入的差距越来越大，到了一定的点以后，它就下来了。中国的经济发展是这样的，教育发展也有这样的规律，也有这样的倒 U 曲线。这是我在有关中国的教育公平和教育发展文章中的基本观点。

张小琴： 在这个过程中，教育能起到什么样的作用，让这个差异逐渐变小？

谢维和： 教育要适应经济发展的要求。早期，我们也有很多重点学校，也有招生的差异、城乡的差别。现在我们更强调城乡一体化发展，更强调教育的公平，强调基础教育的均衡。这都反映了我们的教育也已经到了倒 U 曲线的拐点，开始发生变化了。但是，在前期，从经济发展的规律和社会发展的规律来说，前面的主要任务是扩大供给，首先要解决有没有的问题。第二个再解决公平不公平的问题。有没有的问题都没有解决，你就解决公平不公平的问题，即使你是公平的，也是很贫穷的公平。

张小琴：现在到了什么阶段？

谢维和：到了前面一个阶段转向后面一个阶段的时候，到了更加追求公平的时候。

教育不能产业化

张小琴：您提到您母亲说人们对教师的尊敬是发自内心的。可是现在也有很多教师无德的行为，如红黄蓝幼儿园教师虐童事件，还有大学老师失德的情况，您怎么看这些事情？

谢维和：我认为这都是个别现象。我认为中国的老师总体上还是好的。个别老师有这些现象，是害群之马，当然也有怎么样选拔老师的问题，也有加强师德的问题。

张小琴：红黄蓝是一个上市公司，其实是有一点教育产业化的成分。像幼儿园、小学，或者其他类型的学校，这种产业化的方式是不是值得倡导？它跟出现无良事件有没有关系？

谢维和：我觉得**教育不能提产业化，特别是基础教育，它是公共事业，大学是准公共事业。用经济、产业的政策要求它是不合适的。**当然，现在有些经营性的民办教育用产业的方式管理，这是技术上的问题。但是，任何教育都必须强调正确的政治方向、党的教育方针、社会主义的办学方法和教育的公益性。

不能因为是上市公司就放弃教育的原则，即使是上市公司也得尊重原则，也得尊重法律，这两者之间没有什么矛盾的。不能因为是上市公司就可以不遵守《教育法》，对不对？

如何看待"钱学森之问"

张小琴：在教育界有一个著名的"钱学森之问"：为什么我们的大学很难培养出杰出人才。您认为这个问题成立吗？

谢维和：我觉得这个问题，不要简单地说大学能不能培养出一流的人才。因为一个人才的真正成长虽然和大学有关，但和他大学毕业后的工作环境也有很大的关系。这句话更多地从正面去理解，对大学改革教学模式是非常有好处的。也就是说过去的大学教学模式、评价、课程对于培养创新人才还有些不足的地方，但不能简单地以此来否定中国的高等教育。我认为这个不是特别合适。因为真正要成为创新人才，或者高质量的人才，除了大学教育以外，他的工作经历、工作环境也都很重要。

张小琴：从我们自身来说，从大学教育的角度来说，有没有一些途径，或者一些必须要解决的问题能够回应这句话？

谢维和：现在大学里在强调创新意识、创新能力的培养、改革教学模式等，这些都在做回应。

（本文根据 2017 年 12 月 21 日在清华大学邺架轩阅读体验中心对谢维和教授的访谈内容整理而成。）

编后记

"人文清华"讲坛于 2016 年 1 月 10 日在新清华讲堂开启，到本书付梓之时，已经完成 14 场大型演讲活动和深度访谈。"人文清华"讲坛的图文、视频内容在传统主流媒体、网络媒体、自媒体平台、慕课教学平台的阅读量、点击量总计已过亿人次。《光明日报》的光明论坛栏目多次刊发"人文清华"讲坛实录；2017 年 5 月《人民日报》"深观察"栏目以《"人文清华"讲坛：让人文思想浸润大学校园 影响社会》为题进行了专题报道，对清华大学在人文学科建设和文化思想引领方面做出的贡献给予高度评价。

2017 年我们编辑出版了《守望与思索：人文清华讲坛实录 2016》，在该书后记中对"人文清华"讲坛的缘起和该书缘起均做了说明，本书是该著作的第二辑，为便于新读者了解，再录于后。

清华人文有辉煌的昨天，很多人文、社会学科在清华的发端就是它们在中国的发端，这一点广为人知。而今天的清华，也早已不再是院系调整之后以理工科为主的大学，二三十年间，清华的人文、社会学科、艺术学科迅速恢复，延续清华学统并卓有建树，清华新人文已成气象。基于以人文思想陶冶学生、影响社会的初衷，2016 年初，在校领导直接推动下，"人文清华"讲坛开启，在标志性建筑新清华学堂定期举行，邀请清华新人文的扛鼎者，与公众分享他们的经典学说和独特发现。

"人文清华"讲坛首先是清华大学人文素质教育的一部分，以大师们的人文思想和情怀熏陶清华学生，是清华大学走向"更创新、更国际、更人文"的众多举措之一；同时它也是一个开放的文化平台，将优质教育资源开放共享，向公众传播；秉承清华大学百年来与国家、民族共命运的传统，讲坛也力图成为一个人文思想持续发声的公共空间，汇聚清华人思索中国、思索世界的声音，推动国家发展、社会进步。

讲坛主要由清华大学新闻与传播学院的师生进行制作和运营，为此专门在新闻与传播学院开设了工作坊课程，由指导教师团队带领助教、选课同学进行工作。该课程同时成为新媒体环境下以项目导引的全媒体实践教学的一种尝试。经过一年多的探索，不仅实现了讲坛内容的广泛传播，也获得了新闻教育界的认可。

"人文清华"讲坛定期邀请人文大家进行公众演讲，并在演讲前后进行深度访谈。演讲和访谈各有侧重，前者深度解读一个问题，后者对演讲人的人生经历、学术经历、思想与精神进行全面呈现。演讲当天，视频内容通过腾讯、网易、凤凰、搜狐、未来网、今日头条等媒体平台进行现场直播，之后，演讲和访谈内容制作成图文、视频、系列短视频，通过纸质媒体、门户网站、视频网站、自媒体平台、慕课教学平台等渠道进行广泛传播，所有内容实时更新。有兴趣的读者可以搜索登录"人文清华"讲坛在各个媒体平台的专区、官方微信、官方微博，观看和阅读相关内容。

本书也是讲坛内容的一种呈现方式，它的不可替代性在于，每篇文章均经过学者本人和编者的整理、审校、注释，在所有呈现形式中，是内容最全、最严谨、最适合深度阅读的一种。

借本书出版之机，再次致以诚挚感谢。

感谢在 2017 年春秋季学期登上讲坛的六位学者，在繁忙的工作间隙精心准备演讲和访谈的内容，并在形成文章后逐字整理、审校。虽然学者们领域不同、观点各异，但都呈现了多年耕耘所产出的具有独特价值的思想成果。无论读者是否认同这些成果，都会获得进入更广阔思想疆域的契机。

感谢清华大学校领导对"人文清华"讲坛和本书出版工作的重视和支持。

感谢清华大学教育基金会、文科建设处、文化创意发展研究院、宣传部、校长办公室、艺术教育中心、清华大学出版社的支持。讲坛得以顺利进行、本书能够顺利付梓是全校合力的结果。

感谢清华大学新闻与传播学院，以及参与"人文清华"讲坛相关工作的老师、学生和院友，特别感谢"人文清华讲坛融媒体工作坊"课程的联合导师、助教团队和选课同学。一个几乎由志愿者组成的制作和运营团队，做出了专业的工作。

感谢每位到新清华学堂聆听演讲的清华学生，"人文清华"讲坛愿意成为你们的"清华课"的一部分。特别感谢那些在演讲现场提问的观众，你们用心聆听之后提出的精彩问题，激发了学者们更精彩的回答。

感谢以各种形式对"人文清华"讲坛内容进行传播的传统媒体和新媒体，在商业逻辑之外，对价值传播青睐有加，使学者们的声音能够杀出娱乐化、碎片化内容的重围，广泛传播。

感谢所有阅读和点击"人文清华"相关内容的读者和观者，在一个娱乐喧嚣的时代，愿意安静地倾听和阅读这些严肃的观察、深沉的思虑，一起求索国家和民族的命运。感谢"人文清华"讲坛各个自媒体平台的留言者，动辄几千、上万条的评论，有些深思熟虑，有些情绪激昂，但是都有着为国分忧的拳拳之心。

感谢共同主编江舒远女士和本书责任编辑梁斐女士为本书编辑出版付出的心血。

在可见的将来，还会有很多人文大家登上"人文清华"讲坛，与公众分享他们的思想，以清华之人文，启国家和民众之精神，讲坛实录也将每年一本持续出版。

我本人，幸运地加入到"人文清华"讲坛项目，成为最直接的受益者。

在清华执教多年，虽自豪为清华教师，却遗憾不曾是清华学生。做"人文清华"讲坛，对我来说，就是在做清华的学生，而且一年又一年，不断听优秀的老师讲精彩的课。

弗敢专也，愿借本书与大家分享。

亲爱的读者，咱们一起，继续读清华。

张小琴

2018 年 4 月于清华园宏盟楼

主编简介

张小琴，文学博士，清华大学新闻与传播学院教授，中国新闻史学会新闻教育史研究会副会长。长期从事新闻与传播教学研究与实务工作，自2016年1月起，负责"人文清华"讲坛的组织和实施工作。曾任中央电视台、山东电视台主持人，曾获第五届"金话筒奖"和"五个一"工程奖，多次获得中国新闻奖。

江舒远，文学硕士，毕业于中国人民大学，资深媒体人。先后在《京华时报》、中央电视台等单位任职，曾参与大型纪录片《甲午》撰稿、大型文化电视节目《中国诗词大会》策划工作。

格非

返时间的河流

出席"人文清华"讲坛首次演讲的校领导、演讲人和新闻与传播学院师生制作团队合影